JN319984

〈新しい能力〉は教育を変えるか

学力・リテラシー・コンピテンシー

松下佳代 編著

ミネルヴァ書房

まえがき

(1)〈新しい能力〉への注目

　この十年近くの間，OECD（経済協力開発機構）による PISA（Programme for International Student Assessment：「生徒の学習到達度調査」）などの国際比較調査が社会的な注目を集めてきた。PISA2003の結果公表が引き起こした「日本版 PISA ショック」は教育政策の"転換"の引き金となり，「活用力」重視の新学習指導要領や全国学力テスト（「全国学力・学習状況調査」）を生み出した。また，OECD では現在，PISA の"成功"を受けて，"大学版 PISA"とも呼ばれる AHELO（Assessment of Higher Education Learning Outcomes：「高等教育における学習成果の評価」）や16〜65歳を対象とする PIAAC（Programme for the International Assessment of Adult Competencies：「国際成人力調査」）の計画を進めており，すでにわが国も参加して予備調査が実施されている。

　これらの調査が測定しようとしている能力は，従来の「学力」の範疇には収まりきらない。このことは，これまで「学力」という言葉で集約的に表されてきた，学校で身につけられる（身につけるべき）能力について，「学力」以外の用語が用いられるようになってきたという現象にも表れている。例えば，初等・中等教育においては，「PISA リテラシー」，「キー・コンピテンシー」，「生きる力」，「人間力」といった言葉が行政文書や学校現場で使われ，高等教育・職業教育においては，「コンピテンシー」，「学士力」，「汎用的技能（generic skills）」，「就業能力（employability）」，「社会人基礎力」，「就職基礎能力」といった言葉がみられるようになってきた。こうした多様な用語で表される諸概念を，本書では，〈新しい能力〉概念と総称することにする。

　さまざまな〈新しい能力〉概念が用いられるようになってきたのは，わが国では90年代後半からである。これらの〈新しい能力〉概念の登場には，学校で育成される「力」を従来のように「学力」という言葉でひとくくりにするので

i

は，もはやポスト近代社会，知識基盤社会，生涯学習社会といわれる現代社会に必要な「力」を表現するのは不可能である，という認識がみてとれる。〈新しい能力〉概念の氾濫という現象は，初等教育から高等教育・職業教育にいたるまで，日本に限らず先進諸国共通にみられる傾向であり，さらに労働政策や経済政策とも密接に関連した展開をみせている。

（2）本書の目的とアプローチ

本書の目的は，〈新しい能力〉概念とは何かを原理的・歴史的に検討するとともに，それがもたらしつつあるカリキュラム・授業・評価などへの影響を，諸外国との比較をふまえながら明らかにすることにある。

本書が〈新しい能力〉概念と総称している諸概念については，近年，経営学（Spencer & Spencer, 1993），社会学（Sennett, 2006；Bauman, 2005；渡辺・ギデンズ・今田，2008），労働論（熊沢，2006）など多分野で議論がなされている。教育学でも，教育社会学（本田，2005；岩木，2004），青年論（平塚，2006），教育哲学（今井，2006；森田，2006；松下，2009），高等教育論（小方，2001；吉本，2005）などですでに数多くの研究が蓄積されてきた。本書の執筆メンバーの共通の専門分野である教育方法学でも，OECDのPISA調査，DeSeCo（Definition and Selection of Competencies）プロジェクト以来，理論的・実践的研究が精力的に行われてきている。このような先行研究に対して，本書は，以下の3つの点を特色としている。

①教育方法学を主軸としつつ多様な学問的知見を取り入れること

本書では，教育学，とりわけ教育方法学に足場をおきつつ，社会学，哲学，経営学などの知見を領域横断的に取り入れることによって，〈新しい能力〉概念についての理論的検討を行う。教育哲学，教育心理学，教育社会学などがそれぞれ哲学，心理学，社会学を親学問として，親学問の概念や方法に依拠しながら教育という現象・問題にアプローチするのに対し，教育方法学は親学問というものをもたず，それゆえ扱う問題に応じて多様な学問的知見を取り入れざるをえない。そのことは，教育方法学に脆弱性を呼び込むとともに，その一方

で，特定の学問に縛られない自由さももたらした。また，教育方法学は，日常的な教育実践と最も近いところにある学問分野であり，単なる概念的検討にとどまらず，現実のカリキュラム・授業・評価に〈新しい能力〉概念がどんな影響を及ぼしているかを具体的に検討できるという強みがある。

②初等・中等教育から高等教育までを分析対象とすること

本書のメンバーの研究フィールドは，初等・中等教育と高等教育の両方にまたがっている。従来の教育研究では，初等・中等教育と高等教育は分断されがちであった。しかし，すでにみたように，〈新しい能力〉概念は学校段階の違いをこえて提唱されている。このように異なる学校段階を包括的に分析対象とすることによって，そこに存在する共通性と差異を分析することが可能になる。

③日本と欧米の動向を重ね合わせること

本書では，日本の議論にとどまらず，〈新しい能力〉概念の発信元である欧米諸国——とりわけ，アメリカ，北欧，ドイツ語圏——の教育政策・教育実践の動向を実証的に分析することで，日本の教育政策・教育実践のあり方について考察を行う。その目的は，従来の研究にありがちだったように，欧米の事例を紹介し，それを日本に移し変えることにあるのではなく，日本と欧米に通底する〈新しい能力〉概念の共通性と差異を，その社会的・文化的・歴史的・教育的コンテクストをふまえつつ，把握することにある。

(3) 本書の論点と構成

このようなアプローチをとりながら，本書では，主に以下の3つの論点について議論する。

①〈新しい能力〉概念にはどのようなものがあるか。そこにはどんな特徴がみられるか。それらの能力概念が生成し変容してきた背景と系譜はどのようなものか。

②〈新しい能力〉概念によって，教育政策・教育実践はどのように変えられようとしているか。

③そこにはどんな問題があるか，それに対するオルタナティブをどう構想す

るか。

　これらの論点をめぐる議論は以下の各章で展開される。まず，序章（松下）では，〈新しい能力〉概念が登場した社会的・歴史的背景を整理した上で，〈新しい能力〉に包摂される諸概念の特徴を「ポスト近代型学力」との比較において明らかにし，その俯瞰図を作成する。

　第Ⅰ部「〈新しい能力〉――その理論と背景」は，能力についての原理的考察，およびリテラシー，教養，学力のそれぞれに関する検討を試みた4つの章からなる。第1章（樋口太郎）は，能力観の歴史を織り込みながら能力についての議論の過去・現在を読み解き，〈新しい能力〉概念と冷静に向き合うにあたっての場を構築しようとしている。第2章（樋口とみ子）は，〈新しい能力〉概念のうちリテラシーに焦点をあて，これまでに提起されてきたさまざまなリテラシー論――機能的リテラシーや批判的リテラシーなど――の展開をふりかえる中で，PISAの提起したリテラシーの特徴について検討する。第3章（杉原）は，「教育の質保証」のもとで学校化されていく大学において，〈新しい能力〉が急速に教養教育に浸透しつつある現状に目を向け，その問題点と克服のための方途について考察する。第4章（石井）では，戦後学力論の展開を整理し，現代日本というポスト近代社会における学力論議の歴史的位相を明らかにすることで，〈新しい能力〉を公教育改革の新たなヴィジョンとして再定義するような学力論を展望する。

　続いて，第Ⅱ部「新しい教育のオルタナティブを探る」では，日本，ドイツ・オーストリア，スウェーデン，アメリカ，フィンランドという異なる国々で展開している〈新しい能力〉をめぐる教育改革の動向について検討を行う。第5章（遠藤）は，日本におけるPISAの受容の仕方の多様性，なかでも「リスト（一覧表整理）型」と「ケース（事例検討）型」という2つのタイプに着目し，それが各学校の実践に内在する能力観の違いによってもたらされていることを描き出している。第6章（伊藤）は，PISAによって"学力低下問題"を突きつけられたドイツ語圏に着目し，特にその実践的対応に進んで取り組んでいるオーストリアの事例から，教育政策だけでなく教育実践に与えるPISAの

インパクトについて議論する。第7章（本所）は，スウェーデンで行われている数学のグループ・ディスカッションの評価を取り上げ，そこに表れている〈新しい能力〉概念，および教育目標と評価・学習との結びつきについて検討する。第8章（石井）は，パフォーマンス評価論を中軸としたスタンダードに基づく教育に検討を加えることで，現代アメリカにおいて「工学的アプローチ」がどのように再構築されようとしているのかを明らかにし，カリキュラム設計の方法論を再考する。第9章は，フィンランド・オウル大学のペンティ・ハッカライネン氏に寄稿していただいた。PISAでの好結果を受けて，わが国ではフィンランドの教育が理想的に語られることが少なくないが，ハッカライネン氏は，フィンランドの生徒たちの学習（特に情意面）に問題がみられることを指摘し，その課題への取組として，「ナラティブ的学習」と教師の「ナラティブ的能力」の養成を提案している。「ナラティブ的学習」，「ナラティブ的能力」については解説も参照していただきたい。

*

〈新しい能力〉概念に対するスタンスとしては，少なくとも3つのスタンスがありうるだろう。第一に，〈新しい能力〉概念を率先して移入し，政策やプロジェクトを通して具体化しようとするスタンス。第二に，〈新しい能力〉概念をラディカルに批判し，無意味なものとして放擲しようとするスタンス。第三に，〈新しい能力〉概念を批判的に検討した上で，そこに含まれる多様な概念を教育的価値という点から腑分けし，あるいは，再構築しようとするスタンス。本書は第三のスタンスをとっている。この第三のスタンスは，第一のスタンスのようにシンプルでもなく，第二のスタンスのように大胆でもない。ともすればどっちつかずになり，綱渡りのような危うさも抱え込んでいる。だが，私たちは，教育の行われている現場から乖離せず，しかもそれをよりよい方向に向かわせるには，第三のスタンスを取らざるをえないと考えている。とはいえ，〈新しい能力〉に対してどのていど批判的なスタンスを取るのかについては，章によって多少の差異がある。

本書の執筆メンバーのうちハッカライネン氏をのぞく9名は，いずれも大学

院生時代を京都大学大学院教育学研究科で送り，師弟あるいは仲間としてともに学びあってきた関係にある。現在も，「チカラ研」という研究会をもち，月に2回は顔をつきあわせ，ITで京都—山形—福井をつないで議論を重ねている。本書はそのような議論の中から生まれてきたものである。

〈新しい能力〉概念は，今まさに，さまざまな場所で検討され実践されているテーマである。本書での私たちの議論がどれほどの新しい視点や知見を加えることができているか，その評価は読者のみなさまにゆだねたい。

最後に，本書の出版にあたっては，ミネルヴァ書房の吉岡昌俊さんにお世話になった。特に校正の際には細かいところまでチェックしていただき，読みやすさと正確さを高めるのに力を貸していただいた。心より感謝申し上げます。

　＊本研究は科研費（基盤研究(B)21330179，研究代表者　松下佳代）の助成を受けたものである。

2010年7月

執筆者を代表して

松下　佳代

〈文　献〉

Bauman, Z. (2005). *Work, consumerism and the new poor. (2nd)*. Open University Press. バウマン，Z. (2008).『新しい貧困——労働，消費主義，ニュープアー』(伊藤茂訳) 青土社.

平塚眞樹 (2006).「移行システム分解過程における能力観の転換と社会関係資本——『質の高い教育』の平等な保障をどう構想するか？——」『教育学研究』第73巻第4号，391-402.

本田由紀 (2005).『多元化する「能力」と日本社会——ハイパー・メリトクラシー化のなかで——』NTT出版.

今井康雄 (2006).「情報化時代の力の行方——ウィトゲンシュタインの後期哲学を手がかりとして——」『教育学研究』第73巻第2号，98-109.

岩木秀夫 (2004).『ゆとり教育から個性浪費社会へ』ちくま新書.

熊沢誠 (2006).『若者が働くとき——「使い捨てられ」も「燃えつき」もせず——』

ミネルヴァ書房.
松下良平（2009）.「リキッド・モダンな消費社会における教育の迷走」『現代思想』第37巻第4号, 114-142.
森田伸子（2006）.「学力論争とリテラシー――教育学的二項図式に訣別するために――」『現代思想』第34巻第5号, 136-146.
小方直幸（2001）.「コンピテンシーは大学教育を変えるか」『高等教育研究』第4集, 71-91.
Sennett, R. (2006). *The culture of new capitalism*. Yale University Press. セネット, R.（2007）.『不安な経済／漂流する個人』（森田典正訳）大月書店.
Spencer, L. M. & Spencer, S. M. (1993). *Competence at work: Models for a superior performance*. John Wiley & Sons. スペンサー, L. M.・スペンサー, S. M.（2001）.『コンピテンシー・マネジメントの展開――導入・構築・展開――』（梅津祐良・成田攻・横山哲夫訳）生産性出版.
渡辺聰子・ギデンズ, A.・今田高俊（2008）.『グローバル時代の人的資源論――モティベーション・エンパワーメント・仕事の未来――』東京大学出版会.
吉本圭一編（2005）.『高等教育とコンピテンシー形成に関する日欧比較研究』（平成14～16年度科学研究費補助金 基盤研究(B)（一般）研究成果最終報告書）.

目　次

まえがき

序　章　〈新しい能力〉概念と教育……………………………松下　佳代…1
——その背景と系譜

はじめに……1

1　〈新しい能力〉とは何か……2

2　〈新しい能力〉の背景……7

3　〈新しい能力〉の系譜……11

おわりに——〈新しい能力〉概念を飼い馴らすために……32

　ブックガイド—コンピテンシー（コンピテンス）論に興味をもった読者へ—　41

第Ⅰ部　〈新しい能力〉——その理論と背景

第1章　能力を語ること——その歴史的，現代的形態……樋口　太郎…45

はじめに……45

1　能力はいかに語られてきたのか……46

2　能力はいかに語られているのか①——「関係的能力観」……55

3　能力はいかに語られているのか②——「個体的能力観」……63

おわりに——なぜ能力という発想を必要としてしまうのか……72

　ブックガイド—能力という問いに興味をもった読者へ—　78

第2章 リテラシー概念の展開 ………………………… 樋口とみ子… 80
　　　　──機能的リテラシーと批判的リテラシー

1　リテラシーへの関心の高まり…… 80
2　リテラシーという言葉の起源──近代学校は何を教えるか…… 82
3　機能的リテラシーの登場──日常生活の中で生かす…… 84
4　文化的リテラシーという発想──文化という視点から機能を問い直す…… 88
5　批判的リテラシーの提起──解放から越境へ…… 91
6　社会を問うリテラシー──PISAのリテラシーを再検討する…… 96
　ブックガイド─リテラシー概念に興味をもった読者へ─　106

第3章 〈新しい能力〉と教養 ………………………………… 杉原　真晃… 108
　　　　──高等教育の質保証の中で

はじめに…… 108
1　〈新しい能力〉の大学教育への浸透…… 109
2　教養教育における〈新しい能力〉の浸透…… 113
3　〈新しい能力〉と教養との親和性…… 115
4　コンピテンシー型教養教育の問題①…… 121
　　　──教養の脱文脈化と自己目的化
5　コンピテンシー型教養教育の問題②──適応主義化…… 125
6　コンピテンシー型教養教育の問題③…… 128
　　　──教養の個人化・シミュレーション化
7　プロト・ディシプリナリーな教育の実現可能性…… 133
おわりに…… 135
　ブックガイド─大学教育・教養教育に興味をもった読者へ─　139

第4章 学力論議の現在 ……………………………………… 石井　英真… 141
　　　　──ポスト近代社会における学力の論じ方

　はじめに…… 141
　1　戦後教育学における学力論の展開…… 142
　2　ポスト近代社会の進展の中の学力論議…… 148
　3　〈新しい能力〉をめぐる学力論議の理論的構図…… 155
　4　学力研究の現代的課題…… 165
　　ブックガイド─学力論に興味をもった読者へ─　177

第Ⅱ部　新しい教育のオルタナティブを探る

第5章 日本の場合 ……………………………………………… 遠藤　貴広… 181
　　　　── PISA の受け止め方に見る学校の能力観の多様性

　1　学習指導要領改訂をめぐって…… 181
　2　日本版「PISA ショック」…… 183
　3　特徴的な2つの事例…… 185
　4　実践研究の方法論の違い…… 194
　5　背後にある能力観の違い…… 196
　　ブックガイド─ PISA に興味をもった読者へ─　201

第6章 オーストリアの場合 …………………………………… 伊藤実歩子… 203
　　　　── PISA 以後の学力向上政策

　はじめに…… 203
　1　ドイツ・オーストリアの PISA ショック…… 204
　2　オーストリアの学力向上政策──ドイツとの比較もふまえて…… 209

3　オーストリアの学力向上政策に対する批判……217
　　4　ドイツ語圏におけるPISAのインパクト……220
　おわりに……223
　　ブックガイド―海外の教育政策の動向に興味をもった読者へ―　226

第7章　スウェーデンの場合……………………………………本所　恵…228
　　　　――数学のグループ・ディスカッションを評価する
　はじめに……228
　　1　スウェーデンの学校教育……229
　　2　ナショナル・テスト……232
　　3　パフォーマンス評価の実例……238
　おわりに……246
　　ブックガイド―教育評価に興味をもった読者へ―　249

第8章　アメリカの場合…………………………………………石井　英真…251
　　　　――カリキュラム設計における「工学的アプローチ」の再構築へ
　はじめに……251
　　1　パフォーマンス評価論の基本的な考え方と方法……253
　　2　パフォーマンス評価における教育目標・評価関係の構造……258
　　3　「工学的アプローチ」の再構築へ……265
　　ブックガイド―新自由主義的な教育改革の展開に興味をもった読者へ―　279

第9章　フィンランドの教育制度における教師の能力形成への挑戦
　　　　………ペンティ・ハッカライネン（松下佳代・伊藤実歩子訳）…281
　　1　フィンランドのカリキュラム改革と教師の能力……281
　　2　PISA調査後になされた教師の能力をめぐる議論……284

xi

3 教師の能力と指導の質……286
    4 子どもの一般的能力を発達させる教師の能力……292
    5 教員養成における教師のナラティブ的能力……295
    6 結　　論……299
    ブックガイド―フィンランドの教育に興味をもった読者へ―　305

第9章解説　ナラティブと教師の能力……………………………松下　佳代…307
    ――内側からみたフィンランド教育の問題
    1 PISA結果に表れた問題……307
    2 ナラティブ的学習……308
    3 教師の能力……310

人名・組織名索引
事項索引

序　章　〈新しい能力〉概念と教育
―― その背景と系譜

松下　佳代

はじめに

　今日，初等・中等教育から高等教育まで，〈新しい能力〉概念が提案され，教育政策・教育実践にも大きな影響を与えている。これは，日本に限らず，先進国共通にみられる傾向であり，さらには教育政策の枠をこえて，労働政策・経済政策にまで及んでいる。いったいなぜ，また，どのようにして，これほどまでに〈新しい能力〉概念が広まり，教育の課題とされてきたのだろうか。

　「まえがき」であげた本書で扱う3つの論点のうち，本章では，特に第一の論点，すなわち，

> 〈新しい能力〉概念にはどのようなものがあるか。そこにはどんな特徴がみられるか。それらの能力概念が生成し変容してきた背景と系譜はどのようなものか。

について論じる。

　いいかえれば，〈新しい能力〉概念が登場してきた社会的・文化的・歴史的背景を整理するとともに，そこに包摂される諸概念の特徴を明らかにしながら俯瞰図を作成することが，本章の目的である。それを通じて，〈新しい能力〉をどう手なづけ，飼い馴らすことができるかを考えてみたい。

1 〈新しい能力〉とは何か

(1) 〈新しい能力〉のリストと特徴

 1980年代以降，特に90年代に入ってから，多くの経済先進国で共通して教育目標に掲げられるようになった能力に関する諸概念を，本書では，〈新しい能力〉概念と総称している。わが国でみられる〈新しい能力〉概念をざっと列挙してみると，表序 – 1のようになる。

 表序 – 1では，初等・中等教育，高等教育・職業教育，労働政策に分けて整理したが，これらの間の壁はかなり低い。"大学版PISA"と呼ばれるOECD-AHELO（Assessment of Higher Education Learning Outcomes）の開発・実施はその典型的事例である。

 国境の壁もまた低い。表序 – 1であげた〈新しい能力〉概念のほとんどが，北米，EU，オセアニアなどの経済先進国で使われてきた概念を翻案したものである。そうした国々では，generic, key, coreなどの修飾語とskills, competencies, qualificationsなどの名詞を組み合わせた語（例えば，generic skills, key competenciesなど），あるいは，graduate attributes, employabilityなどの語が用いられてきた（NCVER, 2003）。

 これらの能力リストには，構成においても内容においてもかなりの類似性が認められる（もっとも，後述するように，重要な相違点もまた存在するのだが）。たいていの能力概念は，3～5個ていどのカテゴリーにまとめられ，各カテゴリーの中に数個ずつの要素がおさまるという構成をなしている。そして，その内容にはおおよそ以下のようなものが含まれている。

・基本的な認知能力（読み書き計算，基本的な知識・スキルなど）
・高次の認知能力（問題解決，創造性，意思決定，学習の仕方の学習など）
・対人関係能力（コミュニケーション，チームワーク，リーダーシップなど）
・人格特性・態度（自尊心，責任感，忍耐力など）

 これらの〈新しい能力〉概念に共通する特徴は，①認知的な能力から人格の

表序-1　わが国における〈新しい能力〉概念

名　称	機関・プログラム	出　典	年
【初等・中等教育】			
生きる力	文部科学省	中央教育審議会答申『21世紀を展望した我が国の教育の在り方について―子供に［生きる力］と［ゆとり］を―』	1996
リテラシー	OECD-PISA	国立教育政策研究所編『生きるための知識と技能』	2001 (2004・2007)
人間力	内閣府（経済財政諮問会議）	『人間力戦略研究会報告書』	2003
キー・コンピテンシー	OECD-DeSeCo	ライチェン＆サルガニク『キー・コンピテンシー』	2006 (原著2003)
【高等教育・職業教育】			
就職基礎能力	厚生労働省	『若年者就職基礎能力修得のための目安策定委員会報告書』	2004
社会人基礎力	経済産業省	『社会人基礎力に関する研究会「中間とりまとめ」報告書』	2006
学士力	文部科学省	中央教育審議会答申『学士課程教育の構築に向けて』	2008
【労働政策】			
エンプロイヤビリティ（雇用されうる能力）	日本経営者団体連盟（日経連）	『エンプロイヤビリティの確立をめざして―「従業員自律・企業支援型」の人材育成を―』	1999

深部にまでおよぶ人間の全体的な能力を含んでいること，②そうした能力を教育目標や評価対象として位置づけていること，にある。

(2)「ポスト近代型能力」との違い

さて，「生きる力」や「人間力」などに対して，それをハイパー・メリトクラシー下における「ポスト近代型能力」と名づけ，精力的に批判を展開してきたのが，教育社会学者の本田由紀（本田，2005，2008）である。「ハイパー・メリトクラシー」とは，メリトクラシー（能力主義，業績主義）のもっていた手続き的な公正さという側面が切り捨てられ，よりあからさまな機能的要請（場面場面における実質的・機能的な有用性）が突出した，メリトクラシーの亜種ないし発展形態のことをいう（本田，2005，pp.20-34）。メリトクラシーの下では，

表序 - 2　近代型能力とポスト近代型能力

近代型能力	ポスト近代型能力
「基礎学力」	「生きる力」
標準性	多様性・新奇性
知識量，知的操作の速度	意欲，創造性
共通尺度で比較可能	個別性・個性
順応性	能動性
協調性，同質性	ネットワーク形成力，交渉力

（出典）本田（2005, p.12）より抜粋

選抜は，主として，知識・スキルのような明示的な能力を測る入試によって行われた。入試を通じて得られる学歴が雇用においても重視されていたので，入試の手続き的な公正はかなりのていど雇用にも反映されていた。しかしながら，ハイパー・メリトクラシーの下で競われる能力は，範囲が広く漠然としていて，可視化しにくいものを多く含んでいるがゆえに，評価する側の都合によっていかようにも設定・評価できるようになった。例えば，2009年5月19日に放映されたNHK「クローズアップ現代」は，バブル経済からリーマン・ショックにいたるまでの企業の求める人材の変化を〈学歴重視→人物重視→創造性・応用力→コミュニケーション能力→地頭力(じあたまりょく)→即戦力〉と描いてみせた。この整理がどのていどの妥当性をもつかは別にして，雇用状況によってアドホックに変化する能力言説に多くの学生が振り回されていることは事実だろう。

　「ポスト近代型能力」とは，このようなハイパー・メリトクラシー下で人々に要請される能力の総称であり，メリトクラシー下で要請される「近代型能力」と対比すると，表序 - 2のような特徴をもつとされる（本田，2005）。

　本田によれば，現代は，従来からのメリトクラシーの上に，新たにハイパー・メリトクラシーが覆い被さった時代である。そして，本田の批判の矛先は，ハイパー・メリトクラシーの方に向けられている。その批判の論点は，大きく2点にまとめることができるだろう。第一に，ハイパー・メリトクラシーが人間の深く柔らかな部分まで含む全体的な能力を絶えず評価し，労働力として動員・活用しようとすること，第二に，しかもそうした能力が学校では形成されにくく家庭の教育的環境に大きく依存するがゆえに階層の再生産に手を貸してしまうことである。いいかえれば，企業社会によって動員・活用される範囲の拡大と，能力評価や能力形成における公正と公共性の縮小の双方に対す

るいらだちや怒りが、そこにはある。

　本田はさらに、こうしたハイパー・メリトクラシーへの対抗原理として、「柔軟な専門性」という概念を提案している（本田，2008，pp. 74-78）。「柔軟な専門性（flexpeciality）」とは、「専門性（speciality）」と「柔軟性（flexibility）」を合成した造語であり、あるていど輪郭の明瞭な分野に関する体系的な知識とスキルでありつつ、同時に、他分野への応用可能性と時間的な更新・発展可能性をもつ、そのような専門性のあり方をさしている。

　本田の議論は、教育と社会を結ぶ包括的な枠組と実証的な量的データを備えており、きわめて刺激的である。だが一方で、現在の〈新しい能力〉概念を批判的に検討する上で、以下のような不十分さを残しているといわざるをえない。

〈1〉「柔軟な専門性」でカバーできる範囲

　「柔軟な専門性」という対抗原理は、高校・大学の専門教育には有効だが、小学校から大学までの普通教育・一般教育には適用できない。したがって、〈新しい能力〉が学校教育全体を覆いつくしている状態への対抗原理として十分とはいえない。

〈2〉能力の全体性のとらえ方

　能力の全体性については、「垂直軸（深さ）」と「水平軸（広さ）」という2つの軸を想定することができる。多くの〈新しい能力〉概念にみられる特徴は、垂直軸については、能力を認知的側面だけでなく非認知的側面（情意的側面・社会的側面）も含むものとみなし、水平軸については、能力を汎用的（領域一般的）なものとみなしている、という点にある。本田は、垂直軸と水平軸を区別して論じているわけではないが、この双方に対して批判的であるといえるだろう。「柔軟な専門性」とは、まずは特定の分野での（水平軸について）、体系的な知識とスキルに限定する（垂直軸について）という戦略であるから。

　だが、状況的学習論（Lave & Wenger, 1991）や活動理論（Engeström, 1994）など近年の学習論では、学習を全人格的なものとみなすべきことが主張され、逆に、知識とスキルに限定することの方が問題視されてきた。教育学においても、「学力と人格の統一」は重要な理念であり続けてきた。垂直軸についての

本田の主張は，こうした議論を視野に入れていない。一方，水平軸についてみても，特定の分野での学習や能力が，いかにして他分野への応用可能性と時間的な更新・発展可能性をもちうるかは，それこそが転移や能力の汎用性をめぐる議論の焦点であるにもかかわらず，本田の主張ではその根拠やプロセスが示されていない。

(3) 分析の視点

　本書では，これらの不十分さを乗り越えることを意図して，「ポスト近代型能力」の代わりに〈新しい能力〉という語を用いて検討を行う。〈新しい能力〉という語は，中立的な響きをもったインパクトの弱い表現である。にもかかわらず，このような表現を用いるのは，「ポスト近代型能力」として総括的に批判されてきた諸概念をあらためて精査し，それらの間の類似性と相違を明確にすることで，別の飼い馴らし方を提案したいと考えたからである。

　その際の分析視点として第一にあげられるのは，能力の全体性――垂直軸（深さ）と水平軸（広さ）――をどうとらえているか，という点である。能力形成において深さや広さを追求しながら，同時に，「『社会』が『個人』を裸にし，そのむき出しの柔らかい存在のすべてを動員し活用しようとする」ハイパー・メリトクラシーの状況（本田，2005, p.32）に抵抗することは，果たして可能だろうか。

　それに関連してくるのが，何（あるいは誰）のための能力なのか，という点である。これがもう一つの分析視点になる。「社会」，とりわけ企業社会によって動員・活用されるばかりでなく，「個人」の尊厳を守り人生を豊かにするような形で能力形成を行うことは，果たして可能だろうか。また，その際，どうすれば，能力評価や能力形成における公正さと公共性を担保することができるだろうか。

　本章では，これら2つの点を分析視点としながら，今や小学校から大学までの学校教育全体を覆うにいたった〈新しい能力〉概念を批判的に検討していくことにしたい。まずは，〈新しい能力〉概念が生成し普及してきた背景をさぐ

ってみよう。

2 〈新しい能力〉の背景

（1）グローバルな知識経済

　どの〈新しい能力〉概念でも，程度の違いはあれ，明示的に背景として掲げられているのが，グローバルな知識経済への対応の必要性である。知識経済とは，知識の生産や管理を行う経済活動や，情報テクノロジーなどを駆使した知識を基盤とする経済活動を意味する。オーストラリアの国立職業教育研究センター（National Centre for Vocational Education Research：NCVER）は，北米，EU，オセアニアなどの経済先進国にみられる，ジェネリック・スキル（generic skills）を初めとする〈新しい能力〉概念のレビューを行っているが（Kearns, 2001），その報告書の副題はまさしく，"Generic skills for the new economy"である。「情報社会や知識を基盤とする新しい経済の出現といった根本的な変化は，企業，個人，コミュニティがこの環境において成功するのに不可欠なジェネリック・スキルに関する問題を多岐にわたって生みだしている」(p.1)。

　クリントン政権で労働長官をつとめた労働経済学者ロバート・ライシュ（Reich, R. B.）は，グローバル経済においてはかつての職業区分は不適切だとして，次のような3つの職業区分を新たに提案した（Reich, 1991）。

　(a) ルーティン生産サービス（routine production service）

　(b) 対人サービス（in-person service）

　(c) シンボル分析的サービス（symbolic analytic service）

　(a)ではモノ（金属，繊維，データなど）に対する単純な生産，(b)では人間に対する感情労働を伴うサービス，(c)ではシンボル（データ，言語，音声，映像表現など）に対する問題発見・解決，戦略的媒介などを行う。具体的にいえば，(a)には肉体労働者，データ処理作業者など，(b)には店員，美容師，介護者，看護師，キャビンアテンダントなど，(c)には研究者，法律家，コンサルタント，音

楽家，映画監督などが含まれる。(b)は人間を相手にした労働なのでグローバル化はやや困難だが，(a)と(c)ではグローバル化が進む。ただし，その中身は異なる。(a)は労働力のより安い国々へ移転するという形をとり，(c)では活動の場が国境を越えて世界中に広がるという形をとるのである。

　ライシュによれば，経済先進国がグローバルな知識経済において競争力を維持するためにとりわけ重要なのは，(c)を担うシンボリック・アナリストの養成である。シンボリック・アナリストにとって重要なのは知識の習得よりも知識の活用能力だとして，ライシュは，その仕事の内容を次のように表現している。「現実をいったん抽象イメージに単純化し，それを組み替え，巧みに表現，実験を繰り返し，多分野の専門家と意見交換をしたりして，最後には再びそれを現実に変換する」(邦訳 p. 245)。この内容は，OECD-PISA の数学的リテラシーの内容——「様々な状況で生徒が数学的問題の設定・定式化・解決・解釈を行う際に，数学的アイディアを有効に分析し，推論し，コミュニケーションする能力」(OECD, 2004, p. 29)——やそれを図式化した「数学化サイクル」の内容と驚くほど重なりあっている。

　注目されるのは，シンボリック・アナリストにもチームワークやネットワーク形成の能力が不可欠とされている点である。ルーティン生産サービスでは職場の人間と協調性を保つ最低限の対人スキルが，対人サービスでは客に好感を与える振舞が，そして，シンボル分析的サービスでは世界中にネットワークを広げ，多種多様な人間とチームを組んで仕事をする能力が求められる。質とレベルを異にしつつ，どの職業でも対人関係能力が必要だということになる。

　こうしてみると，初等・中等教育から高等教育にいたるまで〈新しい能力〉概念が普及したことの背景に，グローバルな知識経済の下での労働力要請があることは明らかだろう。

（2）**人生の個人的編成**

　グローバルな知識経済の進展は，職場組織を変え，また，個人の人生のありようを変え，それがさらに，求められる能力をも変えてきた。社会学者リチ

ャード・セネット (Sennett, R.) は、新しい資本主義の文化の出現を論じた著書の中でこう述べる。「組織がもはや長期的な枠組みを提供しないとすれば、個人はみずからの人生の物語を即興でつむぎだすか、あるいは、一貫した自己感覚ぬきの状態に甘んじなければならない」(Sennett, 2006, 邦訳 p. 11)。

社会学者ウルリヒ・ベック (Beck, U.) は、その著書 *Risikogesellschaft*（邦題『危険社会』）において、早くも1986年の段階で、「部分就業の普及」、「職業労働の時間的・空間的な柔軟化」、「労働と非労働の境界の曖昧化」、「学業から雇用システムへの移行の不安定化」が世界的規模で生じるであろうことを予見していた (Beck, 1986, 邦訳 第5・6章)。これらの予見は、日本でも90年代半ば以降、現実のものとなった。それ以前、1970年代までは、「標準化された完全就業システム」が、個々人の人生の柱となり、労働と非労働、学校と仕事の線引きをし、人びとを空間的・時間的につなぎとめていた。これに対し、「柔軟で多様な部分就業システム」へ移行した社会においては、個人の人生はあらかじめ決められた状態から解き放たれ、個々人の課題として個人の行為にゆだねられることになる。「個々人が、家族の内外で市場に媒介された自分の生存保証と人生計画および人生編成の行為者となる」のである（邦訳 p. 258）。このことをベックは「個人化 (Individualisierung)」と呼んだ。さらに、ベックは、この「個人化」が「制度化」、「標準化」と表裏一体であるという。なぜなら、解放された個々人は、誰もが労働市場や教育や消費などに依存せざるをえなくなり、それらは「制度化」され「標準化」されているからである。

ベックの予見した「学業から雇用システムへの移行の不安定化」は、「移行（トランジション）の危機」（耳塚・牧野, 2007）として現出し、その対策として「社会人基礎力」や「就職基礎能力」が提案されるにいたった。また、「エンプロイヤビリティ」の概念は、まさに「標準化された完全就業システム」から「柔軟で多様な部分就業システム」へ移行した後の企業社会において、個々人が自分の人生編成の行為者になるために求められる能力を、企業側のロジックとして提起したものにほかならない。さらにいえば、エンプロイヤビリティほど経済的側面に特化していないにせよ、PISAリテラシーをはじめ、ほとん

どの〈新しい能力〉概念には，生涯を通じて学習しつづける能力が内包されている。その背景には以上のような社会と人生編成の変化がある。

(3) NPM（ニュー・パブリック・マネジメント）

〈新しい能力〉概念が今日これほど普及した一因は，それが単に目標として掲げられるだけでなく，「学習成果（learning outcome）」として評価され，その結果にもとづいてその国・自治体の教育制度・政策や各教育機関の教育活動の評価がなされるというシステムを伴っていることにある。

このようなシステムは，1990年代以降，経済先進国で採り入れられるようになったニュー・パブリック・マネジメント（New Public Management：NPM）の特徴である。NPMとは，「公的部門に民間企業の経営理論・手法を可能な限り導入しようという新しい公共経営理論」（大住，2002，p. 41）である。1980年代の半ば以降，英国，ニュージーランドなどのアングロサクソン系諸国を中心に形成され，「民営化・規制緩和」が公共部門にも入ってきた90年代以降，世界的な潮流になっている。(1)その中心的な特徴は，「目標管理型システムへの転換」，「インプットの管理からアウトプットまたはアウトカムの管理への転換」（大住, 1999）などの点にある。

「目標管理（management by objectives through self control：自己統制をとおしての目標による管理）」とは，1950年代半ば，経営学者ピーター・ドラッカー（Drucker, P. F.）によって提唱された組織マネジメント手法であり，個々の担当者に自らの業務目標を設定させ，その進捗や実行を担当者に主体的に管理させる手法である（Drucker, 1954）。学校評価や大学評価（国立大学法人評価，認証評価など）を通して，日本の学校・大学にも，ここ数年，急速に入り込んできている。

「インプットの管理からアウトプットまたはアウトカムの管理への転換」についてはまず，インプットが投入した資源であるのに対し，アウトプットは，提供された財やサービスの量，アウトカムは，施策を実施したことによってサービスの受け手に及ぼした効果・影響を意味することを確認しておきたい。

例えば，ボランティア活動の推進という施策の場合，インプットは，かかった費用，アウトプットは，ボランティア活動のための講習会の開催数・参加者数，アウトカムは，その後実際にボランティア活動に参加した人の数，ということになる（大住，2002, p. 53）。「学士力」（=「学士課程共通の学習成果」）にみられるようなラーニング・アウトカムの重視とは，こうしたNPMにおけるアウトカム管理の重視の表われとして解釈されるべきなのである。

前述のように，能力を教育目標や評価対象として位置づけることは〈新しい能力〉概念の特徴であるが，それはほとんどの経済先進国でNPMを導入した教育行政制度がとられるようになったことによる。

以上では，〈新しい能力〉概念が普及してきた背景を，経済的・社会的・政治的な観点からさぐってきた。それでは，〈新しい能力〉概念はどのような系譜をたどって生成し変容してきたのだろうか。このことを検討する作業は，「ポスト近代型能力」として総括的に批判されてきた諸概念を精査し，それらの間の類似性と相違を明確にする上でも不可欠である。

3 〈新しい能力〉の系譜

（1）コンピテンシー概念のルーツ

今日の多様な〈新しい能力〉概念のルーツをたどっていくと，一本の論文に行きあたる。後に「コンピテンシー・アプローチ」の父と呼ばれることになったデイビッド・マクレランド（McClelland, D.）が，1973年に書いたTesting for competence rather than for "intelligence" という論文（McClelland, 1973）である。マクレランドは，1956～87年の間，ハーバード大学に在職した心理学者であり，動機づけ研究，特に達成動機の研究で知られている。同時に，彼は人材マネジメント（採用，開発・訓練，業績評価など）を業務とするマクバー社（McBer）の創設者の一人でもあった。コンピテンシー・マネジメントの理論と方法を構築したスペンサー夫妻（Spencer, L. M. & Spencer, S. M.）やリチャード・ボヤティズ（Boyatzis, R. E.），EQ（Emotional Intelligence Quotient）の提唱

者ダニエル・ゴールマン（Goleman, D.）らも，マクレランドの後継者，共同研究者である。

　もちろん，マクレランド以前にも，コンピテンス概念が使われていなかったわけではない。例えば，チョムスキー（Chomsky, 1965）の生成文法における言語能力（linguistic competence）の概念，ホワイト（White, 1959）の有能性への動機づけ（competence motivation）[(2)]などはよく知られている。しかし，現在にいたる〈新しい能力〉概念のルーツというなら，マクレランドのこの論文をおいて他にない。

　この論文の中でマクレランドは，従来のテスト（知能テスト，SAT，知識内容テスト）やその結果（学校の成績や資格証明書など）では，職務上の業績や人生における成功は予測し得ないこと，また，こうしたテストは，マイノリティ・女性・低い社会経済階層出身者に不利になることが多いこと，を指摘した。そして，職務上の業績を予測でき，また，人種・性・社会経済階層によって不利をもたらすことの少ない変数とテスト手法を見つけようとした。その変数がコンピテンス（competence）であり，テスト手法が「職務コンピテンシー評価法（Job Competency Assessment methodology：JCA）」（Spencer & Spencer, 1993）である[(3)]。本田のハイパー・メリトクラシー批判では，ポスト近代型能力の方が近代型能力より家庭の文化資本の影響を受けやすいとされていたが，マクレランドは，むしろ出自の影響を受けにくい変数としてコンピテンスを提案したのだという事実は，注目に値する。

　マクレランドがコンピテンスのためのテストを開発したのは，アメリカ国務省における外交官の選考方法の見直しを依頼されてのことであった。当時，外交官の選考は，外交官に必要とみなされる知識やスキルについての筆記試験によって行われていたのだが，その得点と職務上の成功とは相関が低かったことから，別の選考方法が必要とされたのである。マクレランドとマクバー社が開発した方法は，その後，企業の人材管理に広く普及していくことになった。

（2）企業におけるコンピテンシー・マネジメント

　マクレランドとマクバー社が開発したJCA（職務コンピテンシー評価法）を体系的かつ具体的に論じたのが，スペンサーら（Spencer & Spencer, 1993）である。スペンサーらはまず，コンピテンシーを「ある職務または状況において，規準にてらして効果的あるいは卓越した業績（performance）を生みだす原因となっている個人の基底的特徴」（p. 9）と定義する。この定義には，この分野のコンピテンシー概念にとって重要な3つの内容が含まれている。①基底的特徴であること，②業績を生みだす原因となること，③規準にてらして効果的あるいは卓越していることである。ここで，「卓越」とは平均的業績より標準偏差一つ分高いこと，「効果的」とは許容できる最低レベルにあることを意味している。以下では，本章の問題意識に直接かかわる①についてもう少し詳しくみてみよう。

　基底的特徴（underlying characteristics）であるというのは，「さまざまな状況を超えて一般化でき，しかも，かなり長期間にわたって持続するような行動や思考の方法」（p. 9）であることを意味しており，汎用性が内包されている。基底的特徴としてのコンピテンシーは以下のような構成要素からなる。

- スキル：身体的・心理的課題を遂行する能力
- 知識：特定の内容領域で個人が保持する情報
- 自己概念：個人の態度，価値観，自己イメージ
- 特性（trait）：身体的特徴，あるいは，さまざまな状況や情報に対する一貫した反応
- 動機：個人が常に顧慮し願望する，行為を引き起こすもととなる要因

　そして，これらの要素は，図序－1左のような「氷山モデル」，右のような「同心円モデル」によって構造化されている。ところで，同心円モデルは，日本の学力モデル研究の先駆とされる広岡亮蔵の「三層説」モデル（田中，2008, p. 102：本書第4章参照）ときわめてよく似ている(4)。コンピテンシーのモデルと，わが国の1950〜70年代の学力モデルとのこの類似性は，このコンピテンシー概念のよって立つ認識論が，実は格別目新しいものではないことを示唆している。

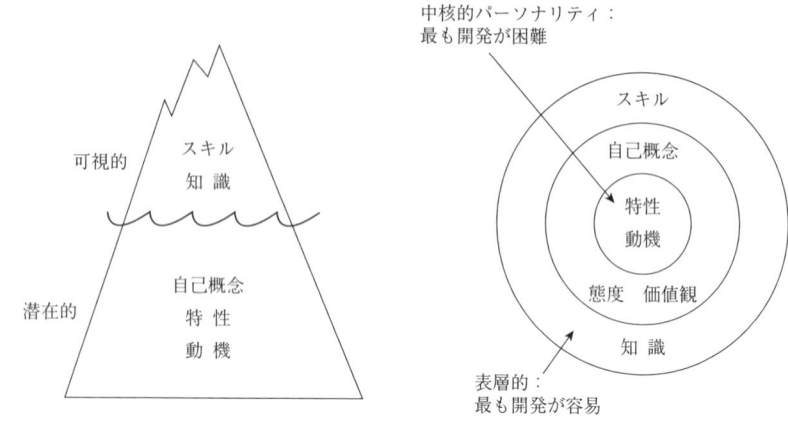

図序-1　コンピテンシーのモデル—氷山モデルと同心円モデル—
(出典)　Spencer & Spencer (1993, p. 11) より訳出

注目すべきは，むしろ，その活用のされ方である。

　従来，多くの組織が，表層の知識とスキルにもとづいて選考・採用を行い，採用後に，より基底的な動機や特性などを開発しようとしてきた。しかし，その逆にすべきだとスペンサーらはいう。

> 人格という氷山の底に位置する，中核的な動機や特性のコンピテンシーは，評価や開発が他のコンピテンシーより難しい。したがって，これらの特徴を備えた人材を選考することが最もコスト効率性の高い方法となる。
> (Spencer & Spencer, 1993, p. 11)

　本田がハイパー・メリトクラシー論で指摘したとおり，まさに，人間の深く柔らかな部分まで含む全体的な能力を評価し，労働力として動員・活用しようとしていることが見てとれる。その具体的な方法論であるJCA（職務コンピテンシー評価法）とは次のようなものである。まず，当該組織の成員の中からサンプル（卓越したパフォーマーと平均的なパフォーマー）を抽出し，「行動結果面接（Behavioral Event Interview：BEI）」を実施する。そのデータから，両者の差異を説明する観察可能な最小の行動単位である「行動指標（behavioral indicators)」を抽出する。この行動指標をいくつかまとめて「コンピテンシー」（例えば、「達成志向」のコンピテンシーなど）にカテゴリー化する。こうしたコンピテンシーが集積されて、「コンピテンシー・ディクショナリー」ができあがる。これを使って、さらに、それぞれの職務ごとに「コンピテンシー・モデル」を開発する。最後に、このコンピテンシー・モデルを、新しいサンプルを使って検証する。

表序-3　管理者の汎用的コンピテンシー・モデル

重みづけ	コンピテンシー
XXXXXX	インパクトと影響力
XXXXXX	達成志向
XXXX	チームワークと協同
XXXX	分析的志向
XXXX	イニシアティブ
XXX	他者の育成
XX	自信
XX	指導性／主張性
XX	情報の探求
XX	チーム・リーダーシップ
XX	概念的思考
最低必要条件	（組織的自覚と関係構築） 専門的能力／専門的知識

（出典）　Spencer & Spencer（1993, p. 201）より訳出

　ここからわかるように、JCAは質的研究法の一つであるグラウンディッド・セオリー・アプローチを応用したものである。この方法論を用いて、21種類のコンピテンシーと286種類のコンピテンシー・モデルが開発された。例えば、さまざまな種類の管理者（manager）に汎用的にあてはまるコンピテンシー・モデルは、表序-3のように特徴づけられる。

　コンピテンシー・モデルは同一の職務であれば異なる社会であっても基本的には同一とされる。また、職務による違いは、コンピテンシー・モデルの要素としてどんなコンピテンシーを選ぶか、また各コンピテンシーにどれだけの重みづけをするかの違いとして表される。

　このようなコンピテンシー・モデルを構成している各コンピテンシーは、それぞれ尺度化されている。例えば、達成志向のコンピテンシーは3つの次元と複数のレベルからなる（表序-4参照）。

　評価対象となった人間は、こうした尺度によって各コンピテンシーのどのレベルにあるかを測定され、コンピテンシー・モデルにてらしてその職務にふさわしい人材かどうかを評価される。このように、コンピテンシーは職務と人材を記述するための共通言語であり、職務も人材も、いわば"コンピテンシーの

表序-4　達成志向コンピテンシーの測定尺度

レベル	行動の記述
A.	達成の動機をもった行為の強度と完成度
A.-1	仕事に対して、まったく卓越の基準を示していない。
A.7	起業家的努力を貫く。
B.	達成によるインパクト（A.3以上にのみ適用）
B.1	個人の業績のみ。
B.7	業界全体に影響を及ぼす。
C.	イノベーションの程度（A.3以上にのみ適用）
C.0	新しいことをしない。
C.4	大変革をもたらす。

（出典）　Spencer & Spencer（1993, pp. 26-27）より、各次元の最低・最高レベルのみ抜粋し、行動の記述の細かい説明を省略して訳出

モザイク"として記述されるのである。

　能力の全体性という点からみたとき、マクレランドやスペンサーらのコンピテンシー概念は、氷山モデルや同心円モデルにみられるように人間の能力の深部（深く柔らかな部分）に目を向け（垂直軸）、また、それを汎用的・脱文脈的ととらえている（水平軸）という点で、ポスト近代型能力の典型的概念ということができる。また、フォーマルには開発困難とされ、開発よりは主に測定・評価のために洗練されてきたこと、もっぱら労働力として動員・活用することが目的とされていることにおいても、まさにハイパー・メリトクラシーの具現化そのものである。

　このコンピテンシー概念やJCAの方法論が、企業社会の人材管理（Human Resource Management）に幅広く普及していくとともに、高等教育や職業教育にも大きなインパクトを与えることになっていくのである。

（3）高等教育・職業教育へ

　マクレランドやボヤティズは自分自身でも高等教育や職業教育に関する著作を出しているが（Winter et al., 1981; Boyatzis et al., 1995）、そのインパクトはそうした著作を通じてというよりは、彼らが提起した概念や方法論によって直接もたらされたものである。以下では、教育実践と教育政策の中から代表的なものをとりあげ、検討していくことにする。

①教育実践——アルバーノ・カレッジの事例

　高等教育における〈新しい能力〉概念にもとづく教育実践として最も代表的なものは、アルバーノ・カレッジ（Alverno College）の実践である（Mentkowski & Associates, 2000; Rogers & Mentkowski, 2004)。アルバーノの実践と理論は今日，能力をベースにしたカリキュラム（Ability-Based Curriculum），一般教育改革，教員養成，卒業生を対象とした学習成果研究など，さまざまな側面で注目されている（安藤，2006；川嶋，2008）。*Higher Education Research & Development* 誌の"generic skills"の特集号（2004年）において典型事例として位置づけられているほか，「学士力」や「社会人基礎力」の関連資料でも先進事例として紹介されている（中央教育審議会，2008；経済産業省，2008）。

〈1〉能力をベースにしたカリキュラム

アルバーノ・カレッジは，1887年に創立されたカトリック系のリベラルアーツ・カレッジである。1970年代初めから独自の「能力をベースにしたカリキュラム」を開発・実践してきた。カリキュラムのベースとなる「能力（ability）」[(6)]とは，「動機づけ，性向，態度，価値観，ストラテジー，行動，自己認知，概念的知識・手続き的知識が複雑に組み合わさったもの」（Mentkowski & Associates, 2000, p. 10）とされ，コミュニケーション，分析，問題解決，意思決定における価値判断，社会的相互作用，グローバルな視野の発達，効果的なシティズンシップ，美的なかかわり（aesthetic engagement）の8つにカテゴリー化されている。8つの能力についてそれぞれ6段階のレベルが設定され，一般教育ではレベル1～4，専門教育ではレベル5・6を育成することがめざされる（8つの能力すべてにおいてレベル4まで達することが卒業要件）。

これらの能力と各レベルは公表されていて，教員にとっては教育の目標，学生にとっては学習の目標となる。学生は入学が決まったら，「評価センター」に行って自分の現在の能力の評価を受け，その後の4年間，さまざまな授業科目を通じて，知識の獲得と並んで能力の向上をめざすことになる。一方，教員の側も，自分の授業やカリキュラム全体を通じて，知識と能力の両方に働きかけることを求められる。

〈2〉能力の教育可能性

こうしたアルバーノの実践には，明らかにマクレランド以降のコンピテンシー・マネジメント論の影響がみられる。アルバーノの過去30年間の実践の蓄

積をもとに編まれた Mentkowski & Associates (2000) では，マクレランドやボヤティズ，スペンサーらが随所に引用され，卒業生調査では BEI（行動結果面接）の手法が使われている。評価センターでコンピテンシーを評価するという方法も，コンピテンシー・マネジメント論の一手法である。マクレランドが共著者として新しいリベラルアーツ教育のあり方を論じた著作 (Winter et al., 1981) においては，Alverno College が "Clare College" という仮名で事例として登場している。

　一言でいえば，アルバーノの実践と理論は，コンピテンシー・マネジメント論を大学教育の中に織りこんだものとみることができる。それは，人格の深部にまでおよぶ人間の全体的な能力に目を向けており，その能力はコンピテンシーと同じように尺度化されているが，同時に，それは，学生が自ら develop （開発＝発達）させたり，大学・教員が教育したりすることの可能なものだととらえられている。この能力形成は大学で完結するのではなく，卒業後も，職業世界，個人生活，市民生活において持続するという。

　いうなれば，アルバーノは，"自己のコンピテンシー・マネジメントを行える持続的な学習者"を育てようとしているといえるだろう。アルバーノのめざす学習者とは，自分の能力を常に自己評価し，その能力を適切に活用し，たえずより上のレベルに向けて開発しようとする存在である。そこでは，能力は対象世界や他者や自己とより深く出会うために必要なものというよりは，能力そのものが自己目的化されているようにすらみえる。

　ともあれ，アルバーノ・カレッジにおける40年近くに及ぶ実践の蓄積とその「成功」は，〈新しい能力〉概念にもとづく教育の普及を後押しすることになった。だが，〈新しい能力〉概念にもとづく教育がここまで普及した背景には，もう一方で，教育政策による強力な推進があったことも見逃せない。それはどのようなものだったのだろうか。

②**教育政策**——**NCVER のレビューから**

　教育政策の全体を概観するのは困難なので，ここではオーストラリアの国立職業教育研究センター（NCVER）によるレビュー（Kearns, 2001；NCVER,

序　章　〈新しい能力〉概念と教育

2003)に依拠することにしたい。

　Kearns (2001) では，ジェネリック・スキルを「エンプロイヤビリティにとって不可欠であり，ほとんどの人々がさまざまなレベルでかかわりをもつ転移可能なスキル」(p. 1) と説明する。そして，ジェネリック・スキルとその類縁概念（コンピテンシーなど）に対するアプローチには，大きく，米国モデルと英国／オーストラリアモデルという2つのアプローチがあることが指摘されている。米国モデルは，より広くフレキシブルで，よりホリスティックなジェネリック・スキルの集合体であり，そこには，職場でのコンピテンシーの他に，基本的スキル，人格属性（personal attributes），価値観と倫理などが含まれている。一方，英国／オーストラリアモデルはより狭く絞られていて，人格属性や価値観は除外されている，という。

　オーストラリアの研究者でありながら英国／オーストラリアモデルに対して批判的だったのが，ニュー・サウスウェールズ州の職業教育に関するキー・コンピテンシー・プロジェクトを指導したヘイガーら（Hager, Moy & Gonczi, 1997）であった。彼らは，キー・コンピテンシーは個々ばらばらなプロセスではなく相互に関連しあっており，かつ，文脈的要因に対してセンシティブでありつつ発達していくものであって，その基盤にある人格属性をもっと考慮に入れるべきだ，と主張した。

　この中の一人アンドリュー・ゴンチ（Gonczi, A.）は，後にOECDのDeSeCo (Definition and Selection of Competencies) プログラムに加わり，主要メンバーの一人になる。彼はジェネリック・スキルとしてのコンピテンシーという考え方を次のように批判する。「問題解決のジェネリック・コンピテンシーのようなものは存在しない。個人は，直面している特殊な問題を解決するというある特定の文脈の中で適切な諸属性を結び合わせるにすぎない」(Gonczi, 2003, p. 120)。そして，そのオルタナティブとなるコンピテンス概念を「個人の諸属性（知識，スキル，性向，価値観）を個人が自分の生のある局面において引き受ける要求・課題・活動と結びつける能力」(p. 120) と定義する。このような彼の考え方は，DeSeCoのコンピテンス概念にも大きな影響を与えるこ

とになった。

(4) 初等・中等教育へ――DeSeCo キー・コンピテンシー

　NCVER のレビュー（Kearns, 2001；NCVER, 2003）において，DeSeCo のコンピテンス概念は，各国に広まったジェネリック・スキルやその類縁概念の混乱状況に対し，多分野（哲学，人類学，経済学，心理学，社会学など）の専門家と関係者の協力により理論的・概念的基礎の構築をめざしたものとして評価されている。日本では，初等・中等教育の文脈で議論されることが多いが，むしろ，初等・中等教育と高等教育の境界をこえて行われた理論的・概念的な探究の成果とみなすべきだろう。

　DeSeCo のコンピテンス概念は，「ある特定の文脈における複雑な要求（demands）に対し，心理社会的な前提条件（認知的側面・非認知的側面の両方を含む）の結集（mobilization）を通じてうまく対応する能力」（Rychen & Salganik, 2003, p. 43）と定義される。その特徴は，「コンピテンスのホリスティック・モデル」，「内的構造と文脈依存性をもったコンピテンスへの機能的アプローチ」（pp. 44-47）というフレーズに集約されている（図序-2参照）。

　図序-2に示されているように，DeSeCo のコンピテンス・モデルは要求，文脈，内的構造をもった構成要素という三者からなる。コンピテンスをもっているというのは，「単に，構成要素となるリソースをもっているということで

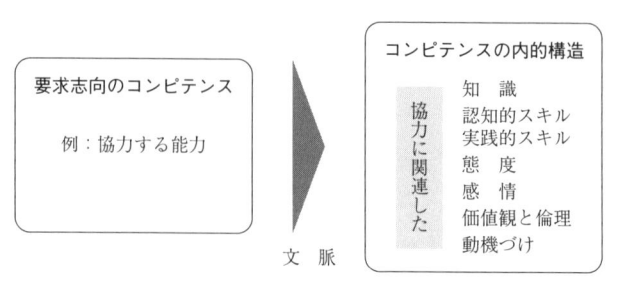

図序-2　DeSeCo によるコンピテンスのホリスティック・モデル
　　（出典）　Rychen & Salganik（2003, p. 44）より訳出

はなく，そうしたリソースを，複雑な状況のもとでそれにふさわしいときに，適切に『結集し』，『統制する（orchestrate）』ことができるということをも意味する」（p. 45）のである。

　DeSeCoのコンピテンス概念の特徴を明確にするために，スペンサーらの氷山モデルと比較してみよう。コンピテンスの内的構造（図序‐2）の構成要素は，知識，スキルなどの認知的要素だけでなく，態度，感情，価値観と倫理，動機づけなど情意的・社会的要素も含んでいる点で，氷山モデルの構成要素とよく似ている。だが，スペンサーらのコンピテンシーが氷山モデルの各構成要素やそれをモザイク的に組み合わせたものをさすのに対し（図序‐2では「内的構造」にあたる），DeSeCoのコンピテンスは，文脈の中で内的構造を結集して要求に応答する能力を指す。前者は，内的な属性を直接，個人の能力の評価対象とするのに対し，後者は，内的な属性を直接，そうした評価や教育の対象としているわけではない。

　DeSeCoのコンピテンス概念の特徴は，キー・コンピテンシーの中身をみることでいっそう明確になる。キー・コンピテンシーとは，「個人の人生の成功（クオリティ・オブ・ライフ）」と「うまく機能する社会」に資するようなコンピテンシーであり，人生のさまざまな局面においてレリバンスをもち，すべての個人にとって重要とみなされるコンピテンシーである。そうしたキー・コンピテンシーとして選択されたのが，〈1〉「道具を相互作用的に用いる」，〈2〉「異質な人々からなる集団で相互にかかわりあう」，〈3〉「自律的に行動する」という3つのカテゴリーであった（表序‐5参照）。

　一見すると，これらのカテゴリーは能力リストの一例であるようにみえるかもしれないが，そうではない。多くの能力リストが，コンピテンシー・マネジメント論のコンピテンシーの延長上にある（つまり，個人の内的な属性としてとらえられている）のに対し，キー・コンピテンシーは，個人の内的な属性と文脈との「相互作用」の産物（p. 46）である（カテゴリー1でも2でも「相互作用」がキーワードになっていることに注目していただきたい）。また，3つのキー・コンピテンシーは，多くの能力リストのように並列されているのではな

表序-5　OECD-DeSeCo のキー・コンピテンシー

〈カテゴリー1〉 道具を相互作用的に用いる	A 言語，シンボル，テクストを相互作用的に用いる B 知識や情報を相互作用的に用いる C テクノロジーを相互作用的に用いる
〈カテゴリー2〉 異質な人々からなる集団で相互にかかわりあう	A 他者とよい関係を築く B チームを組んで協同し，仕事する C 対立を調整し，解決する
〈カテゴリー3〉 自律的に行動する	A 大きな展望の中で行動する B 人生計画や個人的プロジェクトを設計し，実行する C 権利，利害，限界，ニーズを擁護し，主張する

（出典）　OECD（2005）より訳出の上，表作成

く，3次元座標のような布置（constellation）をもつものとみなされている。文脈によってそのウェイトや内容は変わるものの，常に3つのカテゴリーは組み合わさって機能する。

　キー・コンピテンシーとは，つまり，道具を介して対象世界と対話し，異質な他者とかかわりあい，自分をより大きな時空間の中に定位しながら人生の物語を編む能力だといえる。それは，能力概念を個人の内部から，個人が対象世界や道具，他者と出会う平面へと引き出す。そこでの能力は，関係の中で現出するものでありつつ，個人に所有されるものでもある。すなわち，関係論と所有論の交差する場所に現れるのである（関係論，所有論については，本書第2章参照）。

（5）日本への移入
　以上みてきたさまざまな〈新しい能力〉概念が，各種の政策や経済団体の政策提言を通じて，日本に移入されてきた。その影響は初等教育から高等教育，さらには職業世界にまで及んでいる。
① DeSeCo キー・コンピテンシーと PISA リテラシー
　2006年に最終報告書の邦訳が出版されてから，日本でも DeSeCo のキー・コンピテンシーが知られるようになったが，認知度や影響の大きさからすれば，同じ OECD の PISA リテラシーは DeSeCo のキー・コンピテンシーをはるか

序　章　〈新しい能力〉概念と教育

に上回るものであった。だが，その移入の仕方は大きな問題をはらんでいる。本来，PISAリテラシーは，DeSeCoキー・コンピテンシーの中の「道具を相互作用的に用いる」能力の一部を測定可能な程度にまで具体化したものである。この「道具」には，言語・シンボル・テクスト，知識・情報などが含まれており，そうした「道具」を使って，対象世界と対話する能力がPISAの読解リテラシー，数学的リテラシー，科学的リテラシーなのである。そこには，認知的要素とあわせて非認知的要素（情意的・社会的要素）も含まれている。前述のように，3つのキー・コンピテンシーは3次元座標のような布置をなしているので，本来は，PISAリテラシーも，他のキー・コンピテンシーと相互関連性をもちながら形成をはかるべきである。

　ところが，日本では，PISAリテラシーは他のキー・コンピテンシーと切り離され，「PISA型学力」，「PISA型読解力」，「活用力」といった形で初等・中等教育の現場に浸透してきている。これについての詳しい検討は，本書の第2・5章にゆずるが，キー・コンピテンシーのうちの指標化された一部だけが，ある種の屈折を経て移入されているということは指摘しておきたい（松下，2006b，2007a）。

②日経連「エンプロイヤビリティ（雇用されうる能力）」

　労働政策については，日本経営者団体連盟（日経連）が，早くも1999年に，『エンプロイヤビリティの確立をめざして―「従業員自律・企業支援型」の人材育成を―』という政策提言を行っている。エンプロイヤビリティは，「雇用されうる能力」と訳されている。「労働移動（転職）を可能にする能力（A）」と「当該企業の中で発揮され，継続的に雇用されることを可能にする能力（B）」をあわせた概念である（図序-3参照）。

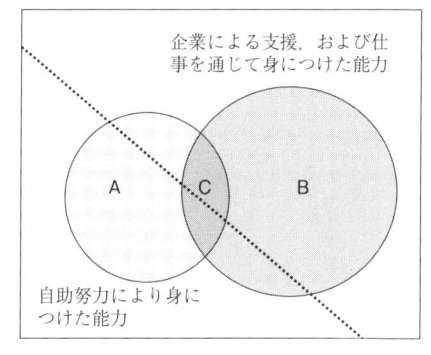

図序-3　NEDモデル

（出典）　日経連（1999）

23

かつてのフレキシビリティが,企業の「内」で発揮されるものとしてとらえられていたのに対し,エンプロイヤビリティは,企業の「内」でも「外」でも発揮できるフレキシビリティとしてとらえられていることに注目する必要がある。

また,かつては,仕事に必要な特定の知識・スキルはOJT（On the Job Training）によって身につけられたのに対し,この報告書では,それを「企業・従業員相互依存型」とし,今後は「従業員自律・企業支援型」に変化させることが重要であると提唱している。いいかえれば,企業によるOJTだけでなく,自助努力によるOffJTを通じて,たえず自らの能力開発を行い,自己責任において雇用を確保していくことが,これからの労働者には求められるというのである（松下,2006a）。

エンプロイヤビリティは,「産業側の好むジェネリック・スキルの別称」（NCVER, 2003, p. 5）である。エンプロイヤビリティには,〈新しい能力〉概念に対する企業側の要請が最も端的に表れている。

③厚生労働省「就職基礎能力」,経済産業省「社会人基礎力」

2004年に厚生労働省から「就職基礎能力」が,2006年に経済産業省から「社会人基礎力」が,相次いで提案された。一番大きなカテゴリーだけ列挙すると,「就職基礎能力」としては,コミュニケーション能力,職業人意識,基礎学力,ビジネスマナー,資格取得があげられ,「社会人基礎力」としては,前に踏み出す力（アクション）,考え抜く力（シンキング）,チームで働く力（チームワーク）があげられている（「社会人基礎力」の要素については,本書第3章参照）。ちなみに,就職基礎能力とは,事業の英語名称が"Youth Employability Support-Program"（若年者就職基礎能力支援事業）であることからわかるとおり,エンプロイヤビリティのことである。

両者のうち,とりわけ社会人基礎力に関する提言や報告書からは,〈新しい能力〉概念の日本での受容のされ方がよく読みとれて興味深い。「中間取りまとめ」（経済産業省,2006）では,社会人基礎力が必要となってきた背景がこう述べられている。

従来，社会人基礎力のばらつきが小さかった時代には，一般に「学力」と
いう指標と社会人基礎力の水準には相関関係があったことが指摘されてい
る。このため，企業は採用段階において，数値化されやすい学力を評価す
ることを通じて社会人基礎力もある程度評価することができた。しかし，
近年，社会人基礎力と学力との相関関係が低下していることが指摘されて
おり，企業も人材の育成や評価において，社会人基礎力を独立した要素と
して意識することが求められている。また，入社後の人材育成においても，
社会人基礎力の観点から継続的に実施することの必要性が高まっている。
　（経済産業省，2006，p. 6，傍点筆者）

　ここには，「ポスト近代型能力」が日本において要請される際のロジックが
見てとれる。前に，コンピテンシー・マネジメント論においては，知識やスキ
ルから人格の深部（あるいは中核）にある動機や特性の方へ選考の焦点を移す
べきことが主張されていることをみたが，そのロジックとは異なっている点に
注意したい。
　乾（1990）によれば，企業社会においては，1960〜70年代に，「一般的抽象
的能力」の指標として学力が使われるようになり，それによって，「学力偏差
値的な一元的尺度」が企業社会と学校教育を貫いて支配することになった。で
は，なぜ，学力＝学歴が，企業社会の求める「一般的抽象的能力」の指標たり
えたのだろうか。日本の企業は，入社時に，新入社員が特定の知識やスキルを
身につけていることを期待しているわけではなかった。代わりに期待するのは，
「一般的な学力とか，従順で素直な性格とか，『やる気』とか，総じて高校で
どの科目にもまあいい成績をとるような，あるいはいい大学に入れるような，
前向きの性格みたいなもの」（熊沢，1993，p. 100）であった。なぜなら，企業
が日本的経営の中核的人材に求めるのは，フレキシビリティの発揮――仕事の
範囲，仕事の量，ポスト，赴任地などの変動に積極的に適応できること――だ
ったからである。そして，そのような企業社会においてフレキシビリティに富
む人材と，学校においてどの科目でも総合的に成績が高く，性格的にも協調

性・適応性に富む人材とは見事にマッチしていた。仕事に必要な特定の知識やスキルは，就職後のOJTで獲得させる。だから，入社してくる人材は，OJTによって仕事に必要な知識やスキルを身につけられるだけの「訓練可能性（trainability）」をもっていれば，それでよかった。学力＝学歴は，そうした訓練可能性の指標でもあったのだ。

　整理しよう。日本において，かつて（1960〜80年代），学力は，知識・スキルだけでなく，動機（「やる気」など）や特性（「従順で素直な性格」や「前向きの性格」など）をも示す指標として機能していた。学力と社会人基礎力の間に正の相関関係がみられたのはそういうわけである。ところが，近年（90年代半ば以降），両者の間の相関関係が低下し，学力が動機や特性の指標としては十分機能しなくなった。そのために，学力とは別個に社会人基礎力を育成・評価する必要が出てきた，というのである。このような見方は，本田のハイパー・メリトクラシー論に多少の変更を迫るものである。日本の企業社会は，ハイパー・メリトクラシーになってから初めて，人間の全体的な能力を評価するようになったわけではなく，以前から，学力を通じてそれを評価していたというのだから。変化したのは評価の仕方にすぎない。

　社会人基礎力の取組では，コンピテンシー・マネジメントの手法が数多く採り入れられている。例えば，トヨタ，資生堂などの入社4〜6年の社員を対象にした「企業で求められる能力の実態調査」（2007年度）では，BEI（行動結果面接）の手法が用いられ，モデル大学による取組（経済産業省，2008）では，PBL（Project Based Learning），インターンシップ，授業などで育成された社会人基礎力についてJCA（職務コンピテンシー評価法）と類似した評価が行われている。小方（2001）はかつて「コンピテンシーは大学教育を変えるか」と問うたが，社会人基礎力に関する各大学の実践を見ると，日本でも，既に大きく変えつつあることを感じずにはいられない。

④文部科学省「学士力」

　2008年の中央教育審議会答申『学士課程教育の構築に向けて』において提案されたのが「学士力」である。学士力とは，「日本の大学が授与する学士が保

証する能力」,「学士課程共通の学習成果」のことであり, その能力リストには, 知識・理解, 汎用的技能, 態度・志向性, 統合的な学習経験と創造的思考力の4つがあげられている（具体的な中身については, 本書第3章参照）。

学士力は, 本章で検討してきた〈新しい能力〉概念の中で最も遅く出されたものであるにもかかわらず, その理論的基礎は最も見えにくい。例えば, DeSeCoのキー・コンピテンシーは, 多様な学問分野での先行研究や各国の政策のレビューにもとづいており, 3つのカテゴリーは対象世界との関係, 他者との関係, 自分自身との関係に対応して提案されている。社会人基礎力の場合は, 今みたように, コンピテンシー・マネジメント論を概念と方法の基盤にすえている。情緒的で曖昧と批判されることの多い「生きる力」ですら, 知育・徳育・体育の現代版であると解釈できる。だが, 学士力のカテゴリーからそのような構造らしきものを読みとることは困難である。

学士力はこのような理論的基礎づけの弱さの一方で, 各大学の「ディプロマ・ポリシー」（卒業認定・学位授与に関する基本的な方針）と結びつくことにより強い規範性を与えられている。2005年の中教審答申『我が国の高等教育の将来像』は, 日本の大学は今後, 機能別分化をはかるべきであることを提言し, 7つの機能（世界的研究・教育拠点, 高度専門職業人養成, 幅広い職業人養成, 総合的教養教育, 特定の専門的分野の教育研究, 地域の生涯学習機会の拠点, 社会貢献機能）を例示している。各大学は, 自らの担うべき機能にあわせながら, ディプロマ・ポリシーにおいて, 学士力の中身を具体化することを迫られることになるだろう。そういう点からいえば, むしろ曖昧さを帯び, 融通無碍に解釈できることの方が好都合なのかもしれない。いわば, "解釈における汎用性"である。

(6)〈新しい能力〉の俯瞰図

以上では,〈新しい能力〉概念の代表的なものについて, その系譜をたどりながら概観してきた。「ポスト近代型能力」と総称されるそれらの概念の間には, 無視できない差異がある。ここで, 冒頭にあげた2つの分析視点にそって,

そうした差異を整理するための俯瞰図を作成してみよう。

①能力の全体性はどうとらえられているか

　第一の分析視点は，垂直軸（深さ）と水平軸（広さ）がどうとらえられているか，であった。まず，垂直軸（深さ）についてみてみよう。

〈1〉垂直軸（深さ）

　垂直軸（深さ）をスペンサーらの氷山モデルと同様のかたちで設定した場合，すなわち，能力の中に，可視化しやすい認知的要素（知識やスキル）だけでなく，より人格の深部にあると考えられる非認知的要素（動機，特性，自己概念，態度，価値観など）をも含むという意味でとらえた場合，そうした垂直軸（深さ）の組み込みは，本章で取り上げたほとんどすべての概念に共通してみられる。つまり，垂直軸（深さ）については，どの能力概念も，表層的な部分だけでなく深層的な部分も含んでいるということである。

　だが，垂直軸（深さ）を構成する各要素へのアプローチという点からみると，そこには大きく分けて2つのアプローチがある。

(a) 要素主義的アプローチ

　コンピテンシー・マネジメント論では，一つひとつのコンピテンシー（例えば，「達成志向」，「インパクトと影響力」など）が能力を構成する要素として抽出され，それぞれ別個に尺度化される（とりわけ，より深部にある中核的な動機や特性のコンピテンシーが重視されている）。そして，まるでモザイク細工を作るように，複数のコンピテンシーから特定の職務についての汎用的なコンピテンシー・モデル（例えば，「管理者の汎用的コンピテンシー・モデル」）が作られる。どの要素もいったんばらばらに切り離された後に，組み合わされて全体を構成するという点で，この能力概念はきわめて要素主義的である。

　同様のアプローチは高等教育でもみられる。このようなアプローチがとられた場合，表序-6のような「カリキュラム・マップ」によってカリキュラムを構成することが推奨される。

　カリキュラム・マップの使用は，「プログラムレベルの学習成果の達成」において不可欠とされ（中央教育審議会，2008［用語解説］），既にわが国でも複数

の大学で用いられている（松下，2007b）。

　(b) 統合的アプローチ

　一方，DeSeCoのコンピテンス概念は，内的属性としてさまざまな認知的・非認知的

表序-6　カリキュラム・マップの概念図

	コンピテンス						
	A	B	C	D	E	F	G
科目1		X			X		
科目2	X			X			X
科目3		X				X	
科目4	X		X				

要素を含んでいるものの，それらをリスト化することに焦点があてられているわけではない。そうではなく，ある特定の文脈における要求に対してそれらの要素を結集して応答する能力こそがコンピテンスだとされる。「ホリスティック・アプローチ」と呼ばれるゆえんである。

　DeSeCoのキー・コンピテンシーの3つのカテゴリーは，一見すると要素主義的アプローチの能力リストと似ているが，能力要素ではなくこのような統合的なコンピテンシーの種類を表しているという点で，性格を異にする。また，3つのキー・コンピテンシーが3次元座標のような相互関連性をもつと考えられている点でも，統合的である。

　この統合的アプローチの下では，個人の内的属性が直接，個人評価の対象とされることはない。また，キー・コンピテンシーの形成においては，カリキュラム・マップのように能力を個々別々の要素に分解するのではなく，統合された問題中心の学習を行わせること，差異や矛盾をはらむ「現代生活の複雑な要求に直面する反省的実践」を行わせることなどが提案されている。そうした課題は，生徒の思考，感情，社会関係を統合的に結集して挑戦する価値のある課題でなければならないだろう。そのような経験を通じて，能力が間接的に高められていくのである（要素主義的アプローチに代わるカリキュラム編成のあり方については，本書第8章参照）。

〈2〉水平軸（広さ）

　水平軸（広さ）についても2つのアプローチを区別することができる。

(a) 脱文脈的アプローチ

　コンピテンシー・マネジメント論では，コンピテンシーは「さまざまな状況

を超えて一般化でき，しかも，かなり長期間にわたって持続するような行動や思考の方法」であるとされ，類似の職務での卓越した業績を生むコンピテンシーは世界のどの国でも基本的には同一とされている。その意味で，この能力概念はきわめて脱文脈的である。

高等教育における多くの能力概念も，文脈について取り立てて言及することなく「ジェネリック・スキル」のようにスキルの汎用性を強調している点で（例えば，「学士力」の中の「汎用的技能」），脱文脈的アプローチをとっているといえる。

(b) 文脈的アプローチ

一方，DeSeCo のキー・コンピテンシーも，人生のさまざまな局面においてレリバンスをもち，すべての個人にとって——OECD 加盟国のような経済先進国だけでなく，発展途上国に生きる個人にとっても——重要とされるコンピテンシーであるから，きわめて広い一般性をもつと想定されていることになる。だが同時に，DeSeCo のコンピテンス概念は，文脈依存性をもつものとして考えられている。一般性と文脈依存性はどう関係づけられるのだろうか。一言でいえば，コンピテンスの文脈依存性が，どんな人生の局面でも，どんな国でも，一般的にみられる，ということになる。文脈依存性が対象レベルの性質だとすれば，一般性はメタレベルの性質だといえる。

DeSeCo の能力概念は，文脈によって変化する対象世界・道具や他者との相互作用を含んでおり，文脈とは独立に個人の内的属性であるスキルにおいて汎用性を強調する能力概念とは対照的である。

②何のための能力か

もう一つの分析視点は，何のための能力概念かということであった。ここでも，さらに下位の分析視点をいくつか設定することができる。

・選抜か，教育か
・職業生活か，それ以外の社会領域（市民生活，家庭生活など）か
・個人の人生編成か，社会の再構築か

コンピテンシー・マネジメント論におけるコンピテンシー概念やエンプロイ

ヤビリティ概念は，明確に，企業の人材管理（採用，配置，査定など）のため，あるいはそれにあわせて個人が自己能力開発をはかるための概念である。したがって，そこでは，労働力としての人材を効率的に選抜することが重視されている。

興味深いのは，それらの概念が，企業の人材管理の境界をこえて，高等教育の能力概念として援用されてきたという点である。つまり，それらの概念は，選抜機能から教育可能性へと焦点をシフトさせてはいるが，もともと職業生活における労働力としての能力が強調されやすい性格をもって生まれてきたといえる。就職基礎能力，社会人基礎力などはいずれもそうである。アルバーノ・カレッジの実践では，職業生活から市民生活，家庭生活に射程が広げられてはいるものの，やはりあくまでも個人の人生編成に焦点づけられている。

一方，DeSeCo のキー・コンピテンシーは，「何のための能力か」という問いに対して，「個人の人生の成功（クオリティ・オブ・ライフ）」と「うまく機能する社会」という両面から答えている。「個人の人生の成功」の要因としてあげられているのは，経済的な地位と資源，政治的な権利と力，知的な資源，住居と社会基盤，健康と安全，社会的ネットワーク，余暇と文化的活動，充足感と価値への志向であり，「うまく機能する社会」の要因としてあげられているのは，経済的生産性，民主的プロセス，連帯と社会的結合，人権と平和，公正・平等・差別のなさ，生態学的持続可能性である（Rychen & Salganik, 2003, Chap. 4）。明らかに，職業生活だけでなく市民生活や家庭生活も含む個人の人生やそれを支える経済的・政治的・文化的・生態学的な条件整備が視野におさめられている。つまり，DeSeCo の能力概念は，国境を越えて共通のビジョンを構築し，その課題を実現するために，未来の社会の成員に教育を通じてどのような能力を獲得させるべきか，という問いに答えようとしたものであるといえる。

急いで付け加えておくと，「個人の人生の成功」と「うまく機能する社会」であげられた諸価値を，単に教育による能力形成を通して実現しようとするのであれば，それは「教育には何ができないか」を無視した無謀で無責任な議論

になってしまう。キー・コンピテンシーの議論は，経済学者アマルティア・センの「ケイパビリティ・アプローチ（capabilities approach）」（Sen, 1992）を土台にしており，キー・コンピテンシーとは，こうした諸価値を実現していくために必要な資源にアクセスし利用する能力に他ならない（松下, 2009）。資源そのものを豊かにしていくことは教育とは別の領域の課題である。

　俯瞰図を作成したのは，単なるタイプ分けのためではない。さまざまな〈新しい能力〉概念の間の類似性と相違を明確にし，今日，これほどまでに肥大化した〈新しい能力〉概念を教育学的に手なづけるためである。DeSeCoの能力概念は，総花的で理想主義的ではあるが，理念的には，現在における一つの到達点を示しているといってよいだろう。

おわりに――〈新しい能力〉概念を飼い馴らすために

　最後に，ハイパー・メリトクラシー（ポスト近代型能力）批判についてあらためて考えてみたい。本田のハイパー・メリトクラシー（ポスト近代型能力）批判は，第一に，ハイパー・メリトクラシーが人間の「深く柔らかな部分」まで含む全体的な能力を絶えず評価し，労働力として動員・活用しようとすること，第二に，しかもそうした能力が学校では形成されにくく家庭の教育的環境に大きく依存するがために階層の再生産に手を貸してしまうこと，に向けられていた。

　こうした批判は，コンピテンシー・マネジメント論の能力概念にはよくあてはまるが，〈新しい能力〉概念のすべてに妥当するとはいえない。例えば，コンピテンシー・マネジメント論から最も遠い位置にあるDeSeCoの統合的・文脈的アプローチでは，要素主義的・脱文脈的アプローチとは異なり，能力リストの一つひとつを直接，教育・評価の対象としては措定しないことによって，人間の「深く柔らかな部分」を直接，操作の対象とすることが回避されている。また，それは単に労働力として動員・活用されるだけでなく，経済的・政治的・社会的・文化的な側面から自分の人生と社会の両方を豊かにしていくため

に，どの子どもも学校教育を通じて身に付けるべき力としてとらえられている。このように，DeSeCoの能力概念は，ハイパー・メリトクラシー（ポスト近代型能力）批判に対してひとまずは耐えられるものになっている。

だが一方で，それは，いくつかの危険性や難点もはらんでいる。それを克服するための見通しとあわせて提示しておこう。

①機能的アプローチにおける「要求」

第一にあげられるのは，機能的アプローチの問題である。DeSeCoの機能的アプローチは，見方によっては，ハイパー・メリトクラシー（ポスト近代型能力）を最大限にまで洗練させたものにもみえる。本田のいう〈よりあからさまな機能的要請が突出した，メリトクラシーの亜種ないし発展形態〉というハイパー・メリトクラシーの定義は，〈特定の文脈の中で出されてくる要求に対し，個人の内的な諸属性を結集して対応する能力〉を意味するDeSeCoの能力概念に，まさに合致するのではないか。

ここで鍵をにぎるのは，「要求」の中身である。それは，誰の，どんな要求なのだろうか。仮に，この要求が，例えば，雇用状況によってアドホックに変化する企業からの人材要求のようなものであれば，DeSeCoの能力概念は，まさにハイパー・メリトクラシー（ポスト近代型能力）以外の何者でもないということになる。

もちろん，実際はそうではなく，DeSeCoのキー・コンピテンシーは「個人の人生の成功（クオリティ・オブ・ライフ）」と「うまく機能する社会」を構成する諸価値につながるような要求を想定している。しかも，3つのキー・コンピテンシーの中心には「反省性（reflectivity）」が位置づけられ，個人が「環境の期待の虜」にならず，社会化の圧力を対象化し，省察し，再構成するため，批判的なスタンスをとることが担保されている。

だが，キー・コンピテンシーの掲げる諸価値はあまりに多岐にわたり，そうした価値にもとづく要求がどのような〈実践〉として具体化されるのかはほとんど明らかにされていない。それらの価値の間には，緊張関係があり——例えば，平等と自由，自律と連帯，効率性と民主的プロセス，エコロジーと経済の

論理，多様性と普遍性，イノベーションと継続性など——，「あれかこれか」を越えて差異や矛盾に対処できるようになることが求められてもいる。

そうした能力を形成しようとする〈実践〉には多くの困難が予想される。が，だからこそ挑戦する意義があるともいえる。議論の舞台を〈能力〉から〈実践〉に広げ，どんな実践を通じて諸価値を実現していくかに目を向けることによって，機能的アプローチが空虚な価値中立性に陥らないようにすることが必要だろう。

②誰のための能力か

第二の点は，「誰のための能力か」という問題にかかわる。DeSeCo の最終報告書は，専門家メンバーの一人であったプルヌー（Perrenoud, 2001）の次の言葉の引用で締めくくられている。[11]

> すべての市民が，特に何よりもまず，現在，「基本的な（basic）」コンピテンシーを獲得できないでいる人々が，それを獲得できるようにするために必要な，あらゆるリソースを動員することがないのであれば，いったい，そうしたコンピテンシーを定義することの意味は何なのだろうか。(p. 121)

このように，DeSeCo のキー・コンピテンシーは，経済先進国だけでなく発展途上国も含め，すべての個人に獲得させるべき基本的なコンピテンシーであることが強調されている。だが，2の（1）で触れたように，キー・コンピテンシーの一部である PISA リテラシーは，ライシュのいうシンボリック・アナリストに求められる能力と重なりあっている。すべての人がシンボリック・アナリストになるわけではないことを考えると，シンボリック・アナリストに適した能力をすべての子どもに身に付けさせるというのは一種のまやかしではないだろうか（この問題については，本書第6章も参照されたい）。

PISA では，それぞれのリテラシーを習熟度レベルの一元的尺度で表示する。PISA 調査は現在，集団的に実施され，参加国・地域の教育制度・政策の評価のために使われているが，その気になれば，簡単に個人評価向けにも変換でき

る。仮にそうなると，こうした一元的尺度による能力表示は，高いリテラシーをもつ人はシンボル分析的サービスに，それより低いリテラシーの人は，対人サービス，さらにはルーティン生産サービスに，といった具合の選抜体制を呼び込みかねない。どうすればそれに歯止めをかけ，制御することができるだろうか。

　すべての個人にキー・コンピテンシーを保証しながら，多様性をどう確保するのか。この古くて新しい問題に，社会階層格差の存在が共通認識になった今，答えていかなければならない。

③「深さ」の中身──知識との関連性

　最後に，DeSeCo の能力概念に限らず，本章で扱った〈新しい能力〉概念全般にあてはまる問題を指摘しておきたい。

　本章では，能力の垂直軸（深さ）を，スペンサーらの氷山モデルに即して，認知的要素（知識やスキル）だけでなく，より人格の深部にあると考えられる非認知的要素（動機，特性，自己概念，態度，価値観など）をも含むという意味で論じてきた。

　だが，実際は，認知的要素（知識やスキル）そのものにも，深さの軸は存在する。例えば，ウィギンズとマクタイ（Wiggins & McTighe, 2005）は，〈事実的な知識／個別的なスキル──転移可能な概念／複雑なプロセス──原理と一般化〉という形で，知識／スキルの深さの軸を描いている（本書第8章参照）。高等教育では，「深い学習（deep learning）」が教育理念として掲げられることが多いが（松下，2007b；本書第7章参照），そこで論じられているのは，意味生成の深さであり，そこにおいて原理的知識の果たす役割である。

　社会経済史学者の小田中直樹は，アマチュアにとって，経済学の基本的な目的は，「ぼくらが日常生活をよりよく生きるために必要な，いわば『生きる力』を与えること」にあるという（小田中，2003, p. 5）。そして，分配，再生産と価値，生存，政府，効用，企業，失業という7つの主題を，教養としての経済学を構成する内容として取り上げ，その歴史的な変化を描き出している。それにより，複数の立場を比較し相対化して，そこから自分の立場を選び取る

ことを促そうというのである。ここには,「生きる力」に対する学習指導要領とは異なる意味づけ,異なるアプローチが存在する。

　知識やスキルを能力の一部としてとらえる立場では,知識やスキルの道具的価値が重視され,それ自体のもつ体系性が軽視されがちである。知識のもつ力を失わないで,〈新しい能力〉概念との調停をどうはかるか。「活用」能力や「ジェネリック・スキル」が一人歩きしている日本の学校・大学では喫緊の課題である。

*

　〈新しい能力〉概念は,扱い方を間違えば,容易に負の価値に転化してしまう厄介な代物である。本書で,それを手なづけ飼い馴らすことにどのていど成功しているか。読者のご判断をあおぎたい。

〈注〉
(1) 日本では,2001年6月に,経済財政諮問会議で,NPMにもとづく改革の必要性が承認され,行財政システムの「デファクト・スタンダード」(事実上の標準)になったとされる(大住,2002)。
(2) ホワイト(White, 1959)は,コンピテンスを「環境と効果的に相互交渉する能力」と定義し,人間には,環境とうまく相互交渉することによって効力感を得ようとする動機(competence motivation)があるのだと主張した。
(3) フランス語のcompétence,ドイツ語のKompetenzに対応する語として,英語には,competenceとcompetencyという2つの語がある。両者の区別については,competenceを総称的・理論的な概念として,competencyを個別具体的な概念として使い分けるやり方が一般的である(Rychen & Salganik, 2001, p. 3; スペンサー・スペンサー, 2001, p. iii)。ただし,複数形になったときは,両方とも一括してcompetenciesとされる場合もあり,区別がしにくい。また邦訳では,煩雑さを避けて,「コンピテンシー」で統一される傾向にある。特に,経営学(人材管理)の分野ではその傾向が強い。高等教育分野の論考でも「コンピテンシー」を用いているものがほとんどである。本章では,総称的・理論的概念と個別具体的な概念という区別にもとづきながら,なるべく原著にそって「コンピテンス」と「コンピテンシー」を使い分けた。

⑷　氷山モデルの方も，梶田叡一によって「『確かな学力』の氷山モデル」という類似のモデルが提唱されている（本書第4章参照）。

⑸　Raven（2001）では，"McBer competency framework" が，コンピテンシーの主要な理論的枠組みを構築したと評価されている。もっとも，雑誌『Works』第57号（2003年）によれば，アメリカでは，早くも90年代後半にはコンピテンシー・マネジメントへの批判が生まれ，ブームは数年で去ったという。

⑹　「能力」を表わす語として，アルバーノでも，一般教育改革を始めた当初は "competence" を使っていたが，1971年以降，"ability" に変えたという（安藤，2006, p. 66）。

⑺　この定義のオリジナルは，英国の National Skills Task Force（NSTF）による。

⑻　OECD-DeSeCo の最終報告書（Rychen & Salganik, 2003）には邦訳があるが，残念ながら誤訳が多い。ここではすべて原著から訳出している。

⑼　2008年版学習指導要領の「審議のまとめ」では，「［OECD は］『知識基盤社会』の時代を担う子どもたちに必要な能力を，『主要能力（キーコンピテンシー）』として定義付け，国際的に比較する調査を開始している。［中略］『生きる力』は，その内容のみならず，社会において子どもたちに必要となる力をまず明確にし，そこから教育の在り方を改善するという考え方において，この主要能力（キーコンピテンシー）という考え方を先取りしていたと言ってもよい」とされているが，内容においても理論的根拠づけにおいても，「生きる力」と DeSeCo コンピテンシーの間には大きな隔たりがある。

⑽　2002年に経済団体連合会（経団連）と統合して，「日本経済団体連合会（日本経団連）に改称。

⑾　この言葉は，Rychen & Salganik（2003）で2回引用されていて（p. 67, 186），影響力の大きさがうかがえる。なお，basic competencies と key competencies は同義で使われている。

〈文　献〉

安藤輝次（2006）．「アルバーノ大学の一般教育カリキュラムの改革」『奈良教育大学紀要』第55巻第1号（人文・社会），65-78.

Beck, U. (1986). *Risikogesellschaft: Auf dem Weg in eine andere Moderne.* Suhrkamp Verlag. ベック，U.（1998）．『危険社会―新しい近代への道―』（東廉・伊藤美登里訳）法政大学出版会．

Boyatzis, R. E., Cowen, S. S., & Kolb, D. A. (1995). *Innovation in professional education: Steps on a journey from teaching to learning.* Jossey-Bass.

Chomsky, N. (1965). *Aspects of the theory of syntax.* MIT Press. チョムスキー，N.（1970）．『文法理論の諸相』（安井稔訳）研究社．

中央教育審議会（2008）．『学士課程教育の構築に向けて（答申）』．

Drucker, P. F. (1954). *The practice of management.* Harper & Row. ドラッカー，P. F.（2006）．『現代の経営（上・下）（ドラッカー名著集２・３）』（上田惇生訳）ダイヤモンド社．

Engeström, Y. (1994). *Training for change: New approach to instruction and learning in working life.* International Labour Office.

Gonczi, A. (2003). Teaching and learning of the key competencies. In D. S. Rychen, L. H. Salganik & M. E. McLaughlin (Eds.), *Contributions to the Second DeSeCo Symposium* (Geneva, 11-13 February, 2002). 119-131.

Hager, P., Moy, J. & Gonczi, A. (1997). *Piloting the key competencies in the Australian vocational education and training sector and workplaces.* NSW Department of Training and Education Co-ordination.

本田由紀（2005）．『多元化する「能力」と日本社会―ハイパー・メリトクラシー化のなかで―』NTT出版．

本田由紀（2008）．『軋む社会』双風舎．

乾彰夫（1990）．『日本の教育と企業社会』大月書店．

Kearns, P. (2001). *Review of research: Generic skills for the new economy.* NCVER.

経済産業省（2006）．『社会人基礎力に関する研究会「中間取りまとめ」報告書』．

経済産業省（2008）．『今日から始める社会人基礎力の育成と評価』角川学芸出版．

川嶋太津夫（2008）．「欧米の大学とコンピテンス論」『IDE 現代の高等教育』第498号，42-48.

熊沢誠（1993）．『働き者たち泣き笑顔』有斐閣．

Lave, J. & Wenger, E. (1991). *Situated learning: Legitimate peripheral participa-

tion. Cambridge University Press. レイヴ,J.・ウェンガー,E.(1993).『状況に埋め込まれた学習―正統的周辺参加―』(佐伯胖訳)産業図書.

松下佳代(2006a).「大学生と学力・リテラシー」『大学と教育』第43号,24-38.

松下佳代(2006b).「リテラシーと学力―フィンランドと日本―」『教育』第56巻第10号,4-10.

松下佳代(2007a).「数学リテラシーと授業改善―PISAリテラシーの変容とその再文脈化―」日本教育方法学会編『教育方法36 リテラシーと授業改善』図書文化,52-65.

松下佳代(2007b).「コンピテンス概念の大学カリキュラムへのインパクトとその問題点―Tuning Projectの批判的検討―」『京都大学高等教育研究』第13号,101-119.

松下佳代(2009).「能力と幸福,そして幸福感―強さと弱さ―」子安増生編『心が活きる教育に向かって―幸福感を紡ぐ心理学・教育学―』ナカニシヤ出版,37-60.

McClelland, D. (1973). Testing for competence rather than for "intelligence." *American Psychologist, 28*, 1-14.

Mentkowski, M. & Associates (2000). *Learning that lasts: Integrating learning, development, and performance in college and beyond*. Jossey-Bass.

耳塚寛明・牧野カツコ(2007).『学力とトランジッションの危機―閉ざされた大人への道―』金子書房.

NCVER (2003). *Defining generic skills: At a glance*. NCVER.

日本経営者団体連盟(1999).『エンプロイヤビリティの確立をめざして―「従業員自律・企業支援型」の人材育成を―』.

小田中直樹(2003).『ライブ・経済学の歴史―〈経済学の見取り図〉をつくろう―』勁草書房.

OECD(2004).『PISA2003年調査 評価の枠組み』(国立教育政策研究所監訳)ぎょうせい.

OECD (2005). *The definition and selection of key competencies: Executive summary*. OECD.

小方直幸(2001).「コンピテンシーは大学教育を変えるか」『高等教育研究』第4集,71-91.

大住荘四郎（1999）．『ニュー・パブリック・マネジメント―理念・ビジョン・戦略―』日本評論社．

大住荘四郎（2002）．『パブリック・マネジメント―戦略行政への理論と実践―』日本評論社．

Perrenoud, P. (2001). The key to social fields: Competencies of an autonomous actor. In D. S. Rychen & L. H. Salganik (Eds.), *Defining and selecting key competencies* (pp. 121-149). Hogrefe & Huber.

Raven, J. (2001). The McBer competency framework. In J. Raven & J. Stephenson (Eds.), *Competence in the learning society*. Peter Lang.

Reich, R. B. (1991). *The work of nations: Preparing ourselves for 21st-century capitalism*. Reed Business Information. ライシュ，R. B.（1991）．『ザ・ワーク・オブ・ネーションズ―21世紀資本主義のイメージ―』（中谷巌訳）ダイヤモンド社．

Rogers, G. & Mentkowski, M. (2004). Abilities that distinguish the effectiveness of five-year alumna performance across work, family and civic roles: A higher education validation. *Higher Education Research & Development*, *23*(3), 347-374.

Rychen, D. S. & Salganik, L. H. (Eds.) (2001). *Defining and selecting key competencies*. Hogrefe & Huber.

Rychen, D. S. & Salganik, L. H. (Eds.) (2003). *Key competencies: For a successful life and a well-functioning society*. Hogrefe & Huber. ライチェン，D. S.・サルガニク，L. H. 編（2006）．『キー・コンピテンシー―国際標準の学力をめざして―』（立田慶裕監訳）明石書店．

Sen, A. K. (1992). *Inequality reexamined*. Oxford University Press. セン，A.（1999）．『不平等の再検討』（池本幸生・野上裕生・佐藤仁訳）岩波書店．

Sennett, R. (2006). *The culture of new capitalism*. Yale University Press. セネット，R.（2007）．『不安な経済／漂流する個人』（森田典正訳）大月書店．

Spencer, L. M. & Spencer, S. M. (1993). *Competence at work: Models for a superior performance*. John Wiley & Sons. スペンサー，L. M.・スペンサー，S. M.（2001）．『コンピテンシー・マネジメントの展開―導入・構築・展開―』（梅津祐良・成田攻・横山哲夫訳）生産性出版．

田中耕治（2008）．『教育評価』岩波書店．

White, R. (1959). Motivation reconsidered: The concept of competence. *Psychological Review, 66*, 297-333.

Wiggins, G. & McTighe, J. (2005). *Understanding by design expanded (2nd Edition)*. ASCD.

Winter, D. C., McClelland, D. C. & Stewart, A. J. (1981). *A new case for the liberal arts: Assessing institutional goals and student development*. Jossey-Bass.

┌─ブックガイド──────────────────────────
│
│──コンピテンシー（コンピテンス）論に興味をもった読者へ──
│
│　現在のコンピテンシー（コンピテンス）論に関する主要な著作をあげるとすれば，やはり，経営学関係では L. M. スペンサー・S. M. スペンサー（梅津祐良他訳）『コンピテンシー・マネジメントの展開―導入・構築・展開―』（生産性出版，2001年），教育学関係では D. S. ライチェン・L. H. サルガニク（立田慶裕監訳）『キー・コンピテンシー―国際標準の学力をめざして―』（明石書店，2006年）ということになる。前者は，マクレランドからボヤティズへと発展してきたコンピテンシー・マネジメントについて体系的・実務的に論じ，ブームのきっかけとなった大著である。日本語で書かれたもっと読みやすい類書も数多く存在するが，経営学分野のコンピテンシー（コンピテンス）論について知りたいのであれば，まずはこの本だろう。だが，その際必要なのは，歴史的な時間の中に置いて批判的に読むというスタンスだ。本書の原著（*Competence at work*）の刊行は1993年である。リクルートワークス研究所の機関誌『Works』2003年4・5月号（http://www.works-i.com/works/ よりダウンロード可）は，「特集　コンピテンシーとは，何だったのか」を組み，アメリカでは，早くも90年代後半にはコンピテンシー・マネジメントの限界を指摘する調査や論考が次々に出され，ブームが沈静化したことを伝えている。日本ではようやくその頃注目され始め，さらに2000年代半ばになって，高等教育の分野で，経営学のコンピテンシーの類縁概念が脚光をあびている。何とも皮肉な話である。
│
│　後者の著作については3つのキー・コンピテンシーのみが注目されがちだが，ぜひ全体を通して読んでみてほしい。キー・コンピテンシーをどう定義・選択するか（そもそもそのようなことに意味があるのか）をめぐる，多くの学問分野か

らの異質・多様な声が聴き取れるだろう。邦訳の副題「国際標準の学力をめざして」はミスリーディングである。本書のもっているアンビバレントな性格（機能的・適応的 vs. 批判的・創造的，経済的 vs. 政治的・社会的など）を感じとるためにも，原著を合わせて読まれることをお勧めする。

　英国の社会学者バーンスティンによる **B. バーンスティン（久冨善之他訳）『〈教育〉の社会学理論―象徴統制，〈教育〉の言説，アイデンティティ―』（法政大学出版局，2000年）**は，さまざまな教育言説を独自のコンピテンス・モデルとパフォーマンス・モデルによって類型化した上で，英国の職業教育や継続教育にみられるコンピテンス概念をこう批判する。それは，「労働の領域のパフォーマンスに必要な項目」（市場からの要請に即座に対応できる柔軟で汎用性のある力）に他ならず，単に対立するモデルの共感を取り付けるために「コンピテンス」を名乗っているにすぎないのだ，と。

　では，バーンスティンのいうもともとのコンピテンスの概念とはどのようなものだったのか。それをうかがい知ることのできる著作として，古くて既に絶版となってはいるが，**K. J. コノリー・J. S. ブルーナー（佐藤三郎訳）『コンピテンスの発達―知的能力の考察―』（誠信書房，1979年）**をあげよう。本書では，心理学者ホワイト（White, R.）や言語学者チョムスキー（Chomsky, N.）などの古典的なコンピテンス概念にも依拠しながら，コンピテンスは生体が環境に適応するだけでなく，環境を創り変えていく能力であるとし，社会がその変革のためにも子どものコンピテンスを育成することが必要であると主張している。ポストモダンの洗礼を受ける前の楽観的な進歩観は免れないが，出自による格差を拡大するハイパー・メリトクラシーの苛烈さを見慣れた私たちにはかえって新鮮に感じられる。

（松下佳代）

第Ⅰ部 〈新しい能力〉——その理論と背景

第1章　能力を語ること
　　　――その歴史的，現代的形態

樋口　太郎

はじめに

　就職活動に向けて準備をしている学生たちと接していると，どうしても気になってしまうことがある。コミュニケーション力，問題解決力，企画力，自己分析力…。「身につける」べき「力」が次々と湧き出てくるのである。ところが，そうした「力」が実際の採用においていかに評価されるのか，その基準が明確なものとも思えない。必要とされる「○○力」が氾濫し，そうした「力」に意識が向かわざるを得ない学生たちを前にして，一教員としての私は何を語るべきなのか…（私の心配をよそに，彼らはうまく立ち回っているのだが）。

　あるいは，学校教育についての語りにおいても，「問題解決力を育てる授業」，「自己教育力を高める指導」などといった言葉をよく耳にする。「○○力を育てる」，「○○力が身につく」といった発想を半ば日常的に使っている事態がやはり確認されるのではないか。2008年版学習指導要領では，「基礎的・基本的な知識及び技能」の確実な習得とともに，それらを活用して課題を解決するための「思考力，判断力，表現力その他の能力」の育成，そして「主体的に学習に取り組む態度」を養うという方針が掲げられた。私たちは，こうした背景に，人間の「外部」にある知識を教えることよりも，人間の「内部」にある能力を育てることに傾斜する90年代以降の「新しい学力観」，そして00年代以降のグローバルな基準に堪えうる学力のあり方としての「PISA型学力」といった学力観，能力観の潮流を読み込むこともできよう。

第Ⅰ部 〈新しい能力〉――その理論と背景

　これ以外にも,「能力」という発想を何気なく使っている場面が思い浮ぶだろう。それでは,○○力が社会的影響力を拡大させている状況下で,教育学は何を課題とすべきなのだろうか。子どもたちは「能力」に限定されない「可能性」を持っている,といった語りによってこうした情勢を真っ向から批判するという構図は大なり小なりよく見られる。しかし一方で,隣接する社会科学からは,こうした「教育学的」な能力観とは異なる能力の語りが流入してきている。この種の議論と冷静に付き合っていくためにも,能力の語りについてその見取り図を作成しておくことは重要な作業なのではないか。「能力」を必要としない社会の「想像」は可能だが,その現実的な「構想」はきわめて困難なのである。貨幣を手放すことが困難であることと同様に。よって本章は,教育学における議論を中心的素材として,そこでの能力の語られ方の整理・検証を課題とするものである。

　論は以下のように展開する。1では,能力,能力主義,能力主義批判と順を追って,それらの語りに込められた内実を明らかにしていく。すなわち,能力がいかに論じられてきたのかを整理することを課題とする。それを受けて,能力について現在何が論じられているのか,見出される2つの立場について検討する。2では関係的能力観の検討,3では個体的能力観の検討をそれぞれ行う。最後に,メタレベルの問いとして,このようにかくも能力について語ってしまうのはなぜなのか,という問題について若干の考察を加えてみたい。

1　能力はいかに語られてきたのか

(1) 能力とは何か ── faculty から ability へ,そして merit へ

　そもそも,能力とは何か。この問いの長大かつ広大な射程を,日本語において「能力」という言葉はいかに使用されてきたのかという問いへと縮小,局所化し(これでもかなり大変な仕事だが),上原(2000)を導きの糸としながら,ごく簡単にその歴史を追ってみたい(なお,旧字体は新字体に改めた)。

　能力の最初の用例は,西周が『心理学』(1875-6年)の中で faculty の訳語と

して用いたものであるとされる。これは，ヘーヴン（Haven, J.）による，ドイツ哲学の影響下にあった初期のアメリカ心理学の教科書『メンタル・フィロソフィー』の翻訳であった。そこでは，「心理学」(メンタルフィロソフィー)（ちなみにサイコロジーは「性理学」）が情，意よりも「智ノ能力」(インテレキチュアル　ファカルチー)をもっぱら問題としてきた経緯への反省が語られつつも（ヘーヴン，1875，第1冊，pp. 序2-3），「智ノ能力」として，「表現力」「再現力」「反射力」「直角力」という4つの能力が検討されている。この能力という言葉が『哲学字彙』（1881年）で採用され一般に定着した。よって，faculty としての能力とは，人間の内面に本来的な位置を占めるものとして「演繹的」に定義され，「実体概念」としてまず見做されていたことになる。古代ギリシアに淵源を持つこうした faculty の捉え方は，能力心理学（Vermögenspsychologie）へと近代以降に体系化したものであり，その樹立者ヴォルフ（Wolff, Ch.）による精神能力，認識能力の二区分説，さらにテーテンス（Tetens, J. N.）による知情意の三区分説などが登場した。

　ところが，faculty に込められる意味内容が変化を見せ始める。ヘルバルト（Herbart, J. F.）は，「心的過程の記述的な分類概念にすぎない能力を，実在と考えて説明概念として用いる点を批判し，表象相互の力学的関係から心を統一的に説明しよう」としたのである（上原，2000，p. 552）。こうした変化は，それを輸入した日本の文献，たとえば金子（1901）においても確認できる。「所謂能力」(ファカルチー)と題する箇所において次のように語られる（pp. 28-29）。

> 　古来心的現象を類別せんとして知らず識らず誤謬の説明に陥りし例少なからず其の著きものは彼の所謂能力論これなり。能力論とは種々なる意識の状態を取りて之れに各々特有の能力ありとなし之れにより心理を説明し得たりとなすの説なり。例へば我れ今客年の今日見たる富士山を記憶すとせよ能力論者は之れを説明して曰はく我れには記憶といふ能力あり故に客年の今日見たる事物を今も尚意識に思ひ浮ぶるを得と。（傍点は金子）

　こうした能力論者を批判するためには，「意識には幾何の能力あるかといふにあらずして何故に又如何にして斯くのごとき意識の状態あるか」を探究せね

ばならない (p. 29)。ゆえに, 知情意という「三元素は意識を構成せる根本事実にして一切の心的現象は皆此の三元素の種々なる作用に外なら」ないのだが, それは能力論者が言うように互いに孤立するものではなく,「智, 情, 意は互に相関係せるものにして偏へに智, 偏へに情, 偏へに意のみといふがごとき現象なし」というべきものなのである (pp. 34-35)。ここに,「孤立」(個体)と「関係」という対立軸を確認するとともに, 人間の「内部」における能力観の対立であることにも着目しておきたい。

さて, ヘルバルトは自らの説を数学によって根拠づけようとしたが, それは実験や統計と結びついたものではなかった。能力の分析に実験的・統計的手法を初めて用いたのはゴールトン (Galton, S.F.) であったが,「統計的処理に先だって能力区分の枠組みが設定されていたということであり, 能力の経験的分析の萌芽ではあるが, 操作的に定義されるものとしての能力概念ではなかった」(上原, 2000, p. 552)。その後, 1905年のビネー (Binet, A.) による知能検査法の開発などを経て, 1920年代にはabilityとしての能力観が成立するという。これは, 能力を行動の結果への統計的処理から「帰納的」に定義する,「関係概念」としての能力観への移行を示している。日本の文献においても, 城戸幡太郎編『教育学辞典』(1936-9年) における「能力」の項目では訳語としてabilityがあてられ, 古い能力概念であるfacultyは「固定的・独立的・実体的」であるのに対して, 新しい能力概念であるabilityは「可変的・関連的・活動的」であるとされている。

こうしたfacultyからabilityへの移行を経て,「能力が翻訳語であるとは意識されなくなった1960年代には能力主義という概念が登場する」。すなわち,「facultyでもabilityでもなく『業績』(merit) としての能力概念」の登場である (上原, 2000, p. 552)。しかし, 後発の近代国家である日本において, この能力主義を批判することは, 生まれ持った身分などが社会的地位の大きな決定要因となる前近代的な帰属原理に対して, 個人の能力が社会的地位の獲得において重視される業績原理を積極的に評価しつつ, 同時に能力の競い合いが必然的に生み出す「競争主義」, そしてその競争を公正に行うための条件の標準

化による副産物である「画一主義」を批判するという難しい課題を必然的に抱え込んでしまうことを意味した。以上から，人間一般についての語りであった能力が（faculty），同じく人間についての語りでありながら，数値化による比較可能性が付与されることで個人間の差異を際立たせる機能を有するようになり（ability），それが社会という磁場に組み込まれていく（merit），という流れがおぼろげながら浮かびあがるのではないだろうか。それでは次に，能力主義の検証に移ろう。

（2）能力主義とは何か

　「1960年代に登場した能力主義という概念」とは，その後の中央教育審議会答申（1966年）や学習指導要領（1968年）への影響力に鑑みると，1963年の経済審議会（人的能力部門）答申『経済発展における人的能力開発の課題と対策』においてその内実を確認できる。能力主義を掲げたこの答申を成立せしめるのは，経済成長の要因に歴史的，構造的な転換が生じているという物語である。これまでの日本経済は「年功的秩序」と「終身雇用的慣行」によって支えられてきたが，その背景には「従来の技能体系が多年の経験による熟練を主体にしていたこと」と「一般的な不熟練労働力の供給過剰」という条件があった。しかし，技術革新に伴って技術，技能の体系は必ずしも年功的なものでなくなりつつあり，また農村部からの労働力の供給過剰という労働力需給の実態も構造的な変化を見せつつあるという。そして，これが従来の秩序・慣行を越えて労働力移動の重要性が増していく歴史的変化にあたるという認識のもと，能力主義の必要性が次のように語られるのである（経済審議会編，1963, p. 15）。

> 歴史的変化は，新しい基準による人の評価，活用のシステムを要請している。端的にいえば，教育においても，社会においても，能力主義を徹底するということである。教育についていえば，戦後の教育改革は，教育の機会均等と国民一般の教育水準の向上については画期的な改善がみられたが，反面において画一化のきらいがあり，多様な人間の能力や適性を観察，発

第Ⅰ部 〈新しい能力〉——その理論と背景

見し，これを系統的効率的に伸長するという面においては問題が少くない。

まず，ここで示される時系列上の認識は，第一に，これまで日本の公教育は国民一般の教育水準の向上に成果をあげてきたこと，第二に，しかしそれが画一化という弊害をもたらし，個人が自らの能力を多様に発揮することができなくなっていること，である。ではどうすべきなのか。語られるのは，多様な個人の能力，適性を発見し，それを「系統的効率的」に伸ばしていくべく，新しい基準で人を評価，活用する，こういう意味において「能力主義を徹底」すべきという方策である。ここで「効率的」という言葉に目を配りつつ，さらに次の文章を経由しておこう（p. 16）。

> 経済成長の要因を経済学的に分析する場合，資本，労働，土地という生産要素の量的増大による部分と，生産性の向上による部分にわけて考えられる。この生産性向上の要因は，生産要素そのものの質的向上と生産要素の結合方法の改善，すなわち技術的進歩にある。そしていずれの場合にも，労働力の質的向上が決定的に重要な要素となっている。経済成長が経済政策の主要な課題になる場合，労働力の質的向上を図る人的能力政策が経済政策の重要な一環になるゆえんである。

これは，人的資本論という答申の当時影響力を持っていた経済学の一理論である。その提唱者の一人シュルツ（Schultz, T. W.）は，物的資本に相対する概念として人的資本（human capital）を提起した。その際，批判の対象とされたのが古典派経済学に括られるリカード（Ricardo, D.）の経済学であった。リカードは，土地，資本，労働力のそれぞれの所有者の間で，地代・利潤・賃金という名称でこの三階級に割りあてられる生産物の比率が大きく異なっていることに着目し，この分配を規定する諸法則を確定することが経済学の主要問題であるとした（リカードウ，1987，上，p. 11）。ただし，そこでの分配には生活の保障といった意味合いは乏しく，地主，資本家，労働者は自由競争状態にあるという想定のもと，三階級への最適な資源配分が社会の繁栄を効率的に実現

することを論証する．これがリカードの経済学の課題に他ならなかった（羽鳥，1987, p. 296）．

シュルツは，このリカード経済学に対し，「人間が後天的に身につけた諸能力は一種の資本であり，生産された生産手段であり，投資の産物であり，人間の経済的生産性を高めるものであると考えなかったことが，労働は資本概念とはなんの関係もなく，重要なのは労働の時間数だけだという，誤った考えかたの存続を許してきた」と批判する．そして，「いまでは労働者は経済的に価値のある知識や技能を大量に身につけているという意味で，資本家になった」のであり，ゆえに労働時間に還元されない人的資本という概念が経済分析において重要性を高めているとするのである（シュルツ，1964, pp. 21-22）．シュルツがここで問題にしているのは，労働者が知識や技能を獲得することで自らの市場価値を高めていく（答申の言葉でいえば「労働力の質的向上」）という因子を，リカードの方法論によっては分析の対象とできないことである．教育による能力の向上を経済学の対象としなければならない理由はここにある．

しかし，ここでむしろ確認すべきは，経済学の目的の部分，すなわち最適な資源配分により効率的な経済発展を展望するという経済学をアイデンティファイしてきた課題が（当然と言えば当然だが）2人において共有されていることである．「経済学的な概念からすれば，効率的とは多すぎず少なすぎもしない資源を用いて，適正な量の教育サービスを生産することである」(p. 29)．よって，答申の中の「効率的」という言葉も，最適な経済成長のために人的能力をバランスよく配分するという意味において理解されねばならないのである．

この人材の適正配分という発想は，学校教育に対し異なる2つの役割を求めるものであった（経済審議会，1963, pp. 15-16）．第一に，能力主義の徹底によって，経済発展をリードする人的能力である「ハイタレント・マンパワー」を養成するという役割．第二に，「能力主義の徹底に対応して，国民自身の教育観と職業意識も自らの能力や適性に応じた教育を受け，そこで得られた職業能力によって評価，活用されるという方向に徹す」るという役割．ここに，能力主義の徹底とは，学歴の獲得競争に加熱される層と競争から冷却される層とを

分化させることで、最適な人的能力配分を実現しようと企図するものであったことを確認できよう。

（3）能力主義批判とは何か

（2）では「1960年代に登場した能力主義という概念」について、その内実を見てきた。次に、これに対する批判の論陣を張り、同時代の、そして後の（戦後）教育学的な言説に大きな影響を与えた代表的な人物として堀尾輝久の所論を取りあげてみよう。

堀尾は、能力主義が1960年代以降の日本に固有のものではなく、先進諸国において19世紀後半以降課題となっているものだとしたうえで、「社会の一定の民主化と結びついて一般性をもって登場するがゆえに、その評価に混乱をみることにもなる」とする（堀尾, 1979a, p. 157）。このことは上原（2000）においても述べられていたわけだが、では堀尾はその間の変遷をどのように意味づけるのか。たとえば、マンハイム（Mannheim, K.）の議論を引けば、伝統社会における血（blood）の原理から、近代資本主義社会における財産（property）の原理へ、そして現代民主主義社会における業績（achievement）の原理（≒能力の原理）へという流れを取り出せる（堀尾, 1979a, p. 181）。しかし、現実の資本主義の展開においては、血に代わって財産を支配原理とし、能力の原理は財産の原理に従属させられていた。能力があっても、経済的貧困のもとで教育機会に恵まれないなどのように。ところが19世紀後半になって、社会の民主化への動きと国家的統合の必要性という2つの契機が能力の原理を前面に押し出してくる。そして、「この時期以降、能力の原理は、能力以外の差別をしりぞけるというコンテキストをはなれ、能力による差別の原理へと転化し、財産や社会的尊敬の配分の不平等を、能力差にもとづく当然のものとして容認するイデオロギー性を徐々に強めて現代にいたるのである」（p. 159）。

この議論は、メリトクラシーという言葉を初めて用いた、ヤング（Young, M.）による1958年の著作『メリトクラシーの興隆』（邦訳は『メリトクラシー』）を繙くことで補強される。この本は、2034年の社会学者の目を借りて、19世紀

後半から21世紀にかけてのイギリス社会の変容を追うというSF小説にも似た著作である。まず，メリトクラシー以前の社会とは，学歴においても職業においても能力と結びつかない状態にあった。ところが，1870年の国民教育法の成立による義務教育の普及，および官吏の任用における競争試験制度の導入により，能力主義が社会編成の原理として影響力を増していく。さらに，厳しい国際競争を勝ち抜くにあたり人間の才能を浪費することなどできないという要因も加わるなか，この能力によって区分される階級は，1989年に生じた心理学の大躍進，知能，適性の測定技術の格段の進歩によってその存立に根拠を与えられてしまう。これにより，ある職業に就いた場合にどれだけの能力を発揮できるかが正確に測定できるようになり，それが職業の獲得に直結する社会が出現した。このように，より高いメリットを持った人々がより高い地位につく，さらにはそのことを能力の優劣による当然のこととして受け入れねばならないのが「メリトクラシー」（メリットによる支配）の社会なのである。ヤングは，「世代の交替による能力の世襲」によって，「能力のある階級と能力のない階級という2つの階級が現出してくる無気味な社会として21世紀をえがいている」のだ（堀尾, 1979a, p. 159）。堀尾は，このヤングの描いたメリトクラシー社会の未来が，財産ではなく能力によって評価されるという原理から能力による差別の原理への転化という先述の見立てを裏づけるのではないかと問うのである。

　それでは，こうした情勢に抗すべく，堀尾は自らの立場をどう展開させたのか。まず，未成熟者に既存社会の価値秩序を内在化させる「社会化」と，子どもの発達を保障し，その可能性を開花させる「能力の全面開花」という2つの教育観が対置され，前者に「現状維持的・保守的機能」，後者に「創造的・革新的機能」が充当される。そうすると，能力主義とは，表面的には「革新的」な装いをしつつも，「まさに産業の立場からの『能力の開発』のために，人間の内側に入りこんで，まるごと人間的価値を労働力として利用することをめざして」いるという「社会化」の新たな形態として認識できる。そして堀尾は，この「社会化」か「能力の全面開花」かという教育観の対決が，「今日では，

現象的には『能力と発達』の内容をどう捉えているのかの対立，能力観・発達観の対立として現われる」とするのである（p. 180）。

　ここに「発達」という堀尾の教育学を語るうえでのキーワードが登場する。この点に着目する今井（2004）は，「1970年代の初頭以降，堀尾は，彼の理論を50年代・60年代のように社会科学的なレベルではなく，心理学，特に発達心理学のなかに根拠づけようと試みるようになった」として，堀尾（1979b）において「戦後教育学の課題意識の推移」が「『政治』から『子ども』へ」という形で捉え直されていることを強調する（今井，2004，p. 64）。これによって堀尾は，国家による教育とは区別される「私事としての教育」，そしてその核心にある「子どもの学習権」の尊重という自らの基本的な立場を，実証的・経験的な研究によって裏づけようとした。すなわち，「公共性の国家独占に対する抵抗運動に不可侵の根拠を与えるべき『子どもの学習権』は，今やその内容的充当を見出」され，「教育は，人間の発達を保障する実践として構想される」のである（p. 65）。

　こうした堀尾理論の「展開」に対し，しかし今井は極めて辛辣に，「批判を支える基盤が現実の社会からますます失われていっているという事実を，真剣に考慮しないで済ます」ものであるとする（p. 66）。そして，その論拠はフーコー（Foucault, M.）の権力論に求められる。堀尾の理論的主眼は，「経済的・権力政治的な介入に対して教育活動のために自由空間をいかに理論的に確保するか」にあった。しかし，こうした権力観はフーコーにもとづいて「従来型の権力理解」として批判されたのであり，70年代以降の教育問題の特徴点として「教育活動そのものが問題の主要な発生因子となっていること」に着目すれば，「教育活動そのものが権力関係に浸されており，この意味では教育活動のための『自由空間』など存在しえない」ということこそ堀尾は理論の前提としなければならなかったのだ（p. 62）。

　人的能力の最適な配分のための，学歴獲得競争における加熱と冷却の分化という（2）で指摘した問題をここでもう一度思い起こせば，堀尾の能力主義批判は，これを「子どもの学習権」という切れないものはない刀によって一刀両

断しようとするものであった。しかし，今井によれば，人的資本論に則って増設された高校の職業科や高等専門学校は高度成長の終焉とともに威信を失っていき，「現実化していったのはむしろ，できる限り高い学歴を獲得しようとする，教育システムへの私的な関心であった」(p. 58)。「効率的」な人的能力の配分という目論見は，メリトクラシーへの人々の私的欲望の前に敗北したのだ。そしてこれにより，公共的な関心を有する「市民」による「私事としての教育」という堀尾の理論的立脚点はその現実的基盤を失い，消費社会化された「大衆」による別の意味での「私事としての教育」が全面化していく。「大衆教育社会」（苅谷，1995）とも言うべきこの状況下において，「教育と政治」という問題設定は，権力の不可視化，全面化によって再度その存立基盤を問い直す必要性に迫られると今井は考えるのである。

　以上，「能力」をめぐる語りを，能力，能力主義，能力主義批判と，時系列に沿いつつ追ってきた。では，そうした蓄積のもと，現在能力について何が語られているのだろうか。大きく分けて，2つの立場，能力観が見出せる。それを以下，**2**と**3**においてそれぞれ見ていくことにしよう。

2　能力はいかに語られているのか①——「関係的能力観」

（1）能力主義批判の新たな形態としての「関係的能力観」

　能力主義批判は，堀尾のものに比して，現在どのような形態をとっているのだろうか。岩川（2008）は，アリストテレスが人間を含む森羅万象の生成変化を捉える際に用いた「現実態（エネルゲイア）」と「可能態（デュナミス）」という対概念を持ち出し，現在の私たちが用いる能力という言葉の「ひとつの淵源」はこの「可能態」（デュナミス）に求められるとする。つまり，具体的な子どもの姿や行為や出来事（＝「現実態」）は，そのような姿や行為や出来事をもたらす潜在能力や可能性（＝「可能態」）によって実現するのである（pp. 9-10）。

　アリストテレスが用いた「可能態」（デュナミス）は，現代の「能力主義」

が用いる「能力」とは，次の二つの点できわだったちがいをもっている。ひとつは，アリストテレスの言う「デュナミス」はつねに「エネルゲイア」との弁証法的な関係のなかに位置づけられていた点である。現在の「エネルゲイア」のなかに将来の「デュナミス」が潜み，新たな「エネルゲイア」の実現をとおしてさらなる「デュナミス」がはらまれる。もうひとつは，「デュナミス」にはいわゆる「能力」という意味だけではなく，「可能性」という意味も含意されていたことである。そこには，「能力」が「身に付いている」か「身に付いていない」かの二分法とは別の次元の事象のとらえ方がある。

ここに見出せるのは，能力が「身に付いている」／「身に付いていない」という「二分法」を採用する能力観とは「別の次元」での，現実との「弁証法的な関係」の中に位置づけられた能力の重要性への讃歌である。つまり，「本来，かかわりや場といった生きた関係から切り離せないはずの問題が，関係から孤立させられた個人の『能力』の問題に還元され，さらに，本来，からだとことばがひとつになったトータルな存在の変容にかかわるはずの問題が要素的な『スキル』の有無の問題にまで断片化される」(p. 6) ことこそが問題視されなければならないのだ。こうした発想を「関係的能力観」と呼んでおこう。

では，岩川による能力主義批判と堀尾のものとに何らかの相違点を見出すことはできるのか。岩川（2005）は，現在の社会において支配的な「力」概念の有する傾向について，①「個体還元的」（「力」の発現が関係から孤立した個体の問題に還元されるようになる傾向），②「スキル主義的」（「力」の養成が脱文脈的なスキル習得を自己目的化するようになる傾向），③「数量評価的」（「力」の評価がもっぱら外在的指標に基づいた数量的なものになる傾向），という整理を施している（p. 223）。この整理を用いることで見えてくるのは，堀尾においては①「個体還元的」傾向が能力主義の問題点としてあまり語られなかったということではないだろうか。岩川は，「あらゆる人間的なゆたかさ」を支える土台としての「力」が①②③のような傾向へと変質してしまうことを嘆いている。堀

尾が能力主義批判を行った時代においても，②と③は人間性をおとしめるものとして批判されていたはずである。しかし，子どもの学習権，そして発達の保障を重視した堀尾は，能力主義批判の根拠として①を持ち出すことはあまりなかったように思われる。それは，権利とはまさしく個人を守るためにこそ主張されるものだからである。よって，「関係的能力観」とは能力主義批判の新たな形態として位置づけられよう。

　さてここで，1の（1）において，ヘルバルトの説にもとづきつつ知，情，意が互いに「関係」しているとする主張に触れたことを思い起こしてみよう。すると，そこで意味されていた「関係」と岩川のいう「関係」とは，人間の「内部」におけるその構成要素間の「関係」と，人間とその「外部」との空間的・時間的「関係」とにそれぞれ相当するという点において，前提となっている能力観に相違のあることが了解されよう。この違いをどう説明すればよいのだろうか。そこで私たちは，1の（1）において見てきた能力の歴史的変遷以前，すなわち faculty 以前の能力観へと遡及しなければならない。

（2）「魂」から「心」へ——プラトン，アリストテレスからデカルトへ

　岩川（2008）が，能力主義批判の根拠としてアリストテレスのデュナミス概念を持ち出したことは，能力観の歴史的変遷という点からして極めて興味深い。というのは，faculty としての能力観とは古代ギリシアにその淵源を求められるからである。そこで，古代ギリシアにおける「魂」（プシューケー）という概念を理解するところから，まず始めなければならない。一般的に，「能力」という発想を使用するとき，そこに自分の肉体との物理的，直接的な連絡関係を想定することはあまりないだろう。ところが，現在におけるこうした能力観は古代ギリシア人における魂の捉え方とは大きく異なるものなのである。

　中畑（2008）によれば，まず，「魂」が心的活動を表す動詞の主語の位置を半ば独占するに至るまでにはしばらく時間がかかった。紀元前5世紀まで，心のはたらきの主体を表すのは，多くの場合，臓器や器官，息や体液の流れなど，身体の部位や力を指す言葉である。「堪え忍べ，わが心臓よ」（ホメロス『オデ

ュッセイア』第20巻18)。事情は日本語においても似通っている。「はらわたが煮えくりかえる」。つまり，古代ギリシア人にとって，「心的現象あるいは意識は，内的な臓器あるいは息や体液の流れのうちに文字どおりの意味で住まうものであり，感情的・知的出来事はそのような身体の変化そのもの」[傍点は中畑]であった。よって，「『われわれの内なるもの』という観念が，ここでは，『文字どおりのもの』(内臓)と『メタファー』(内的な経験)とに分裂していない」のである (p. 13)。

　この能力観ならぬ魂観に重要な理論的展開をもたらしたのがプラトンである。『ソクラテスの弁明』などの初期対話篇において，魂はソクラテスによって「何よりも大切にせよ」と勧告される存在となり，「人間にとって一切のものがそこに依存する」という地位を獲得した。中期対話篇は，魂と身体とを鋭く対比させることで，外部からのはたらきかけを身体的に受けることが同時に認知活動でもあるという古代ギリシアの心理＝物理的な基本的想定を分節化して，魂のはたらきをくっきりと切り出した。そしてこの中期以後，プラトンは魂のはたらきに対して，「(何かに対して)作用する―(何かによる)作用を受ける」(能動―受動)という対概念を持ち込むようになる。この「魂」と「能動―受動」との結びつきを支えるのが，プラトンが初めて理論的概念として用いた，そして岩川 (2008) が持ち出した「デュナミス」概念である。

　『国家』に登場するソクラテスは，デュナミス(能力・機能)に「存在するものの一種族」としての実在性を認め，その能力・機能の把握のための指標が，①いかなる対象にかかわるか，②何を成し遂げるか，という発現形態を通じてのみ識別可能であると主張する。なぜなら，「〈能力〉というものは，この目で見ることのできるような特定の色だとか，形だとか，その他これに類する性質を何一つもっていないので，この指標に着目するほかない」からである。そうすると，デュナミスという発想に，実際に現れた行動の測定を通して能力を把握しようとするability としての能力観との共通性を見たくもなるが，ソクラテスをして言わしめるように，デュナミスとはあくまで「存在するものの一種族」であり，実在性を有する。プラトンにとって，魂は「能力・機能の宿る

場」であり，魂が「『何にどのように作用し，何からどのような作用を受けるのか』は，その能力・機能の発現として理解される」のである（中畑，2008，p. 17）。

さらに，身体に比して魂に独自の位置を与えようとしたプラトンの試みは「魂の三部分説」へと昇華する。同じく『国家』において，プラトンは，個人の魂における徳としての正義を解明するために，ポリスにおける正義を類比的に持ち出し，「知識によってポリス全体を導く指導者」と「勇気をもってこれを守る守護者」，そして「節度ある態度で物資の供給に寄与する生産者」の3つの階層がポリスにおいて最低限必要であるように，個人の魂にも3つの区分，すなわち「知性的部分」，「気概的部分」，「欲望的部分」が存在するという「ポリスと魂のアナロジー」を説く（神崎，2008，p. 54）。これにより，悪しき行為はすべて無知にもとづくというソクラテスの主知主義（「徳は知である」）に対し，「知性的部分」と「欲望的部分」との衝突・葛藤は「気概的部分」という第三の要素を介することで調停されるという，魂の「内部」における個人の徳についての説明法が成立する。そして，1の（1）において見た知，情，意の三区分説はここにその淵源を持つのである。

プラトンが身体の次元から取り出した魂観，魂はその能力あるいは本来的な性質を「作用する—作用を受ける」（能動—受動）という形で発現するという考え方は，アリストテレスにおいてその魂が宿る身体の次元へと再度統合される。すなわち，「われわれの世界は認知されるべく自らを潜在的な情報源として提示しており，魂の能力は，そのような世界のあり方を示す情報を受容する能力それ自身である」。よって，感覚・知覚はそうした世界のはたらきかけを受け入れるという意味において「積極的」な活動である。しかし，魂はそこに何らかの加工を施すことはなく，「能動—受動」という事態はあくまで「因果的であると同時に認知的」であり，「物理的なプロセスと心的な状態との区別は存在しない」という意味においては「受動的」なものなのである（中畑，2008，p. 20）。こうしてアリストテレスは，「生きる原理としての身体に宿る〈魂〉，そのような魂に対して特定の仕方で作用する力をもつ〈対象〉，そしてそれを

受容する魂の〈能力・機能〉[＝デュナミス]とそのさまざまな〈発現〉[＝エネルゲイア]」（[　]内は筆者注）という心のはたらきを理解するための基本的な概念装置を整理・提供するのである（p. 21）。

　これまで見てきた古代ギリシアの魂観に重大な転換をもたらしたのがデカルトである。両者の最も大きな違いは，ギリシア哲学によって魂の説明に導入された「能動─受動」の対概念が，デカルトにおいてはあくまで物体に適用される用法からの類比的なメタファーとして捉えられていたという点にある。ここに，物的な世界とは区別される心的な世界の想定が前提とされることになるのである。つまり，デカルトの「我思う，ゆえに我あり」（cogito ergo sum）は，「世界の中に」ある魂ではない。世界の全体と向き合うような「心」，「世界の外に」あるような「心」のあり方を初めて告げるものであった（植村，2008, pp. 43-44）。それは言い換えれば，「心」を記号的なものとして捉えるということである。そして，「心」＝「私」の記号化は「世界」の意味を変容させ，「世界」をも記号化する。ここに，「『私』と『世界』とがともに記号となることによって，両者は『…の中に』とか，『…の外に』という空間関係よりもいっそう自由な関係，表現的な関係を取り結ぶことになった」（p. 44）。これにより，デカルトにおける「心」は，外部から像を受け取る「容れ物」ではなく，「外部からの感覚を記号として活用しながら表現を行う自由な主体に生まれ変わった」のである（p. 61）。

　以上，古代ギリシアからデカルトまで，「魂」から「心」へという流れで，「能力」へと連なる人間の内面についての思想を追ってきた。ここから言えるのは，faculty としての能力とは，デカルト流の「世界の外に」ある「心」に属するもの，言葉を換えれば，肉体との連絡関係を一切持たない無色透明な「主体」に所有される能力であったということだ。しかし同時に，プラトンの「魂の三部分説」と知，情，意の区分との連続性について示唆したように，古代ギリシア的な「世界の内に」ある「魂」の発想を色濃く残す，その意味において「実体的」な能力観でもあったということではないだろうか。

（3）「関係的能力観」と堀尾の能力主義批判との共通性

　faculty 以前の能力観である「魂」概念にまで遡ることによって，デュナミス概念に着想を得て岩川の主張する「関係的能力観」が，faculty のように人間の内部におけるその構成要素間の関係にではなく，人間とその外部との空間的・時間的関係にその主眼を置いていることが見えてきた。それに比して，**1** の（1）においてその流れを追ってきたのは，faculty としての能力ではその「実体性」において「魂」の発想を残しつつも，デカルト流の「心」，すなわち無色透明な「主体」が所有する能力であった。そして，続く（2），（3）において見た，経済審議会答申の能力主義，それを批判した堀尾による子どもの学習権論も，能力を所有の対象と見做す点では共通していた。ゆえに，岩川による新しい能力主義批判は，肉体と精神が対立させられる以前の，能力観の先祖返りによって成り立っていると言えよう。

　ここまでの議論を踏まえると，例えば次のような能力についての語りにも，「関係的能力観」に共通する傾向を読むことができるのではないか。田中（2009）は，「生」という概念を持ち込んで，「生きることを主体的・有用的な能力に還元することは，よりよい状態を能力者にとってのよりよい状態に限定し，生の台座を看過することであ」り，「主体性・有用性への批判は，能力と生の関係の編みなおしのために行われる」とする（pp. 18-19）。そして，有用性の原理としての能力という範囲には収まらない人間の豊かな「生」というものを前面に押し出すことで，有用性の圧力への抵抗を試みようとする。また，堀尾を鋭く批判していた今井が触れるのは「身体」という概念である。今井（2009）は，「規律訓練的身体」と「意味生成的身体」という区別をもとに，前者をデカルト流の心身二元論によって身体を心による規律訓練的なコントロール下に置こうとするものと見るのに対し，後者に「単に教育の対象としてではなく，教育の可能性の条件，教育を根本的に規定している条件」としての身体を見出そうとする（今井，2009, p. 81）。

　このいずれの語りにも共通している前提は，今井が堀尾を批判する際に述べていた，次のような認識ではないだろうか（今井，2004, p. 66）。

第I部 〈新しい能力〉——その理論と背景

　「発達」への賛同の満場一致のなかに見るべきは，長く求められてきた公共性の実現ではなく，私的な利害と国家的・経済的利害の共棲の罠だったのである。個人の発達への賛同は，この共棲を何ら絶ち切るものではない。逆である。この共棲を議論の対象とし，そのことによって「発達」の名における個人の能力の無闇な搾取に歯止めをかけうる教育学的公共性が存在しない限り，個人の発達への賛同はむしろこの共棲を促進するのだ。

　有用性の原理が支配する学校教育において，その生の基盤を掘り崩される子どもたち。このような「個人の能力の無闇な搾取」に歯止めをかけるためには，現実的基盤を失い「記号化」した「心」を教育的はたらきかけの対象とすることによる「能力の全面開花」の圧力に対して，そうした無限の発達＝開発(ディベロップメント)圧力に容易には屈しない「生」，「身体」を防波堤とするのである。そして，「魂」概念とは，そのように身体と密接な連絡関係を有するものであった。さらに，堀尾の理論的主眼が，「経済的・権力政治的な介入に対して教育活動のために自由空間をいかに理論的に確保するか」にあったことを踏まえれば，堀尾が教育外部からの教育への介入に対する防衛のために，教育そのものを「自由空間」に仕立てあげようとしたのとは対照的に，「関係的能力観」は教育が与件として規定されざるを得ない人間の生に「自由空間」の根拠を求めようとするのである。国家権力に対する教師の「自由空間」を確保することよりも，浸透する権力に個人が「搾取」されてしまうことに抵抗すべく子どもの「自由空間」を構築することへと教育学の課題は移行したとされているのだ。

　しかし，ここで最後にアクセントを置くべきはむしろ次の点にある。それは，この両者が「自由空間」，すなわち（可視的であれ，不可視的であれ）権力に対する抵抗の「可能性」を理論的に確保しようとする学問的志向において共通していることである。それに対して，論点を先取りして言えば，3において見る「個体的能力観」は「可能性」よりも「有限性」に照準を合わせるところから登場することになるのである。

3 能力はいかに語られているのか② ——「個体的能力観」

(1)「能力主義批判」批判① —— 個人の形成を「変数」として捉える

　1の（3）そして**2**と，能力主義批判の論者の主張について検討してきた。ここでは，そうした能力主義批判を行う論者への批判，すなわち「能力主義批判」批判の主張を取りあげる。

　まず，能力主義批判の語りの変化を捉えることで，そこに隠されてきた問題を暴き出そうとする苅谷（1995）を見てみよう。苅谷は，日本教職員組合の言説を追うことで，日教組では1950年代当初から「能力主義」という言葉が使われていたわけではなく，「差別教育」という言葉がまずは使われていたと指摘する。そして，この「当時の差別教育という認識枠組みには，貧困層としてとらえられた社会的カテゴリーが射程に入っていた」（p. 168）。能力主義という言葉が語られ始めるのは，やはり経済審議会答申（1963年）の頃からである。ここにおいて，貧しさゆえに進学できない子どもたちの差別感を問題視する視線に代わって，勉強のできない生徒の劣等感が問題となってくる。これにより，素質決定論的な文部省の能力主義に対抗する能力観として，「子どもの能力の無限の可能性」という考え方が広まり，「生徒の差別感を問題視する素朴な差別教育観の上に，能力の固定性を否定し，生徒の無限の可能性を信じる能力＝平等観が加わり，今日私たちにとってなじみのある『能力主義—差別教育』観が形成されたのである」（p. 188）。苅谷の批判の力点は，「子どもには無限の可能性がある」という美辞麗句によって，当初の差別教育観においては問題視されていた，出発点における子どもたちの間の格差という厳然たる事実が看過されてしまうことにある。さらに，苅谷（2009）は，苅谷（1995）が能力主義の言説レベルの議論であったことに比して，①舞台（学校の施設・設備），②台本（教科書と学習指導要領），③小道具（教材），④役者（教員）といった教育資源の配分という視点も加えて大衆教育社会誕生の背景を検討している。人的資本論において見た教育資源のその有限性ゆえの配分というテーマの重要性が，こ

の苅谷の論からも確認できよう。

　こうした現状認識から，苅谷（2001）は次のように自らの学問的課題を設定する。まず，学校の有する社会的機能として選抜と社会化がある。ところが，これら２つの機能の関係を視野に入れて「階層と教育」問題に位置づけることは，これまであまり行われていない。よって，学校の機能である選抜と社会化，両者の相互的な関係に目を向ける必要がある。このように，教育を検討因子に加えて議論を構築することで，個人を所与としない階層研究が可能となる。すなわち，個人とは社会化を経て形成される変数であり，社会化とはある階層的な地位に配される個人の形成の問題として捉えることができるようになる（p. 20）。そして，こうした立場から教育を見るときに，その現状を数値などによって明らかにするためには，個人にどのような学力なり能力なりが身についているのかという能力観，すなわち「個体的能力観」が欠かせないものとなるのである。

　さらに苅谷は，「強い個人の仮定」と「弱い個人の仮定」という区別を持ち出して，自らの研究課題を補強する。金子（1999）によれば，「『強い個人の仮定』を前提とする主張をくり返しても，それは，ただ『自分のことは自分で決めなければならない』とする『近代的自我』の建前をもって，人々を追いつめていくだけである」（pp. 154-155）。ゆえに，「『強い個人の仮定』の限界を知ったうえで，個人を所与とするのではなく，個人の形成を『階層と教育』の文脈においてとらえ直すこと」こそが必要となるのである（苅谷，2001, p. 21）。

　最後に指摘しておきたいのは，これまで隠されてきた格差，さらには貧困に目を向けるという点において，苅谷と先掲の岩川とが共通していることである。岩川（2007）は，豊かな国の子どもの貧困の背景に，「学びの土台を傷つけられた」子どもたちの実態が浮かびあがるとする。そしてそこに，「システムそのものが必然的に生み出すその深層の不安感や危機感を絶えず外部の問題や対象に投影させながら，それを用いて競争と統制のシステムをいっそう浸透させ」る新自由主義化の傾向を指摘し，厳しく批判する（岩川，2005, p. 230）。さらに，岩川と近い立場にあると考えられる田中（2005）においては，学力論

における「強さ」と「弱さ」という対比が持ち出され,「『強さ』志向の限界」と「『弱さ』の可能性」が説かれる。先述の苅谷による「『強い個人の仮定』の限界」という論とも重ね合わせれば,教育における「自由空間」の確保という従来の教育学の課題が,権力の不可視化,全面化への対処という課題とも異なる形で乗り越えられようとしている。そしてそこには,「強さ」と「弱さ」という区分を持ち出して語らなければならないほど,それぞれの子どもたちの「学びの土台」に大きな格差のあることが暗に示されているのではないだろうか。

(2)「能力主義批判」批判② ── 教育資源の有限性からの出発

一方,堀尾による能力主義批判の理論内在的課題に焦点をあて,これを批判したものとして黒崎 (1995) がある。黒崎はまず,堀尾の能力主義概念の規定を批判する。「マンハイムのエリート選抜の原理,いわゆる出世の原理の変遷を根拠に,堀尾氏は業績主義(業績による出世の原理)に能力主義という名を与えていたが,能力主義の理念はそうした一般的なものではなく,諸個人の能力の差異を評価し,取り扱う一元的な制度の整備であり,稀少資源の獲得を求めて争う諸個人の競争を管理するものと理解されるべきであった」。すなわち,業績主義とは「前近代社会と対比された場合に近代社会を一般的に特徴づける理念」であり,それに対し,能力主義とは「近代社会の特定の段階において,階層化のメカニズムが社会的国家的制度として一元的に整備され,諸個人の能力の差異がそうした一元的に整備された制度を通して把握され,管理されるという,近現代社会における階層化の特定の形態を正当化するもの」と理解されるべきなのである (p. 119)。そして,黒崎もまた苅谷と同様に,人間の無限の可能性といった発想を盾にした能力主義批判を厳しく批判し,教育資源への着目から,そこに限界があるという制度論的な認識を前提として議論を出発させるべきだとするのである。加えて,黒崎が業績主義とは区別して限定的に捉える能力主義の規定には,1 の (1) の最後に述べた,個人間の差異を顕在化させた ability としての能力との共通性もうかがえよう。

第Ⅰ部 〈新しい能力〉——その理論と背景

　こうした制度論的有限性を出発点とする立場から，「個体的能力観」はいかに正当化されるのか。その課題は，「能力の共同性」論を唱える竹内（1993）への黒崎による批判によってより鮮明なものとなる。竹内は，能力を個人に還元する能力観を厳しく批判する。例えば，視力が悪いということは個人的な属性として捉えられるのが一般的だが，眼鏡との関係性においてそれはハンディとはならなくなるのである。こうした竹内の立論は市場経済における人間のあり方へと敷衍され，分業のさらなる細分化によって諸個人の相互依存が進行している近代以降の市場経済においては，「諸個人の『能力』は，たんに，相互依存関係のもとにあるだけでなく，逆に，商品関係をはじめとする社会的諸関係（相互依存関係）を内面化したもの，相互依存関係の結節点となる」(p. 90)。こうして竹内は，能力を社会的諸関係の結節点と捉えるところに，「能力の共同性」が現れるとするのである。

　しかし，黒崎によれば，「この能力の共同性は，近代社会の，あえていえば能力主義の論理においては，私的に孤立した個人の占有する属性としての能力という形態において把握されている」。ゆえに，「竹内氏の課題は，いたずらに能力の共同性を言い立てるのではなく，そうした能力の共同性の実質を能力主義の論理とは異なる形式と形態によって把握することにあった」のであり，「能力主義の理論課題は，その個人還元的能力観あるいは個体的能力観に，能力の共同性の『事実』を対置することによって果たせるものではなく」，竹内は自らの能力観を実現するための社会制度を現実的に構想しなければ，能力主義を批判したことにはならないのだ (pp. 93-94)[5]。ここに，黒崎は，限界を有する教育資源を，人的資本論のように効率的な経済成長という目的ではなく，諸個人の善き生の実現という目的においていかに配分するかという社会制度の構想において，竹内とは異なる能力主義の克服の道を進むことになるのである。

　以上，(1)，(2)から，「個体的能力観」の根拠として2つ，すなわち教育の現状を把握するためには個人の能力を数値化することが必要になるという点，そして能力を個人が所有しているという発想が限られた資源を分配するための制度を具体的に構想するための基準点となるという点を確認できた。そして，

この両者に共通して見ることができたのは，「自由空間」の確保というよりも，「制度設計」という学問的志向であった。そして，この「制度設計」を支える資源の配分原理を，人的資本論とは異なった形で理論的に構築しようとするのが規範理論である。その潮流について次に見ていくことにしよう。

(3) 規範理論とは何か

　1970年代，先進諸国における従来の福祉国家体制が危機に陥り，社会システム全般の正統性の危機へと波及していった。その結果，体制を支える諸価値の対立が深刻化して，価値のあり方についての規範的な再検討が不可避となってくる。こうした変化のなかで，ロールズ（Rawls, J.）の『正義論』（1971年）が規範理論の復権の象徴として登場する。規範理論とは実証理論の対概念で，「である」ではなく「であるべき」という価値判断に関わる理論である。ロールズが批判の矛先を向けたのは戦後福祉国家を暗黙のうちに支えてきた理念としての功利主義であり，規範理論の復権は，「『最大多数の最大幸福』をめざす功利主義に対する権利論の対抗という形をとって現われたが，それは福祉国家が生産力増大を至上目標とし，国民多数の効用増進を一定達成した結果，個々人の権利や差異性が看過されてきたことに対する反省の表われでもあった」（松井，2004, p. 6）のである。

　一方，ロールズより連なる，資本主義を前提とし個人の自由を重視する「自由主義規範理論」の系譜とは対照的に，マルクス主義より通じる「社会主義規範理論」の陣営においては価値を論じることへの躊躇があった。というのは，「科学的社会主義」においては資本主義の現実を「法則的に」分析することが知的使命とされ，そうした実証理論に比して，規範理論や倫理学を論じることは「空想的社会主義」への後退と映ることになるからであった。

　さらに，コーエン（Cohen, G. A.）によれば，マルクス主義には，規範理論を論じる必要性を意識させない2つの「楽観的」見通しが共有されていたという。1つは「組織された労働者階級の台頭」が運動によって不平等社会を廃止する力を持つに至るという確信，もう1つは「自然を人間の利益のために変換する

人間の力の持続的増大」への信頼であった（コーエン，2005，p. 8）。後者について言えば、「産業の進歩によって社会は溢れんばかりの豊かさに恵まれた状態へと至り、満ち足りた生活をするには誰であれ必要とするものが供給可能となるだろうという確信が、マルクス主義的平等（「各人からはその能力に応じて、各人へはその必要に応じて」）を達成するための前提とされていた」（p. 12）のである。しかし、この二大事実への確信が新中間階級の台頭や環境問題などによって喪失した現在、資源の希少性を前提としつつ、どのような平等主義的な社会が望ましいのかという平等に関する哲学的問題に取り組む「規範的政治哲学＝規範理論」の道をコーエンは進むことになるのである。重視されるべきは、生産様式の技術的革新よりも、限られた資源の分配を行う際の価値判断の根拠なのだ。

　以上から、資源分配の価値判断の根拠を示すという規範理論の出発点を確認できた。では、そうした規範理論をどのように構想していけばよいのだろうか。セン（Sen, A.）は「なぜ平等でなければならないか」という問いは中心的な論点ではなく、問われなければならないのは「何の平等か（Equality of what ?）」であるとする（セン，1999，p. 5）。すなわち、平等の指標をどこに設定するかによって、平等であるかどうかの価値判断は多様なものになってしまうのである。よって、「正義や平等の構想を提示するのであれば、当の分配項目を確定する必要」があり、「いかなる平等論にも、分配項目を措定する際に用いる共通の尺度、すなわち〈通貨〉（currency）が必要」となるのである（井上，2008，p. 103）。この「通貨」に能力も含められてしかるべきだろう[6]。ここに、能力を規範理論において論じるための基礎を得ることができた。

（4）教育の規範理論

　規範理論が、有限性の認識にもとづいて、分配項目の確定のために共通の尺度としての指標を制度的に要請すること、そしてその指標には能力も含まれることを確認した。では、規範理論において教育はどのように論じられているのだろうか。

第 1 章　能力を語ること

　宮寺（2006）の前提となる問題意識は次の点にある。「『格差はあってはならない』という平等主義の主張を，証明なしに義務論的に据えておくだけでは，対処できない事態に立ち至って」おり，「少なくとも，全体を『ならす』・『揃える』を基準としてきた平等主義は，優先論，つまり，どこかを／誰かを優先させざるを得ないという状況のなかで，もう一度鍛え直される必要がある」（p. 237）。これはすなわち有限性の問題である。「教育財の稀少性は，教育財の供給増によっても，教育を受ける権利の保障の普遍化によっても解消されることはない」現代社会にあっては，「『誰にこそ教育が分配されるべきか』の問いかけから，社会は逃れることはできない」（p. 230）。さらに，個人の多様な生のあり方の追求という観点からも，有限な教育財の分配は，「もはや人びとの権利請求に対応してなされるだけではなく，その権利請求を，自己の善き生と善き社会の実現に向けて」行われなければならないのである（p. 12）。

　こうした有限性の認識のもと，宮寺が最も重視するのは規範理論における「教育の視点」である。人間とは，「環境からの影響によって生き方が一方的に決定される受動的な存在」ではなく，「より善き生き方を自己決定でき，社会的な責任を担っていかなければならない主体的な存在」でもある。よって，「教育という社会の共有財は，社会にたいする責任を担い得る成員を産み出していく限りでの共通資本であり，社会の側の責務と社会にたいする責任との結節点に教育がある」と考えるべきであり，「この『教育の視点』を入れていかないと，財の公正な分配は語れなくなるのである」（p. 4）。この「教育の視点」を用いると，規範理論が前提とする能力観が浮かびあがる。そこで議論の分かれ目となるのは，能力は個人の所有物か，社会的な共有財か，という問題である。ロールズは，能力の起源を「自然による分配」として捉えることで「共同資産としての能力」という見方を打ち出したが，この考え方は，先天的に不利な条件への補償を根拠づけるのに有効であるが，「個人の努力によって"後天的"に獲得された財をどう考えるか」（p. 113）という問題にうまく応えることができない。つまり，能力がいかに教育によって現実化するかという視点を欠いているため，能力の開発をめぐる公正性の問題に十分に応えられてい

69

ないのである。

　さらにここには，能力について見落とされている2つの側面がある。それは，「能力ははじめから人に備わっているものではなく，発達・展開していくものである」という「発達的側面」と，「一般的な潜在能力が特定の能力になっていくのは，社会に実在する諸技能の形式にそって形成・学習されるからである」という「形成的側面」である（p. 159）。これにより，能力は個人の所有物か，社会的な共有財か，という問題は失効し，教育が社会的公正の問題に対して積極的な貢献をなしうる道が拓かれるという。すなわち，「能力を実体的にではなく関係的に捉える視点は，もっぱら既定の財の分配を主眼とする社会哲学の，教育という領域に対する限界を示す」とともに，「教育とそこにおける能力開発を，社会構築におけるひとつの定数ないしは項としてしか捉えない政治・経済の領域からの，教育という領域の相対的な自律性を表す」のである（野平，2007，p. 178）。

　ここで注目したいのは，野平が宮寺の能力観を「関係的」と捉えている点である。つまり，「教育の視点」によって，「発達」や「形成」といった，人間が周囲の環境との「関係」において変化するという側面に焦点をあてることは，一方で宮寺や野平のように，社会的公正に対して教育が積極的な役割を果たしていく可能性，「教育の自律性」を強調することにつながるが，他方で2において見たような，教育の可能性への信頼という教育学的な認識を再度覚醒させることにもなりうるのである。この論点について最後に考察を加えてみたい。

（5）隣接社会科学からの教育への関心，そして教育学への不満

　2では，どちらかというと教育学的な，さらにいえば人文科学的なところからの能力の語りについて見てきた。それに対し3で見てきたのは，教育学内部での社会科学的な能力の語りであった。近年，こうした教育の社会科学的な語りは，教育学に隣接する社会科学諸分野にも広がっている。

　熊沢（2006）は，「戦後民主主義教育の理念に立つ『革新』の教育論は，『君が代，日の丸』や歴史認識についてはともかく，こと若者の進路・就職に関し

ては，企業による労働力需要の論理を内在的に批判する視点を持つことができなかった」(p. 144) として，労働政策に対する従来の教育学の無策を批判する。また，広井 (2006) は，「日本における教育論議は，いわば"公教育内部"で自己完結ないし閉塞したような議論が中心だった」，そして「教育を社会保障の問題として（あるいはそれと一体のものとして）考えていくことが今強く求められている」(p. 26) として，「事後の保障」から「事前の保障」への転換を訴えている。ここには，福祉国家というシステムは，「事後」に獲得される「所得」が拡大しつづける時代にあってはその再分配を図るシステムとして発展してきたが，「所得」の拡大が成熟化し，「事前」に有している「資産」の重要性が相対的に大きくなる「定常型社会」においては，（社会に出る前に獲得すべきものを授けようとする）教育を含む「資産」の再分配を行う必要性が高まるという認識が反映されている。

　教育学（特に，教育の改善に関心を寄せる教育社会学者）においてもこうした問題意識が積極的に語られている。広田 (2007) は，これまでの教育学が政治や経済からの自律性を確保することに腐心するあまり，他の領域との共通言語を構築してこなかったことを批判し，「諸社会科学と教育学との対話の糸口」，「政治や経済と教育とをつなぐ思考の枠組み」を探る必要性を訴える (p. 3)。さらに，教育を論じる際に政治と経済が鋭く対立する事態も生じている。本田 (2009) は，教育学が学問的に自閉してきたという広田 (2007) の認識を共有しつつ，小玉 (2009) のシティズンシップ教育論が教育と政治をつなぐ新たな回路を構築しようとしている点をまず評価する。しかし，経済よりも政治を，すなわち職業性よりも市民性を重要視し，職業的に「無能」であってもよい社会の構築が謳われていることに，そんな社会は現実的に成り立たないと厳しい批判の目を向ける。本田にとって，「何かに習熟すること，何かができるようになること，何らかの領域で何らかの程度『有能』たりうることのための教育，つまり『教育の職業的意義』というものを放棄することができないのであれば，それをいかにしてよりよいものとしてゆくのかという課題を，教育学は正面から引き受ける必要がある」のである (p. 173)。

一方，問題の解決を教育に期待することそのものに批判的な議論もある。橋本（2006）は，教育学者による議論が，「もっぱら教育政策や学力といった教育内部の要因に注目して，社会経済的な要因を軽視する議論であり，教育内部の要因を過大評価して，社会経済的な格差拡大のもつ意味を過小評価するものである」として，「教育学的誤謬」と呼んでいる (p. 191)。あるいは，湯浅・仁平（2007）によれば，教育社会学は，教育が不平等を再生産することを明らかにしてきた一方で，問題の解決策も教育（学校を通した雇用可能性の向上など）に求めてきたことを批判されねばならない。そして，「現在大きな影響力をもつネオリベラリズムと『第三の道』の福祉政策は，ともに，福祉の給付を削減し，就業のための教育・再訓練へと置き換えていくものであるが，教育社会学のこれまでの議論の立て方は，この方向と矛盾なく接合してしまう」とし，「必要なことは，教育と福祉のそれぞれに何ができる／できないかの限界確定をおこなうことである」とされるのである (p. 361)。

　以上から，黒崎が強調していた教育資源の限界性を前提とした制度設計の必要性が，教育学の周辺領域から叫ばれている事態を確認できた。そして，2と3で見た能力についての語りの現在から，私たちは，能力をめぐる「実践の言語」（=「関係的能力観」）と「制度の言語」（=「個体的能力観」）の分離という問題の前に立たされていることを確認できたのではないだろうか。

おわりに――なぜ能力という発想を必要としてしまうのか

　本章では，能力について何が語られ，論じられてきたのかについての整理・検証を行ってきた。1では，「能力はいかに語られてきたのか」という問いのもと，能力，能力主義，能力主義批判についてそれぞれ語られてきたことを整理した。2と3では，「能力はいかに語られているのか」という問いのもと，「関係的能力観」と「個体的能力観」という2つの能力観がどのような根拠のもとに主張されているのかについて確認した。その結果，両者に見られる基本的な戦略の違いとして，「自由空間」の確保と「制度設計」とが見出された。

第 1 章　能力を語ること

　ここまでの作業を，不十分なものと承知しつつも一応終えたあと，さらに消し去ることのできない問いが残る。それは，「なぜ私たちは能力についてかくも語ってしまうのか」，すなわち「なぜ能力という発想を必要としてしまうのか」という問いである。能力という語りの場そのものを成立させている機制に焦点をあてるこのメタレベルの議論について若干の考察を加えて締め括りとしたい。

　ここで，冒頭に掲げた 2 つの事例に立ち戻ってみよう。1 つは，就職活動における○○力の氾濫という問題であった。就職とは，自分自身の職業を自らで選択するということである。そして，この営みは個人を不安定にさせる。これは，職業を選択する可能性が極めて低かった時代には想像すらできなかった事態である。しかし，人間の移動可能性の拡大によって，労働力としての自らの存在証明を能力によって行わなければならなくなり，それによって能力という見えないものを見えるようにするという社会的な欲望が駆動し始め，その結果として自らの能力，あるいはその能力を有する自分自身を省みるという不安定な営みを強要されることになるのである。

　この不安定性という論点は，教育における○○力の氾濫というもう 1 つの問いにも通じてくる。すなわち，教育というコミュニケーションは，教えたことが学んだ者に容易に定着するわけではないというように，不安定性，不確実性をその本来的な性質としている。ゆえに，能力というあいまいな指標を持ち出し，それが身についたかどうかによって，教育というコミュニケーションが成立したかどうかが安定的に了解されるようになるのである。

　以上のことから，私たちが「能力」という発想を必要としてしまうのは，こうした不確実性が生み出す不安に対処するためなのだということを確認できたと言えよう。この点をつねに念頭に置きつつ，教育学は能力を語ることを他分野との結節点とすべく，努力していく必要があるのではないだろうか。

〈注〉
(1)　さらに，新学校教育法，新教育基本法によって，「思考力，判断力，表現

力」といった，特定の教科の「内容」からは距離を置いた「形式」としての能力を育てることが教育の目的として法規上定められ，学習指導要領に「お墨つき」が与えられているという事態も確認できる。

(2) 乾（1990）は，この答申が企図した政策とその後の実際の結果とのズレ，すなわち「『後期中等教育の多様化』政策が結果としてもたらしたものは，高校教育の内容上の多様化よりはむしろ，『偏差値』に象徴される，学科間の内容上の相違を捨象した高校間の一元的序列化であった」（p. 7）という問題に焦点をあてている。

(3) もちろん，その同時代において，堀尾を「市民的」（持田，1969），あるいは「観念論的」（村田，1970）と批判する議論があったことを忘れてはならない（今井，2004, p. 67）。

(4) 同時期に遠山（1976）は，「広い意味では教育が人間の能力をのばすということは正しい」が，問題は「その能力を直線的に序列づける点」にあるとし，「能力主義」と「能力をのばすこと」の違いもはっきりさせないで「能力主義反対」と叫べば，「能力反対」ひいては「教育反対」と混同される恐れがあるとして，「能力主義」ではなく「序列主義」という名称を使うとしていた（pp. 18-19）。これに対し堀尾は，「序列主義は，社会のヒエラルキーのもとでは，旧来から存続し続けたものであり，いわゆる『能力主義』は，この序列づけを『血統・身分』の上下で測るか，あるいは『財産』の多寡によってきめるのではなく，『能力』によって序列をつけるというのがその含意であるとすれば，能力主義を序列主義に代えただけでは，『能力主義』問題の歴史的発生の意味や，それのもつ人間論的次元での問題性，あるいは能力にかんする発達論的問題（たとえば環境と遺伝の問題）等の重要な問題を視野の外におくということにもなりかねないのであり，その意味において，私は，遠山氏の問題提起を受けとめながら，なお『能力主義』にこだわりたいと思う」と述べている（堀尾，1979a, p. 163）。

(5) 一方で，福島（2010）によれば，竹内（1993）は，黒崎が積極的に評価するロールズの議論を「現存の社会と文化の在り方に引き寄せられている」と批判しているのであり，「既存の社会・文化を所与とした社会構成原理の導出を期待する黒崎の批判は，必ずしも妥当なものとはいえない」（p. 3）。

(6) 「財領域での相対性，社会的構築性を認めつつも，能力（capability）という

本質的領域を設定し、そこでの絶対性を主張することで、普遍的基準の構築を模索するセンの営為に、私たちも関与（commitment）していくことが要請されて」いるという、センのケイパビリティ論への評価もこれを裏づけてくれよう（山森，2000，p. 156）。
(7) 一方で、宮寺が次のように言っていることも忘れてはならない。すなわち、「教育が人びとの善き生の営みに関われるのは、何よりも資質としての"ストック"の増強を通してであって、そこから"フロー"していく善き生の直接的な保障［中略］を通してではない」のであり、「善き生の追求に最大限個人の多様な自由意思が尊重されるとともに、その追求を可能にする資源を、各個人に公正に分配して人格内に能力として"ストック"させていく」ことが「教育の分配論の主題」となる（宮寺，2006，pp. 11-12）。ここで宮寺は、教育を、その成果において個人の内部に「ストック」される「能力」として捉えている。

〈文　献〉

コーエン，G. A.（2005）．『自己所有権・自由・平等』（松井暁・中村宗之訳）青木書店．（原著は1995年）

福島賢二（2010）．「教育における『差異』と分配的正義のジレンマ―Martha Minow の『関係性』アプローチと竹内章郎の『共同性』論を手がかりに―」『教育学研究』第77巻第1号，1-14．

橋本健二（2006）．『階級社会―現代日本の格差を問う―』講談社．

羽鳥卓也（1987）．「解題」リカードウ，D.『経済学および課税の原理』上（羽鳥卓也・吉澤芳樹訳）岩波文庫．

ヘーヴン，J.（約瑟奘般）（1875-6）．『心理学』第1－3冊（西周訳）文部省．

広井良典（2006）．『持続可能な福祉社会―「もうひとつの日本」の構想―』ちくま新書．

広田照幸（2007）．「教育学の混迷」『思想』2007年3月号，1-3．

本田由紀（2009）．『教育の職業的意義―若者・学校・社会をつなぐ―』ちくま新書．

堀尾輝久（1979a）．『現代日本の教育思想―学習権の思想と「能力主義」批判の視座―』青木書店．

堀尾輝久（1979b）．「現代における子どもの発達と教育学の課題」『岩波講座　子

どもの発達と教育』第 1 巻，岩波書店，285-331.

今井康雄（2004）.『メディアの教育学―「教育」の再定義のために―』東京大学出版会.

今井康雄（2009）.「身と心―主体はいかに構築されるか―」田中智志・今井康雄編『キーワード　現代の教育学』東京大学出版会，73-87.

井上彰（2008）.「厚生の平等―『何の平等か』をめぐって―」『思想』2008年8月号，103-130.

乾彰夫（1990）.『日本の教育と企業社会――元的能力主義と現代の教育＝社会構造―』大月書店.

岩川直樹（2005）.「教育における『力』の脱構築―〈自己実現〉から〈応答可能性〉へ―」久冨善之・田中孝彦編著『未来への学力と日本の教育1　希望をつむぐ学力』明石書店，220-247.

岩川直樹（2007）.「貧困と学力―状況への感受性と変革のヴィジョンを呼び覚ます―」岩川直樹・伊田広行編著『未来への学力と日本の教育8　貧困と学力』明石書店，10-43.

岩川直樹（2008）.「コミュニケーションと教育―〈からだ・場・社会関係の織物〉の編み直しの方へ―」『教育』2008年7月号，4-11.

金子勝（1999）.『反グローバリズム』岩波書店.

金子馬治講述（1901）.『心理学』東京専門学校.

神崎繁（2008）.『魂（アニマ）への態度―古代から現代まで―』岩波書店.

苅谷剛彦（1995）.『大衆教育社会のゆくえ―学歴主義と平等神話の戦後史―』中公新書.

苅谷剛彦（2001）.『階層化日本と教育危機―不平等再生産から意欲格差社会（インセンティブ・ディバイド）へ―』有信堂.

苅谷剛彦（2009）.『教育と平等―大衆教育社会はいかに生成したか―』中公新書.

経済審議会編（1963）.『経済発展における人的能力開発の課題と対策』大蔵省印刷局.

城戸幡太郎編（1936-9）.『教育学辞典』第1-5巻，岩波書店.

小玉重夫（2009）.「学力―有能であることと無能であること―」田中智志・今井康雄編『キーワード　現代の教育学』東京大学出版会，240-250.

熊沢誠（2006）．『若者が働くとき―「使い捨てられ」も「燃えつき」もせず―』ミネルヴァ書房．

黒崎勲（1995）．『現代日本の教育と能力主義―共通教育から新しい多様性へ―』岩波書店．

松井暁（2004）．「社会経済学と規範理論―『創造』の経済学へ―」『季刊　経済理論』第41巻第1号，4-15．

宮寺晃夫（2006）．『教育の分配論―公正な能力開発とは何か―』勁草書房．

持田栄一編（1969）．『講座マルクス主義　第6巻　教育』日本評論社．

村田栄一（1970）．『戦後教育論』社会評論社．

中畑正志（2008）．「名づける，喩える，書き換える」飯田隆他編『岩波講座哲学1　いま〈哲学する〉ことへ』岩波書店，3-29．

野平慎二（2007）．「宮寺晃夫著『教育の分配論―公正な能力開発とは何か―』を読む―得体の知れない『能力』をめぐるウロボロス的格闘，あるいは教育に対する社会哲学の限界―」『近代教育フォーラム』第16号，175-179．

ロールズ，J．（1979）．『正義論』（矢島鈞次他訳）紀伊國屋書店．（原著は1971年）

リカードウ，D．（1987）．『経済学および課税の原理』上・下（羽鳥卓也・吉澤芳樹訳）岩波文庫．（原著は1819年）

シュルツ，T. W．（1964）．『教育の経済価値』（清水義弘訳）日本経済新聞社．（原著は1963年．訳書の第1部に相当）

セン，A．（1999）．『不平等の再検討―潜在能力と自由―』（池本幸生他訳）岩波書店．（原著は1992年）

竹内章郎（1993）．『「弱者」の哲学』大月書店．

田中昌弥（2005）．「『弱さ』の哲学から語る学力―『強さ』の学力から『弱さ』のリテラシーへ―」久冨善之・田中孝彦編著『未来への学力と日本の教育1　希望をつむぐ学力』明石書店，248-273．

田中智志（2009）．『教育思想のフーコー―教育を支える関係性―』勁草書房．

遠山啓（1976）．『競争原理を越えて』太郎次郎社．

上原秀一（2000）．「能力」教育思想史学会編『教育思想事典』勁草書房，pp. 551-553．

植村恒一郎（2008）．「魂から心へ―自然＝記号としての『我思う，ゆえに我あ

り』—」飯田隆他編『岩波講座哲学5　心／脳の哲学』岩波書店，43-62.

山森亮（2000）．「貧困・社会政策・絶対性」川本隆史・高橋久一郎編『応用倫理学の転換—二正面作戦のためのガイドライン—』ナカニシヤ出版，140-162.

ヤング，M.（1982）．『メリトクラシー』（窪田鎮夫・山元卯一郎訳）至誠堂．（原著は1958年）

湯浅誠・仁平典宏（2007）．「若年ホームレス—『意欲の貧困』が提起する問い—」本田由紀編『若者の労働と生活世界—彼らはどんな現実を生きているか—』大月書店，329-362.

ブックガイド

—「能力」という問いに興味をもった読者へ—

あまりに自明のものとなっている認識の装置を抽出し，それを人文科学的，社会科学的に検証することにはかなりの困難を伴う。「能力」を問うこともそうした類の作業であろう。

まず，能力について「どうあるべきか」を考究したものを見ていこう。能力主義批判のあり方に新たな光をあてたのが，**黒崎勲『現代日本の教育と能力主義—共通教育から新しい多様性へ—』（岩波書店，1995年）**である。黒崎は，1980年代の早い時期からロールズ（Rawls, J.）の規範理論にもとづく能力主義の新たな克服の道を先駆的に模索してきた。その道とは，批判による可能性の確保ではなく，限られた資源を配分するための制度設計を目指しつつ，偶然的な不平等を是正し，個人の善き（good）生を実現するために個人が何（goods）を所有していることが必要なのかという観点から理想の制度を構想するという方向性を有していた。この方向性は，**宮寺晃夫『教育の分配論—公正な能力開発とは何か—』（勁草書房，2006年）**にも共有される。ただし宮寺においては，可能性の確保か制度設計かについての揺らぎが見え隠れする。そして，社会における人間のあり方そのものを問い直す政治哲学的志向を示す。この不安を人間の「完全性」の名において「敢然」と払拭しようとするのが，**田中智志『教育思想のフーコー—教育を支える関係性—』（勁草書房，2009年）**である。田中にとって，能力とは生の土台抜きには語れないものであり，そうした人間の完全性への志向は選抜などの有用性の原理とは最終的に対立するものである。ここには人間のあり方，それと連続する中間集団や社会のあり方そのものの根本的な転換が要求されてこよう。

次に，能力について「どうなっているのか」を解き明かそうとしたものに移ろう。価値を語るためには事実の分析，解釈も要求されるのだ。**小塩隆士『教育の経済分析』**（日本評論社，2002年）は，人的資本論，シグナリング理論など，（主流派）経済学が教育という数値化されにくい，比較しにくい対象にいかに切り込んできたか，その見取り図を示す。経済学がこうした課題に向かわねばならないということは，逆にいえば人間の能力，そして教育が経済の理論において重要な因子となっていることを示すものであろう。一方，人的資本論を「個人属性帰属モデル」だとして批判し，社会そのものの仕組みを把握しようとするものとして，**竹内洋『日本のメリトクラシー――構造と心性――』**（東京大学出版会，1995年）がある。ただし，そこで採用されるのは社会の構造を静態的に分析する「構造説明モデル」ではなく，「能力の社会的構成説」の考え方のもと，能力がその象徴性を社会的にいかに獲得し，機能させているのかも含み込んだ構造的説明である。**N. ルーマン（村上淳一訳）『社会の教育システム』**（東京大学出版会，2004年）は，教育というその成果が本来極めて不確実な営みを成り立たせるために能力という媒体が要請されてくる様を描き出し，コミュニケーションにおいて能力がいかに機能するかというミクロ的説明も提供する。教育システムはここにその自律性を獲得するのである。

最後に，能力とは「そもそも何なのか」というテーマにかかわるものを挙げておきたい。**神崎繁『魂（アニマ）への態度――古代から現代まで――』**（岩波書店，2008年）は，古代ギリシアの「魂」概念にまでさかのぼって，本文中では扱えなかった中世の流れも取りあげ，心的概念の変遷をロングスパンにおいて描く。**M. フーコー（渡辺一民他訳）『言葉と物――人文科学の考古学――』**（新潮社，1974年）は，「人間」という発想が学問領野においていかに形成されたのかという問題意識から，私たちの認識の枠組みを規定しているものを剔抉し，能力という問いに不可欠な視点を提起するものである。

（樋口太郎）

第2章　リテラシー概念の展開
―― 機能的リテラシーと批判的リテラシー

樋口とみ子

1　リテラシーへの関心の高まり

　学校教育を通して子どもたちに育むべき「力」とはどのようなものなのか。こうした問いについて考える際，近年，注目を集めている言葉の一つに「リテラシー (literacy)」がある。

　リテラシーという言葉が脚光をあびるきっかけとなったのは，周知のように，OECDが2000年から3年ごとに実施している国際調査，通称PISAである。そこでは，具体的な調査分野として，「読解リテラシー」，「数学的リテラシー」，「科学的リテラシー」が設けられたことにより，それらの意味するものは何なのかという点についての社会的関心が高まることとなった。

　日本では，このリテラシーという言葉が提起する〈新しい〉特徴として，「応用力」，「活用力」というキーワードに光があてられていく。例えば，新聞などでは，数学的リテラシーが「数学的応用力」，科学的リテラシーが「科学的応用力」と置き換えられることもある。そうした理解の背景には，PISAの調査問題が，数学なら数学の世界に閉じるのではなく，実際の日常生活における状況・文脈との結びつきを重視している点，さらには，その状況・文脈の中で単に基本的な情報を受け取って再現するだけでなく，一人ひとりが自分なりの解釈にもとづいて関連づけたり，熟考・評価したりすることを求めている点なども関係しているといえる[1]（樋口，2008, pp. 83-85）。

　なかでも，日本の子どもたちの国際的な順位の低下が危惧された読解リテラ

シーについては,「PISA型読解力」という言葉が広く使われるようになり,その向上を図ろうとする取り組みも顕著となっている。では,「PISA型読解力」とはどのような特徴をもつものと理解されているのだろうか。早くから「PISA型読解力」を紹介してきた有元秀文は,その具体的中身として,「クリティカル・リーディング」(批判的読み)の重要性を指摘する。PISAでは,与えられた文章の意味内容を正確に読み取って再現するというだけでなく,「文章をよく理解した上で,文章がよいか悪いかをよく検討して評価する」という観点にもとづく「批判的読み」が求められているというわけである(有元, 2008, p. 17)。

このように,日本では,「応用力」「活用力」「批判的読み」などのキーワードによって,PISAのリテラシーの特徴があらわされる傾向にある。

しかしながら,リテラシーという言葉は,何もPISAにおいてのみ使われているわけではない。いまからおよそ130年前の1880年代に,「(文字の)読み書き能力」を意味して初めてリテラシーという言葉が使われて以来,その具体的な意味内容に関する様々な見解が提出されてきた。例えば,読み書き能力が日常生活の中で生きてはたらくものとなることを重視する「機能的リテラシー(functional literacy)」という概念や,既存社会に潜む支配―従属構造を批判的に読み解くことを重視する「批判的リテラシー(critical literacy)」という概念などが提起されてきた。

よって,PISAの提起するリテラシーの特徴も,これまでのさまざまなリテラシー概念の展開の中に位置づけることを通して再検討する必要がある。リテラシー概念の史的展開をふりかえることは,PISAのリテラシーの具体的中身として注目されている「応用」「活用」や「批判」といったキーワードの意味を,いま一度問いなおす視座を得ることに通じるだろう。

本章では,リテラシーという言葉に焦点をあてて,その史的展開をふりかえる中で,PISAの提起するリテラシーについて再考することを目的とする。こうした作業は,学校教育を通して子どもたちに育むべき「力」に関する今後の展望を見出すための一つの糸口となるのではないかと考える。

2　リテラシーという言葉の起源——近代学校は何を教えるか

（1）リテラシーの原義

　PISAによって提起されたリテラシー概念が注目を浴びる以前，一般にリテラシーという言葉は，「（文字の）読み書き能力」や「識字能力」と訳されていた。それは，「話し言葉」に対する「書き言葉」において，発音と文字との関係を理解する能力を意味するものとしてとらえられてきた。つまり，口承文化（orality）の対概念として，文字を媒介とする書字文化における意思疎通の能力を指すものと理解されてきたことになる。

　リテラシーの歴史をさかのぼってみると，この言葉のもつ本質的な意味内容が浮かび上がってくる。オックスフォード英語辞書（OED）によれば，リテラシーという言葉が初めて使われたのは1883年のことである。この年，アメリカ合衆国のマサチューセッツ州教育委員会が発行した『ニューイングランド教育誌』という雑誌において，リテラシーという言葉は，公教育（public education）を通して子どもたちに共通に育成される読み書き能力を意味するものとして使われた。それはすなわち，1880年代に公教育が普及していく際，学校に通いはじめた多くの子どもたちが共通に学ぶ教育内容にかかわる概念として用いられたわけである（Willinsky, 1990, pp. 13-15）。

　ちなみに，リテラシーのもととなったliterateという言葉は，「文学（literature）」から派生したものであり，すでに15世紀にはイギリスで登場しているという。このliterateという言葉は，例えば，シェークスピアの戯曲を読んで味わうことができるほどの「高い教養」（優雅な教養）を身につけている状態を指すものとして用いられた（佐藤, 2003, p. 2）。

　このことに照らしあわせてみても，リテラシーという言葉は，近代公教育において，子どもたちに共通に提供すべき教育内容の中身を議論するときの鍵概念として用いられてきたという特徴をもつことが浮かびあがってくる。

（2）近代公教育とリテラシー

　以上のようなリテラシーという言葉の特徴は，現在にも通ずるものがある。たとえば，世界各国に目を向けたとき，識字率（literacy ratio）の向上をめざす発展途上国では，公教育が提供すべき教育内容の重要な要素として，読み書き能力を意味するリテラシーという言葉が挙げられる傾向にある。

　また，国際機関においても，学校教育とリテラシーは密接な関連をもつものとして位置づけられている。とりわけ，ユニセフ（UNICEF：国連児童基金）は，今日，発展途上国を中心におよそ1億2,000万人もの子どもたちが学校に通えない状況にあり，そうした事態が将来的には非識字（illiteracy）による困難と結びついてしまうであろうことを危惧している（ユニセフ，2003）。

　なお，留意すべきは，読み書き能力としてのリテラシーを身につけているかどうかを判断するときに，必ずしも統一した規定があるわけではないということである（潮木，1992，p. 351）。なかには学校教育を受けているかどうかという基準をもって識字率に代える場合もある。このことは，読み書き能力や識字能力という意味でのリテラシーと学校教育とがきわめて高い親和性をもつものと理解されていることの表れでもある。

　ここで，あらためて学校教育とリテラシーとの関連について歴史をさかのぼってみると，学校教育へのある程度の修学年限をもってリテラシーの獲得と同義と見なす場合のあることが浮き彫りとなってくる。例えば，1920～30年代のアメリカ合衆国におけるニューディール政策では，多数の失業青年に対する職業訓練を行なう際，アルファベットの認識など初歩的なレベルでの読み書き能力を身につけていても，それを日常生活の中で十分に活用するには至っていないという状態が問題視され，小学校への就学3年間以上をもってリテラシーの獲得の目安とされた（Stedman & Kaestle, 1991, p. 92）。逆にいえば，3年未満の就学では十分なリテラシーの習得には至らないと判断されたのである。

　その後，アメリカ合衆国におけるリテラシーの基準は，1947年には国勢調査局によって4～5年ほどの就学の水準へ，1952年には6年間の就学へと規定しなおされ，またその後も，1960年の教育省の定義では8年間の就学へと移行し，

1970年代末には高等学校卒業程度の水準へと変更され、現在に至っているという（佐藤，2003，p. 3）。

　このように，学校教育への修学年限をもってリテラシーを身につけたかどうかの基準とするということは，裏をかえせば，リテラシーの獲得そのものを独自に判断する基準を設けることが難しいということも意味している。ある人物が読み書き能力をもっているというとき，どんな内容の文章を，どれくらいの量，どのように読んだり書いたりすれば，そう判断できるのか。少し考えただけでも，リテラシーの習得を判断するための明確な基準を設けることは容易ではないことがわかる。

　そもそも，読み書き能力を身につけているとはどういうことを意味するのだろうか。以下では，こうした問いを視野に入れて展開されてきたさまざまなリテラシー概念の歴史をひもといてみることにしよう。

3　機能的リテラシーの登場——日常生活の中で生かす

（1）グレイによる提起

　読み書き能力としてのリテラシーについて，その具体的な意味内容を探っていく中で提起されたものの一つに，機能的リテラシーという概念がある。これは，音声と文字の関係の認識や簡単な文章の音読などの初歩的なレベルにとどまらず，日常生活の中で読み書き能力を生かすことができるかどうかという機能的側面に光をあてるものである。

　例えば，統計上，識字率の高い先進国であっても，実際の日常生活の中では，薬の説明書を理解できなかったり，新聞の第一面を読んで内容を把握できなかったりするなど，生活を営む上で必要な読み書き能力が十分に身についていない事態が問題視されることもある（Tanguiance, 1990, pp. 118-143）。このような問題状況を視野に入れ，読み書き能力が実際の日常生活において生きてはたらくものとなる機能的な側面の重要性を提起するのが，機能的リテラシー論である。

第 2 章　リテラシー概念の展開

　機能的リテラシーの重要性を早くから指摘した人物は，アメリカ合衆国のグレイ（Gray, W. S.）である。1950年代，ユネスコ（UNESCO：国連教育科学文化機関）の要請に応じて書いた著作の中で，グレイは，次のように機能的リテラシーを定義している。「機能的リテラシーを身につけた人とは，その人の所属する文化あるいは集団において読み書き能力がごく普通に想定されているようなあらゆる活動に効果的に取り組むことができる読み書きの知識と技能をもっている人のことを指す」（Gray, 1956, p. 24）。

　グレイによれば，簡単なパラグラフの音読など初歩的なレベルでリテラシー教育を終えてしまうと，実際の生活場面でそれを生かすことができない。読むという行為には，音読ができるということのほかにも，黙読を通して意味内容を理解したり，自らの経験を豊かにしたりするといったことが含まれている。例えば，新聞やニュースレターから情報を得て好奇心を満たすということ，通知文や説明書を見て意味を理解した上で行動の変容をもたらすこと，さらには，表現の美しさを堪能し，楽しむために読むということ。このように，読むという行為にはさまざまな「機能」（役割）があるとグレイは見る。そして，人々が身につけるべきリテラシーの機能的側面は，各人が所属する社会や生きる時代において異なってくるという。

　ここで注目すべきは，リテラシーの機能的側面が，日常生活における実用的なものに限定されてはならないことをグレイが指摘している点である（小柳, 2010, pp. 60-61）。彼の声を聞いてみよう（Gray, 1956, p. 22）。

> 　リテラシー教育の直接的な目標は，若者や成人を日常生活のニーズに効果的に対処できるように備えさせることである。［中略］しかしながら，人々がより大きなコミュニティの活動や生活，思想に参加していくときにどのようなニーズが満たされねばならないのか，ということも考える必要がある。読むことを通して，一人ひとりの経験を豊かにし，喜びと創造の新たな道を切り開くこともまた重要である。ただ単に眼前の問題解決のみをうながそうとするリテラシー・プログラムは，とても視野が狭い。

政治にかかわる意思決定を自ら行ったり，社会活動に参加したりする際にもリテラシーは重要な役割を果たす。こうしたグレイの主張は，「社会文化的かつ政治的な観点」へとリテラシーの機能的側面を広げるものとして位置づけられてきた（Verhoeven, 1994, p. 17）。単に日常生活での実用性を強調するのではなく，リテラシーの習得が学習者の自立と社会参加に通じたものとなることの重要性がここから浮かびあがってくる（小柳，2010, p. 62）。

（2）実験的世界リテラシー計画

1950年代にグレイによって提起された機能的リテラシーの概念は，1960年代に入ると，文字を学ぶ機会を奪われてきた成人を対象とする教育の場において広く使われるようになっていく。成人教育に携わるユネスコは，当初「日常生活における簡単な読み書きができること」とリテラシーを定義していたものの，60年代には機能的リテラシーという概念を重視した実践を繰り広げていくこととなる。

例えば，1965年にイランで開かれた「非識字の撲滅に関する世界教育大臣会議（World Conference of Ministers of Education on the Eradication of Illiteracy）」では，リテラシーの中身が初歩的なレベルを超える機能的リテラシーの観点から理解されている[2]。すなわち，「読み書きは，初歩的な一般的知識のみならず，職業訓練，生産性の増大，市民生活への参加，まわりの世界に対する一層の理解をも導くものであり，最終的には基礎的な人間文化への道を開くものである」（UNESCO, 1976, p. 10）と規定された。

ただし，この会議の最終報告書では，リテラシーの機能的側面として，とりわけ経済的な観点が強調されたこともあり（小柳，2010），職業訓練や生産性の増大に力点が置かれていく。というのも，この時期，国際連合は経済開発を推し進めようとしていたからである。「国連開発の10年」が宣言された1960年代は，発展途上国への物的援助・技術援助が進められていった時期である。その中で，「経済の物的基盤を整備してもそれを使いこなす人間に新しい技能や知識がなければ不毛に終わる」との認識がなされ（江原，2001, p. 48），経済成長

第 2 章　リテラシー概念の展開

Somo la 1（レッスン 1）

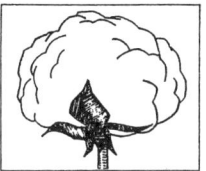

Pamba（綿花）　　Pesa（お金）

Pamba ni mali（綿花は富である）
Pamba huleta pesa（綿花はお金を運んでくる）

| Pamba | pesa | pesa | pamba |

Andika（書きましょう）

Pamba　pamba　pamba　pamba　pamba

Pesa　pesa　pesa　pesa　pesa

Somo la 9（レッスン 9）

Matuta ya hatua 1　　Matuta ya hatua 2
（第一番目の畝または長い畝）（第二番目の畝または交差する畝）

図 2-1　実験的世界リテラシー計画における教材（タンザニアの例）

（出典）　UNESCO（1973, pp. 147, 151）から一部抜粋，訳出

をめざす観点から知識・技能の教育にも光があてられていく。

　1965〜1975年にかけてユネスコと国連開発計画（UNEP）などが実施した「実験的世界リテラシー計画（Experimental World Literacy Program）」は，そうした職業訓練や生産性の増大との結びつきを志向したリテラシー教育の一例と見なすことができる。これは，アルジェリアやエクアドル，エチオピア，イラン，マリなどの成人非識字者を対象とするプロジェクトとして展開された。

　実験的世界リテラシー計画では，「経済的かつ社会的な開発のプロジェクト

の構成要素」としてリテラシー教育が位置づけられた (UNESCO, 1970, p. 9)。とりわけ，農産物の生産性の向上，工業化の促進，経済流通の進展，人材育成などの経済的な目的のもとに，「職業的ニーズに直接結びつく基礎的な職業スキルの教育」と関連づけて，リテラシーの機能的側面がとらえられている (UNESCO, 1976, p. 120)。

　図2-1に示したのは，当時の実験的世界リテラシー計画において実際に開発された教材である。ここでは，綿花の栽培についての指導とリテラシーの指導とが結びつけられていることを見て取れる。

　こうして機能的リテラシーの育成は，1960年代から70年代の初めにかけて，職業訓練や生産性の向上と直接にかかわるものとなっていく。つまり，「機能性が生産性 (productivity) と同義になり，当初の人間的な目標が背後に押しやられてしまった」(Lestage, 1982, p. 15) のだということができる。それは，経済成長の手段としてリテラシーをとらえ，既存の経済システムへの適応を学習者にうながすものともなった。

　こうしたことも影響し，その後，機能的リテラシーという概念は，ともすると，既存の経済システム，ひいては社会構造へのやみくもな適応・順応を意図するかのように受けとめられることともなる。日常生活の中で効果的に生きてはたらくという機能的リテラシーの特質，すなわちリテラシーの機能的側面が，経済主義的な順応に矮小化されてしまうのである。

4　文化的リテラシーという発想——文化という視点から機能を問い直す

(1) 共通文化への着目

　では，読み書き能力が日常生活で生きてはたらく機能的なものとなることは，不可避的に経済主義的観点への順応をもたらしてしまうのか。こうした問いにかかわって，「文化」という視点からリテラシーの機能的側面をとらえなおしたと考えられるのが，文化的リテラシー (cultural literacy) 論である。

　文化的リテラシーとは，当該言語において読み書きのできる人々が暗黙のう

ちに共有している文化的な知識内容に光をあてる概念である。代表的な提唱者であるハーシュ（Hirsch, E.D., Jr.）は，1983年に，"文化的リテラシー"（*The American Scholar,* Vol. 52）という題名の論文を発表し，文化的な知識内容を身につけることの重要性を訴えた。

当時，子どもたちの読み書き能力の低下が問題となっていたアメリカ合衆国において，その要因を探っていたハーシュは，読み書きするときに，文化的な背景知識が重要な役割を果たしていることに注目する。つまり，書かれた文章には，読み手がすでに知っていることを前提としている知識内容が潜んでおり，それらはあえて文字で説明されることはない。そのため，そうした知識内容についての理解を事前に有さなければ，読み手は，たとえ文章を音読することができても意味を把握することは難しくなるというわけである。(3) 例えば，合衆国憲法の問題点を指摘する新聞記事を読む場合，合衆国憲法とは何なのか，その具体的な内容についての理解が乏しければ，それを読んで意味を十分に把握することは困難になる。ハーシュは，こうしたことを認知心理学などの知見に学びながら明らかにした上で，読み書き文化において共有されている知識内容を身につけることの重要性を，文化的リテラシーという言葉を用いて訴えた。

それは，リテラシー教育において，共通性を強調するものともなる。実際に，ハーシュは，読み書き文化において共有されている知識内容は，「国民性（national character）」を有するとして，国家レベルでの共通性を想定した。表2-1は，その文化的リテラシーの中身を具現化するものとしてハーシュらが提起した「国民的共通語彙（national common vocabulary）」の一例である。これは，「読み書きのできるアメリカ人が知らなければならない語彙」とされ，およそ5,000語に及ぶアルファベット順のリストとなっている。

明示されたこれらの語

表2-1　文化的リテラシーの具体的語彙

Abbreviation（省略，略語）
Abolitionism（奴隷制度廃止論）
abominable snowman（ヒマラヤに棲むとされる雪男）
...
Zola, Emile（エミール・ゾラ。フランスの自然主義小説家。1840～1902）
Zoning（ゾーニング。工場，住宅街などの地帯制）
Zurich（チューリッヒ。スイス北部の州，ならびにその州都）

（出典）　Hirsch（1987/1989, pp. 152-215/245-382）より抜粋

彙とその意味内容を共通に習得することにより，既存の読み書き文化から排除されることなく，日常生活の中で生きてはたらく効果的なリテラシーを身につけることができるというのがハーシュの主張だといえる。ハーシュにとって，文化的リテラシーとは，非識字と貧困に貶められている恵まれない子どもたちに社会的決定論と闘う機会を与える「唯一の確実な方法」(Hirsch, 1987/1989, pp. viii /9-10) なのである。

（2）文化的リテラシーへの批判的見解

だが，文化的リテラシーという概念は，その提起の直後から，激しい批判を浴びることとなる。批判の論点はおもに2つある（谷川，2002）。第一は，文化的リテラシーの想定した知識内容の共通性に関するものである。共通性に着目するあまり，文化的な多様性・複数性が看過されているのではないかという見解が出されたのである。具体的には，国家レベルで共通性を追究するハーシュの「国民的共通語彙」は，実際にはWASP（白人のアングロサクソン系，宗教はプロテスタントに属する人々）に代表される主流文化のみを想定しており，それへの同化を強いる「文化的覇権主義」であると批判された。どの語彙を選択するのかという点できわめて恣意的かつ権威主義的であることが論難されるわけである。

また，「国民的共通語彙」の中には，その意味内容をめぐって論争が繰り広げられているものもあり，語彙から連想される意味や価値観を必ずしもすべての国民が共有することはできない。ハーシュの提案では，語彙という「刺激」に対してすべての人が同一の「反応」（解釈）をすることが求められ，語彙に対する複数の見方が除外されてしまうという点も指摘されている（Feinberg, 1989）。

第二の論点は，文化的リテラシーを習得させる方法に関するものである。子どもたちの有するさまざまな文化的背景を無視して共通知識を注入しようとしているのではないか，そのため，受け身的な暗記主義に陥るのではないか，という点が問題視される。リスト化された語彙は，一つひとつ孤立した細切れの

状態で習得することなどできない。むしろ、子どもたちの有する多様な生活経験を考慮して、語彙の意味を吟味・構築していくプロセスそのものに参加させる必要があるというわけである（Estes, 1988）。

　この点に関連して重要な問題提起をしているのが、ジルー（Giroux, H. A.）である。彼は次のように述べている。「ハーシュのリテラシー概念は、あらゆる主体的な議論の契機を欠いており、まるで電話帳を読ませられるかのようである。また、理解や批判、自己と社会の形成といったより大きな言説の一部として適切な知識を使いこなす視点が皆無である」（Giroux, 1988b, p. 118）。

　ジルーによれば、既存の支配的な文化において自らの経験が書き落とされてきたことを感じとっているマイノリティや労働者階級の子どもたちにとって、主流文化への適応が重要なのではなく、むしろ社会に潜む不平等で抑圧的な権力関係（ポリティクス）を批判的に読み解くことこそ重要となる。周縁化されたり沈黙に貶められたりしてきた要因を探り、既存の支配的な社会構造を批判的に読み解くことを可能とする契機がリテラシーにはあることに注目せねばならないというわけである。

　以上の議論からは、リテラシーの共通性を強調するハーシュの提案に対して、複数性への配慮がなく、リテラシーの批判的側面を等閑視しているのではないかという点が問われていることを見て取れる[(4)]。そこで以下では、リテラシーの批判的側面に光をあてる主張について検討してみよう。

5　批判的リテラシーの提起——解放から越境へ

（1）ペルセポリス宣言とフレイレ

　リテラシーの批判的側面に光をあてる契機をつくりだしたものの一つに、ペルセポリス宣言（1975年）がある。この宣言は、先述の実験的世界リテラシー計画が終わりを迎えるころ、イランのペルセポリスで開催されたユネスコの国際識字（リテラシー）シンポジウムにおいて採択されたものである。「現状維持と支配のための識字」に傾きがちであった実験的世界リテラシー計画に「対

第Ⅰ部 〈新しい能力〉――その理論と背景

抗」する位置にあるものとされる（平沢，1983, p. 114）。このペルセポリス宣言では，リテラシー（識字）の批判的側面に関して，次のように述べられている（日本社会教育学会，1991, pp. 185-189）。

> 国際識字シンポジウムは，識字を，単に読み書き計算のスキルにとどまるものではなく，人間の解放と全面発達に貢献するものであると考える。そのように理解するとき，識字はわれわれの社会とその目標に内在する矛盾に対する批判的意識を獲得するための諸条件をつくりだすのである。そして，世界に対して働きかけ，世界を変革し，人間の真の発達をめざすさまざまなプロジェクトを創造する取り組みに主体的に参加していくことをうながすのである。

ここからもわかるように，ペルセポリス宣言は，既存の社会構造のうちに潜む矛盾を批判的に読み解くとともに，そうした矛盾を抱える社会を変革していく契機がリテラシー（識字）にはあることを示唆している[5]。

このペルセポリス宣言に多大な影響を与えたといわれるのが，ブラジルの教育学者フレイレ（Freire, P.）の主張である。フレイレは，1960年代以降，ブラジルの貧しい農村において，文字を学ぶ機会を奪われてきた成人非識字者を対象とするリテラシー教育に取り組む中で，「変革のためのリテラシー（transformative literacy）」や「解放のためのリテラシー（emancipatory literacy）」という考え方を編みだしていった。

フレイレによれば，非識字者は生活の中でさまざまな知恵を生み出してきているものの，支配階級によって抑圧され「沈黙の文化（culture of silence）」に貶められている。「自由のない労働」や「労働者の人格の卑下」など，支配階級が労働者階級を「非人間化（dehumanization）」するような歪みが既存社会には潜んでいる（Freire, 1970/1979, pp. 130/183-4）。そうした状況において，被抑圧的な位置におかれてきた非識字者は，自分自身をとりまく状況を対象化する機会を奪われている。

そこで，フレイレは，被抑圧者が既存社会に批判的に介入することを可能と

する契機をリテラシー教育に見出す。彼はその契機を「意識化 (conscientização; conscientization)」と呼ぶ。なぜ自分は今まで文字を知らない状態におかれてきたのか。なぜリテラシーは必要なのか。こうした問いを，文字を学ぶ学習者自身が発するとともに，「現実の対象化」，すなわち「世界にたいして距離を設定し，世界と自覚的に向かい合う」ことを通して，「既成の現実にたいする批判的な介入」を可能とするよう試みるのである（里見，1982, pp. 6-7）。それは，「文字を読む」ということが，必ずその前に，「（その文字の意味する）世界を読み解く」ことと結びついている必要性を提起するものでもある。

　フレイレによれば，伝統的なリテラシー教育は，それ自身が抑圧社会を反映しており，学習者を単に教師から知識を伝達される客体（空の容器）とみなしていた。例えば，「犬がほえる」，「エバはぶどうを見つけた」などの例文を，ただ単に写し暗記することを学習者に強いる。フレイレは，こうした教育を「銀行型教育」と呼んで問題視した。つまり，預金者である教師が，金庫（空の容器）である学習者たちに一方的に知識を預金（伝達）するという構造をもっているというのである。そして，この構造は，支配階級と被支配階級という関係を再生産してしまう。

　一方，フレイレ自身は，そうした抑圧的な権力関係の組みかえを志向し，学習者と教育者がともに「対話」を通して現実を批判的に探究する「課題提起教育 (problem-posing education)」の重要性を訴える。ここでは，学習者の置かれている状況を認識の出発点に，そこに潜む問題を，教育者と学習者が対話を通して批判的に検討することが重視される。

　課題提起教育にもとづいてリテラシー教育を実践していく際には，まず「生成語 (generative words)」が模索される。生成語とは，学習者の日常生活や労働の現実と切り離すことのできない語彙であり，教育者が学習者の生活に寄り沿う中で選びだされる。その一例を示した表2-2は，実際にブラジルの実践で編み出されたものである。実践の場においては，まず，これらの語彙を表すような絵や写真をスライドなどに示した後，関連するテーマについて学習者と教育者は対話を行う。そして，その含みもつ意味を十分に議論した後で，具体

第Ⅰ部 〈新しい能力〉——その理論と背景

表2-2 「生成語」と対話のテーマの例

- ・「労働（trabalho）」（現実を変革する過程，労働を通して生み出される人間の価値，肉体的・知的・技術的な労働・技能，肉体労働と精神活動の分離）
- ・「賃金（salário）」（経済的側面，人間のおかれた状況，報酬について，有給労働と無給労働，最低賃金について，生活費の変動に応じた賃金のあり方について）
- ・「鍬（enxada）」（農地改革と押しつけによる一方的な改革，技術と改革）
- ・「富，財産（riqueza）」（ブラジル，およびブラジルを含む全世界的な規模においてみられる，富と貧困の対立，富者と貧者，富める国と貧しい国，支配国と被支配国，先進国と低開発国の対立，民族解放，国家間の有益な援助と世界平和）

（出典） フレイレ，1979, pp. 275-276より一部抜粋

的な語彙の文字の学習が行われることとなる。

以上のようなフレイレの実践は，文字を獲得するということの中に，人間が自覚的に現実世界と向きあうようになる主体的契機を構築する可能性のあることを示唆している。既存の抑圧的な社会構造にともすると埋没していた学習者が，自らを取り巻く現実世界に対する批判的意識を獲得し，自己の解放さらには社会の変革へと向かうことのできるような実践をフレイレは試みてきた。それは，読み書きに内在する権力関係を顕在化するとともに，リテラシーの批判的側面として，抑圧からの解放と社会変革を考慮することの必要性を提起するものといえよう。

（2）複数形の批判的リテラシーズ

フレイレの主張を，その後，経済先進国において引き継ごうとした人物に先述のジルーがいる。ジルーは，文化的リテラシーを論難する一方，リテラシーの批判的側面の重要性を強調する。では，ジルーのいう批判的側面とはどのようなものなのか。

もともと批判的教育学の代表的論者として知られるジルーは，まず学校教育に潜む不平等で抑圧的な権力関係を暴露・告発する再生産論について，現実を分析する「批判の言語（Language of Critique）」を提供するものとして評価する。しかしながら，批判の言語を提供するのみでは，学校は既存の権力関係の中に埋没してしまう。そこで，ジルーは，グラムシ（Gramsci, A.）の提起した文化的ヘゲモニー論を援用しながら，支配には常に矛盾と緊張が含まれること

に着目する。学校は，単なる支配―従属の再生産の装置ではなく，反抗や葛藤を内に秘めている。その際，フレイレがリテラシー教育を通した意識化と社会変革の可能性を示唆したことに学べば，学習者が「抵抗主体」となり，平等で民主的な社会を構築していくということに関して，学校教育は「可能性の言語（Language of Possibility）」を提供することができる。ジルーはこう考えるのである（Giroux, 1988b）。

　そこで重視されるのが，学校における批判的リテラシーの育成である。ジルーは，学習者が文字とその背後にある現実世界を批判的に読み解く中で，抵抗主体として立ち上がることができるとみなす。批判的リテラシーの育成にあたっては，学習者が現実を批判的に読み解くことを可能とするため，書かれた文章の中に存在する書き手の「関心の枠組み（frame of references）」に着目するとともに，ある一つの出来事に関する異なる関心の枠組みの存在を認識することが求められる（Giroux, 1988a）。そこには，リテラシー教育の内容は支配階級によって決められるべきではなく，むしろ，誰の関心の枠組みが普及するのかをめぐる闘争の場として，換言すれば，知識を常に論争的なものとしてとらえるジルーの考えが反映されている。

　このような批判的リテラシーの育成にあたっては，共通性ではなく，複数性（plurality）がキーワードとなる。すなわち，一律に規範的に定められたものではなく，さまざまな矛盾と葛藤を含む権力関係を視野に入れる必要があるからである。

　ここにおいて，ジルーは，フレイレの依拠していた支配―従属という二項対立図式を乗り越えて，複数の支配―従属関係に光をあてることになる[(6)]。同じ一人の人物であっても，ある場合には抑圧されることもあれば，別の状況においては自ら抑圧者となることが考えられる。こうした複雑に絡みあう権力関係に着目すると，単数形ではなく，複数形のリテラシーズ（literacies）としてリテラシーをとらえなおす必要があるというわけである。

　さらに，ジルーは論を進めて，「越境（border crossings）」という概念を提起する（Giroux, 1992）。複雑に絡みあう権力関係を読み解くためには，学習者は，

人種やジェンダーなど，自らを特徴づけてきた文化的・政治的・社会的な「境界（border）」を越えて，他のさまざまな境界と交叉することが必要となる。そして，暗黙のうちに想定してきた境界の引き方そのものを問いなおさねばならない。つまり，境界の引き方によって，「差異（differences）」がどのようにつくりだされてきたのか，その差異をめぐる政治力学を批判的に解き明かしていくことが求められる。

こうしたジルーの主張の背景には，1990年代以降，隆盛を見ているカルチュラル・スタディーズなどからの影響がある。カルチュラル・スタディーズは，西洋文明に依存して境界を設定してきた従来の伝統的学問領域からの脱却を志向する。ただし，ジルーはカルチュラル・スタディーズの知見に学びつつも，なお，自身が志向する教育学の独自性として，「対抗的な公共領域をつくりだすことへの可能性を広げる政治的想像力」を強調する。カルチュラル・スタディーズが「分析」にとどまりがちなのに対し，教育学は実際に社会を変えていく「実践（praxis）」に取り組むという点で「遂行的実践としての教育学（Pedagogy of Performative Practice）」という性格を有するとジルーは主張している（Giroux & Shannon, 1997, pp. 2-5；谷川，2005）。

このようにみてくると，境界を越えるという視点からリテラシーの批判的側面をとらえなおすことは，既存の社会構造を問うとともに，複数性が尊重される公共領域をつくりだしていくことと結びついていることがわかる。

6　社会を問うリテラシー—— PISA のリテラシーを再検討する

（1）リテラシーの2つの契機

以上のように，リテラシー概念の展開をふりかえってみると，機能的側面（既存社会への効果的で適応的な対応）と，批判的側面（既存社会の変革）とが議論されてきたことを見て取れる。ここであらためて近年提起された PISA のリテラシーの特徴を検討してみたい。

PISA の文書の中では，機能的リテラシーの重要性を世に訴えたグレイらの

言葉が冒頭に引用され，それがPISAのリテラシーの基本的な枠組みを反映するものとして高く評価されている（OECD, 2002, p. 12）。その言葉とは，いまから50年ほど前に提起されたものである。グレイらは，「現在の生活における読むことの要求に効果的に応えること」，そして「読むことを通して，生活をより豊かに，またより満足できるものにしていくことを可能とする機会を最大限に生かす」ことの重要性を，そこで指摘している（Gray & Rogers, 1956, p. 1）。このことからも，PISAは，初歩的な音読のメカニズムだけでなく，実際の生活の中で効果的に読み書き能力を生かすことを重視するという点で，機能的リテラシー論の提起を引き継ごうとしているといえる。

ただし，ここで注目すべきは，PISAにおける「リテラシーの定義は，『機能的』とか『生存のための』と呼ばれてきた70年代の狭いリテラシーの概念を超えるもの」であり，「より広い社会的コンテクストにおいて参加するための重要な役割を果たすもの」であるとされている点である（OECD, 2000, p. 15）。70年代中頃までの（実験的世界リテラシー計画に代表される）機能的リテラシー論の問題点が，大人の生活において生きてはたらく最小限のスキルに焦点をあてる傾向にあったことを指摘した上で，PISAでは，より幅広く「社会的・文化的・政治的な」意味を含みもつものとして「参加」の概念がとらえられている点に注目せねばならない。「参加には，批判的な位置や，個人の自由に向けた一歩，解放とエンパワーメントも含まれる。社会という言葉は，社会的・文化的な生活とともに，経済的かつ政治的なものも含む」（OECD, 1999, p. 21）と述べられている。ここには，社会参加における「批判的な位置」も考慮されていることがはっきりと見て取れる。

ここで，リテラシーの批判的側面について，PISAの調査分野の一つである読解リテラシーに焦点をあてて検討してみよう。PISAの読解リテラシーとは，（学習者が）「自らの目標を達成し，自らの知識と可能性を発展させ，効果的に社会に参加するために，書かれたテキストを理解し，利用し，熟考する能力」であり，次のように大きく3つの側面に分けることができると説明されている（国立教育政策研究所, 2002, p. 30）。

第Ⅰ部 〈新しい能力〉——その理論と背景

```
                        ┌─── 読解リテラシー ───┐
        テクスト内部からの情報を使用           テクスト外部の知識を引き出す
        ┌──────┴──────┐                  ┌──────┴──────┐
    テクストの独立した    テクスト内部の関係    内容に焦点をあてる    構造に焦点をあてる
    部分に焦点をあてる    性に焦点をあてる
                        ┌──────┴──────┐
                    テクスト全体      テクストの部
                                    分の関係性
        │              │              │              │              │
    情報を取り出す    幅広い理解      解釈を展開    テクストの内容を    テクストの形式を
                    を形成する      する          熟考し評価する      熟考し評価する
```

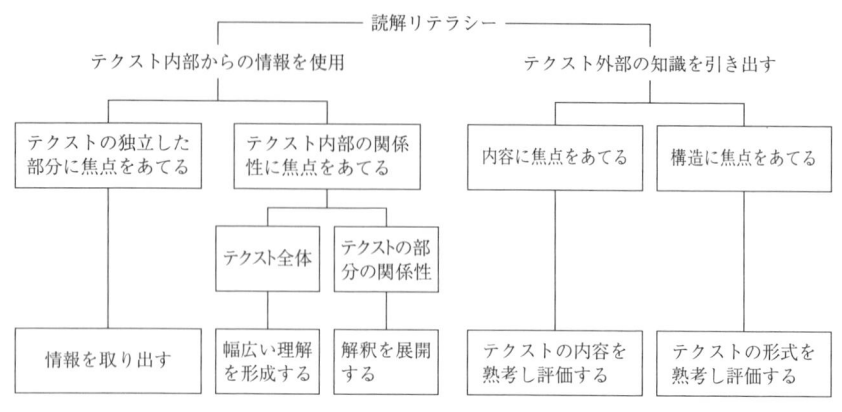

図2-2　PISAの読解リテラシーの側面

（出典）　OECD（2002, p. 31）（国立教育政策研究所，2004，p. 97）をもとに筆者改訳作成

①情報の取り出し…「テキストに書かれている情報を正確に取り出すこと」。
②テクストの解釈…「書かれた情報がどのような意味を持つのかを理解したり推論したりすること」。
③熟考と評価…「テクストに書かれていることを生徒の知識や考え方や経験と結びつけること」。

　これらについてより詳しく検討してみると，図2-2に示したように，5つの側面が浮かび上がってくる。すなわち，①情報を取り出す，②幅広い理解を形成する，③解釈を展開する，④テクストの内容を熟考し評価する，⑤テクストの形式を熟考し評価する，である。これらのうち，とりわけ後者2つの側面は，「テクスト外部からの知識を引き出す」ものと位置づけられており，読み手が世界に関する自らの知識・経験や他のさまざまな情報をもとに，テクストの中に書かれた主張内容の妥当性を評価することや，書き手の目的を達成するために採用されたテクストの形式は有効かどうかを判断することなどが含まれる（OECD, 2002, pp. 32-33）。すなわち，テクストの内容と形式の両面から「批判的」に読み解いていくことがPISAでは重視されるのである。

　具体的にPISAの調査問題を取り上げてみると，例えば「労働力に関する問題」では，図2-3のように樹形図が示され，テクストの内容と形式の熟考・

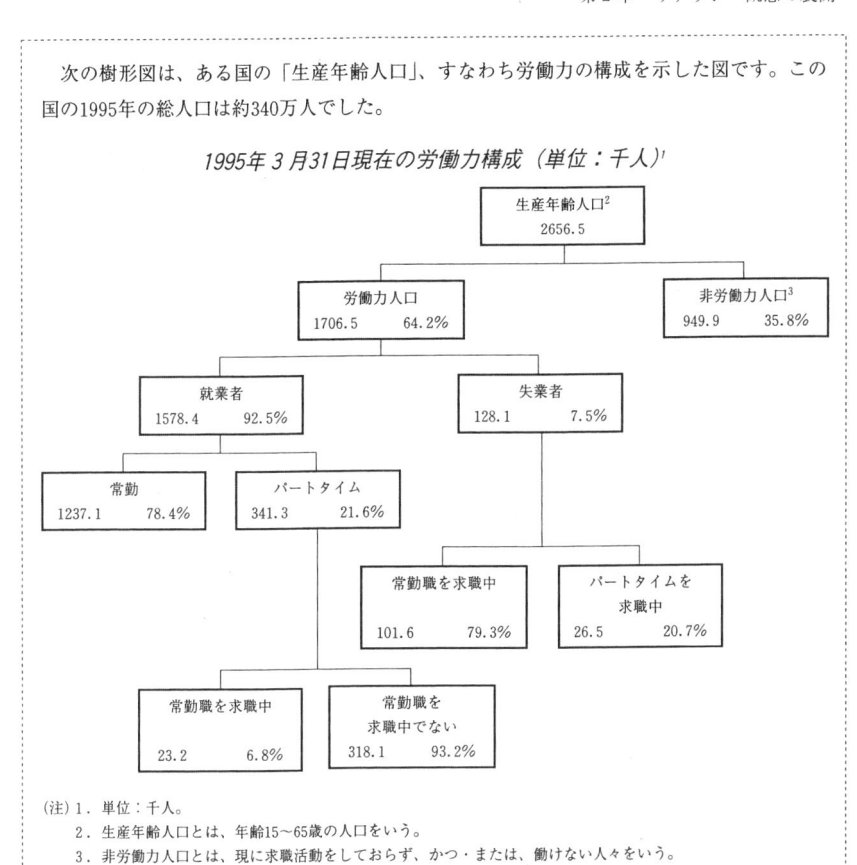

次の樹形図は、ある国の「生産年齢人口」、すなわち労働力の構成を示した図です。この国の1995年の総人口は約340万人でした。

1995年3月31日現在の労働力構成（単位：千人）[1]

```
                          生産年齢人口[2]
                            2656.5
                    ┌─────────┴─────────┐
              労働力人口              非労働力人口[3]
           1706.5   64.2%            949.9   35.8%
         ┌──────┴──────┐
       就業者          失業者
    1578.4  92.5%    128.1  7.5%
   ┌────┴────┐
  常勤      パートタイム
1237.1 78.4%  341.3 21.6%
              ┌──────┴──────┐
          常勤職を求職中   パートタイムを
                              求職中
          101.6  79.3%    26.5   20.7%
        ┌──────┴──────┐
   常勤職を求職中    常勤職を
                    求職中でない
    23.2   6.8%    318.1  93.2%
```

(注) 1. 単位：千人。
   2. 生産年齢人口とは、年齢15〜65歳の人口をいう。
   3. 非労働力人口とは、現に求職活動をしておらず、かつ・または、働けない人々をいう。

図2-3① PISAの読解リテラシーの「労働力に関する問題」

(出典) 国立教育政策研究所（2002, p.60）より一部抜粋

評価を求める問いが出されている。これらの問いは、労働力に関する分類情報のうち、時間の変化にともなって変わりうる内容はどれか（問4）、また、樹形図を用いて示すという形式が有効なのはどのようなときか（問5）を熟考・評価することを求めている。テクストの内容・形式を欠陥のない普遍的なものとしてそのまま受け取るのではなく、それらの妥当性を「批判的」に検討する視点をもつことの重要性をPISAの調査問題は提起していると考えられる。

第Ⅰ部 〈新しい能力〉——その理論と背景

労働力に関する問4

労働力に関する情報が、このような樹形図の形で毎年提示されるとします。

下記は、樹形図の四つの要素です。これらの要素は、毎年変わると思いますか、それとも変わらないと思いますか。「変わる」、「変わらない」のどちらかに○をつけてください。

1行目は例です。

樹形図中の要素	答　　え
四角の中の標題（「労働力人口」など）	変わる　／　⦅変わらない⦆
パーセント（「64.2％」など）	変わる　／　変わらない
数字（「2656.5」など）	変わる　／　変わらない
樹形図の脚注	変わる　／　変わらない

労働力に関する問5

ここでは労働力構成に関する情報を樹形図の形で示しましたが、ほかにもたくさん表現法があります（文章で説明する、各種グラフ、表など）。

樹形図を選んだのは、あることを示すのに特に便利だからです。それは何か、次のうちから一つ選んでください。

A　時間を追った変化
B　国の総人口規模
C　各グループの中の細かい区分
D　各グループの規模

図2-3②　PISAの読解リテラシーの「労働力に関する問題」

（出典）国立教育政策研究所（2002, pp. 64-65）より一部抜粋

このようにみてくると、PISAのリテラシーは、日常生活の中で生きてはたらく効果的なものになるという点で機能的リテラシー論の提起を引き継ぎつつも、それが単なる既存社会への適応に陥るのではなく、「批判的な位置」をも含むものとして綿密に構想されていることがわかる。[7]

（2）社会のあり方を問いなおすリテラシー

ここでいま一度、フレイレやジルーの主張と照らしあわせてみると、リテラ

シーの批判的側面として，PISAは，既存の社会に潜む問題をどのように問うているのかという点も検討しなければならないだろう。

PISAを実施しているOECDは，今後の社会において，「民主的プロセス」や「連帯と社会的結合」，「人権と平和」，「差別のない社会と公正」，「生態学的持続可能性」などが重要となることを提起している（ライチェン＆サルガニク，2006, p. 144）。これらは，目先の利害にとらわれることのない思想にもとづいており，高く評価すべきである。だが一方で，OECDに加盟している先進資本主義諸国の中でもヨーロッパを中心とする価値観に依拠しており，他の多様性を「圧迫する恐れ」のあることを危惧する声もある（田中，2009, p. 141）。

とするならば，グローバルな資本主義と労働の国際的分業に潜む問題をどうとらえ（スピヴァク，1998），どう解決していくのか，また先進国と発展途上国との間に潜む権力関係をどう克服し，その境界をいかにしたら引きあらためることができるのか，社会におけるこうした権力関係をめぐる現実的問いにも光をあてていくことの重要性を，フレイレやジルーは示唆していると考えることができる。つまり，既存社会のあり方を問いなおす視座をリテラシーの中に実現する必要があるのだといえよう。

例えば，先にみたPISAの読解リテラシーの「労働力に関する問題」についても，提示されている樹形図の中で見えにくくされてしまう労働力の形態があるのではないか，すなわち，今日的な社会問題となっているニート，フリーター，派遣労働者，日雇い，児童労働などの観点から樹形図の見方や示し方を再検討する必要性がまったくないわけではないと考えられる。近年の労働力をめぐっては，そこに潜む権力関係にかかわる問題が数多く指摘されるようになっている（濱口，2009；本田，2005）。リテラシーのあり方の追究は，現実社会における問題を考察することとも結びつくべきなのである。

ここであらためて，日本における（PISAの）リテラシー概念の紹介のされ方に光をあててみると，「応用力」，「活用力」，「批判的読み」というキーワードが使われているものの，そこに社会のあり方を問いなおす視座を取り入れていくことが求められるものと考えられる。

もちろん，その際，リテラシーの機能的側面（日常生活への効果的な対応）と批判的側面（社会変革）が切り離されて，批判的側面のみが強調されるのでは，一面的な偏ったリテラシーに陥ってしまう。グレイが指摘したように，リテラシーにはさまざまな「機能」（役割）があることをつねに考慮に入れる必要がある。そのため，機能的側面と批判的側面が統一されたリテラシーのあり方を探っていかねばならない。

そこで，示唆を与えてくれるのが，インド出身の経済学者セン（Sen, A.）の提起ではないかと考える。センは，社会における不平等の問題を問いなおし，平等のあり方を模索する際，「機能（functionings）」と「潜在能力（capabilities）」というキーワードを提起した。

センにとって「機能」とは，人々が生活の中で「ある状態になったり，何かをすること」を意味しており，例えば「適切な栄養を得ているか」，「避けられる病気にかかっていないか」，「社会生活に参加しているか」といったものが考えられるという（セン，1999, p. 59）。これらの「機能」のうちどれを選びとりどれに重きをおくかを選択するということ，換言すれば，「どのような生活を選択できるかという個人の『自由』」にかかわるものが「潜在能力」である（セン，1999, p. 60）。この「潜在能力」は「生き方の幅」と訳される場合もある（川本，1995, p. 88）。つまり，センは，人々が自らの生き方を選択できる幅を広げることの意味を訴えているのであり，とりわけ人間にとって基本的な営みをなすことにかかわる「潜在能力」については平等を実現すべきだと主張するのである（セン，1989）。

この「潜在能力」という発想，言葉をかえれば「生き方の幅」を広げるという発想は，リテラシーのあり方について考える際に，社会変革のみを前提とするのではなく，日常生活におけるさまざまな場面で読み書き能力を生かしつつ，変革へとつなげていくという点で，リテラシーの機能的側面と批判的側面とを結ぶ糸口になるのではないかと考えられる。子どもたち一人ひとりの「生き方の幅」を広げることができるようなリテラシーのあり方を，これからの学校教育においても模索したい。

〈注〉

(1) 従来の日本の学力論における「基礎と応用」という枠組みそのものを問い直すものとして PISA を位置づける見方もある。つまり，反復練習をして基礎的な知識・技能を身につけたうえで応用に移るのではなく，むしろ学習の「出発点において文脈的・参加的・包括的であることが人間的・市民的成熟の土台を形成する」ことを PISA は提起しているというのである（岩川，2005, p. 126）。

(2) この会議の名称には「非識字の撲滅」という言葉が使われた。1950年代頃には，非識字が無知と同義となり，一掃すべきものとされてしまった（小柳，2010）。

(3) もともと解釈学者であったハーシュは，解釈の妥当性を追究する際，その客観的根拠を「作者の意図」の究明に求めている（倉持，1988）。この点で，「脱構築（déconstruction）」という概念を提起して意味の不安定性を論じたデリダ（Derrida, J.）の主張と大きく異なる。

(4) ハーシュ自身は批判的な読み書きを妨げるものではないと反論し，Core Knowledge Foundation を設立して教育実践にかかわっている（谷川，2002）。

(5) 実験的世界リテラシー計画の最終報告書の中では，「リテラシー・プログラムは，経済的な成長のみでなく社会的・文化的・政治的変革にも重要性を与える場合にのみ，完全に機能的となり得る」と指摘された（UNESCO, 1976, p. 122）。

(6) フレイレの提起した「抑圧―被抑圧」（支配階級―労働者階級〈貧農〉）という構図については，フェミニズムなどから，「抑圧や支配の中に潜む矛盾した関係を追求することができない」という問題が指摘されている（上地，2003, p. 40）。

(7) なお，「機能的リテラシーの問題点の克服が目ざされ，その方向性として社会構成主義が基盤とされた」という意見もある（中村，2008, p. 32）。

(8) PISA を実施している OECD の報告書においては，「能力と期待される成果との関連性」を追求する際に，センの理論が肯定的に引用されている部分もある（ライチェン・サルガニク，2006, pp. 133-134）。

〈文献〉

有元秀文（2008）．『必ず「PISA 型読解力」が育つ 7 つの授業改革』明治図書出版．

江原裕美 (2001).「開発と教育の歴史と担い手」江原裕美編『開発と教育』新評論, 35-100.

Estes, T. et al. (1988). Cultural literacy: What every educator needs to know. *Educational Leadership, 46* (1) 14-17.

Feinberg, W. (1989). Foundationalism and recent critiques of education. *Educational Theory, 39* (2) 133-138.

Freire, P. (1970). *Pedagogy of the oppressed*. Continuum. フレイレ, P. (1979).『被抑圧者の教育学』(小沢有作他訳) 亜紀書房.

Giroux, H. A. (1988a). *Teachers as intellectuals*. Bergin & Garvey Publishers.

Giroux, H. A. (1988b). *Schooling and the struggle for public life*. University of Minnesota Press.

Giroux, H. A. (1992). *Border crossings: Cultural workers and the politics of education*. Routledge.

Giroux, H. A. & Shannon, P. (1997). Cultural studies and pedagogy as performative practice. In H. A. Giroux & P. Shannon (Eds.), *Education and cultural studies*. Routledge, 1-9.

Gray, W. S. (1956). *the teaching of reading and writing*. UNESCO.

Gray, W. S. & Rogers, B. (1956). *The maturity of reading*. University of Chicago Press.

濱口桂一郎 (2009).『新しい労働社会』岩波新書.

樋口とみ子 (2008).「生きる力と学力」田中耕治・井ノ口淳三編著『学力を育てる教育学』八千代出版, 79-101.

平沢安政 (1983).「識字運動における国際連帯に向けて」『部落解放研究』第33号, 111-135.

Hirsch, E. D., Jr. (1987). *Cultural literacy: What every American needs to know*. Houghton Mifflin. ハーシュ, E. D., Jr. (1989).『教養が, 国をつくる。』(中村保男訳) TBSブリタニカ.

本田由紀 (2005).『若者と仕事』東京大学出版会.

岩川直樹 (2005).「誤読/誤用されるPISA報告」『世界』5月号, 121-128.

川本隆史 (1995).『現代倫理学の冒険』創文社.

国立教育政策研究所編 (2002).『生きるための知識と技能』ぎょうせい.

国立教育政策研究所編 (2004).『PISA2003年調査評価の枠組み』ぎょうせい.

小柳正司（2010）.『リテラシーの地平』大学教育出版.

倉持三郎（1988）.「『作者の意図』の解釈学」岡本康正他編『現代の批評理論』研究社出版, 52-70.

Lestage, A. (1982). *Literacy and illiteracy.* UNESCO.

中村敦雄（2008）.「読解リテラシーの現代的位相」『国語科教育』第64集, 27-34.

日本社会教育学会編（1991）.『国際識字10年と日本の識字問題』東洋館出版社.

OECD (1999). *Measuring student knowledge and skills.* OECD.

OECD (2000). *Measuring student knowledge and skills: The PISA 2000 assessment of reading, mathematical and scientific literacy.* OECD.

OECD (2002). *Reading for change.* OECD.

ライチェン, D. S.・サルガニク, L. H.（2006）.『キー・コンピテンシー』（立田慶裕監訳）明石書店.

佐藤学（2003）.「リテラシーの概念とその再定義」『教育学研究』第70巻第3号, 2-11.

里見実（1982）.「意識化と対話の統一をめざして」フレイレ, P.『伝達か対話か』（里見実他訳）亜紀書房, 3-12.

セン, A.（1989）.『合理的な愚か者』（大庭健・川本隆史訳）勁草書房.

セン, A.（1999）.『不平等の再検討』（池本幸生・野上裕生・佐藤仁訳）岩波書店.

スピヴァク, G. C.（1998）.『サバルタンは語ることができるか』（上村忠男訳）みすず書房.

Stedman, L. C. & Kaestle, C. F. (1991). Literacy and reading performance in the United States from 1880 to the present. In C. F. Kaestle et al. *Literacy in the United States.* Yale University Press, 75-128.

田中昌弥（2009）.「学力とは何か」『季論21』第3号, 133-143.

Tanguiance, S. (1990). *Literacy and illiteracy in the world: Situations, trends and prospects (International Yearbook of Education).* UNESCO.

谷川とみ子（2002）.「E. D. ハーシュの『文化的リテラシー』論に関する一考察」『教育方法学研究』第27巻, 11-20.

谷川とみ子（2005）.「H. A. ジルーの批判的教育学におけるカルチュラル・スタディーズの位置」『関西教育学会研究紀要』第4巻, 15-30.

上地完治 (2003).「批判的教育学におけるリテラシー」『教育学研究』第70巻第3号, 35-45.

UNESCO (1970). *Functional literacy: Why and how*. UNESCO.

UNESCO (1973). *Practical guide to functional literacy: A method of training for development*. UNESCO.

UNESCO (1976). *The experimental world literacy programme: A critical assessment*. UNESCO.

ユニセフ (2003).『2003年世界子供白書―子ども参加―』日本ユニセフ協会.

潮木守一 (1992).「国際機構と識字政策の展開」江藤恭二監修『教育近代化の諸相』名古屋大学出版会, 347-360.

Verhoeven, L. (1994). Modeling and promoting functional literacy. In L. Verhoeven (Ed.). *Functional literacy: Theoretical issues and educational implications*. John Benjamin Publishing, 3-34.

Willinsky, J. (1990). *The new literacy: Redefining reading and writing in the schools*. Routledge.

ブックガイド

―リテラシー概念に興味をもった読者へ―

リテラシーという言葉のもともとの意味,すなわち文字の読み書き能力について,その歴史を思想史の側面からふりかえった著作に,**I. イリイチ(岡部佳世訳)『テクストのブドウ畑で』(法政大学出版局,1995年)**がある。ここでは,西洋社会の信仰してきた「読書主義」がどのように始まったのかが検討されている。イリイチによれば,その幕開けは12世紀前半であり,サン＝ヴィクトル修道院のユーグの著書『学習論』が検討の素材となる。当時は,書かれたテクストの「一行一行から果物をもぐ」ようにして読み,「魂」を「平安」に導いた。そしてそれは,読書する人が書物に向かう中で「おのれの自我を見いだす」という意味をもっていた。このように当時をとらえるイリイチは,その後,読書の意味合いがどう変遷していくかについても鋭く指摘している。とりわけ,15世紀における印刷技術の登場は,人間にとって読み書きの意味を変えていくものともなった。文字文化と印刷文化の誕生による負の側面を,視覚以外の感覚の抑圧,思考と行動の分裂,さらには人間疎外の問題として照らしだした**M. マクルーハン(森常治**

訳)『グーテンベルクの銀河系』(みすず書房，1986年)も興味深い。

　一方，リテラシーの意義を，機能的な側面からとらえなおそうとした著作に，本章でも取り上げた E. D. ハーシュ Jr (中村保男訳)『教養が，国をつくる。』(TBS ブリタニカ，1989年)がある。解釈学者であったハーシュが，日常生活の中で生きてはたらく読み書き能力を身につけるには何が必要なのかを検討した著作である。国民的な共通知識の習得を重視する本書は，国民国家という枠組みにとらわれているなどの弊害を数多く指摘され，後の論争の中でリテラシー概念をめぐって考えるべき論点を浮き彫りにした。

　本章で検討したリテラシーの批判的側面の考察を深めるための文献としては，P. フレイレ(里見実訳)『希望の教育学』(太郎次郎社，2001年)が重要である。ここでは，晩年のフレイレが自身の実践をふりかえりながら，批判的に読み書きをするとはどういうことか，そしてその育成に教育者はどうかかわることができるのかを再考している。また，G. C. スピヴァク(上村忠男訳)『**サバルタンは語ることができるか**』(みすず書房，1998年)も興味深い。既存社会において周縁的な位置に貶められている人(サバルタン)は，はたして語ることができるか。逆にいえば，既存社会の中でサバルタンの声が聞かれることはあるのか。こうした問いに対して，ポストコロニアル思想をもとに応えようとした著作である。難解ではあるが，被抑圧者による社会変革をめざすフレイレの主張との違いに留意して，彼女のつむぎだす言葉に耳を傾けたい。

　リテラシーは，先進資本主義諸国のみならず，識字率の低い傾向にある発展途上国においても重要なキーワードとなっている。途上国が抱えるリテラシー問題に焦点をあてた著作として，**中村雄祐『生きるための読み書き』**(みすず書房，2009年)がある。ここでは，リテラシーの機能的側面と批判的側面という分析の仕方では「限界」があるとして，実際の読み書きにかかわる「文書管理」という視点から問題が検討されている。すなわち，読み手を想定した文書のレイアウトや，文書使用時の「記録，保管，参照，廃棄等のプロセス」に注目する必要があるというわけである。単に個人に読み書き能力をつけるという発想ではなく，実際の文書管理をとりまく社会環境との関連を視野に入れる必要性を示唆している。リテラシーの意味を問いなおす視座を提供してくれる好著である。

(樋口とみ子)

第3章 〈新しい能力〉と教養
――高等教育の質保証の中で

杉原　真晃

はじめに

　2000年に入り，「高等教育の質保証」という言葉が，我が国の書籍やシンポジウム等においてよく見られるようになるとともに，高等教育の開発・改善に何らかの形でかかわる者にとって，日常的に交わされる言葉となった（例えば，OECD教育研究革新センター・世界銀行，2008）。高等教育の質保証に対する関心が急激に高まっている背景には，経済や教育の国際化，高等教育の大衆化，不況による産業社会からの高等教育機関への教育成果の要求等があげられる。そして，欧州における高等教育の質保証と大教育圏の構想を明確にした1999年のボローニャ宣言と，その実現に向けたボローニャ・プロセスに代表される世界的な高等教育の質保証の波は，我が国の高等教育が世界標準の教育の質保証システムを目指すことを加速させた。高等教育機関が文字通り「教育機関」として，学び手である学生の育成，学習の質を保証しようとする動向を見せていることは喜ばしいことである。

　しかし，高等教育の質保証という要請に応えるために，質保証の取組が先行している欧米をはじめとした外部のシステムを導入すればよいと考えることは早計である。我々は，今起きていることを今いる立ち位置から一旦距離を置くことで相対化し，その方向の先に何が待っているのかについてじっくりと考える責務を負っている。

　本章は，このような問題意識から，教育の質保証を目指して取り組まれてい

第3章 〈新しい能力〉と教養

る大学教育改革を，特に教養教育に焦点を当てて批判的に検討するものである。

　具体的には，本書で扱う〈新しい能力〉が急激に教養教育に浸透しつつある現状を相対化するために，「教養」および「教養教育」に関するこれまでの議論を振り返り，〈新しい能力〉を重視する教養教育の問題点を浮かび上がらせる作業を行う。本田（2005, 2008）は，ポスト近代社会において求められる「生きる力」，「多様性・新奇性」，「意欲・創造性」，「個別性・個性」，「ネットワーク形成力，交渉力」等の特徴をもつ「ポスト近代型能力」が，人間存在のより全体，ないし内部にまで及び，労働力として動員されることを批判し，そのオルタナティブとして「柔軟な専門性」を提唱する。本田は教育と就労の関係，学校と仕事場の関係に着眼するが故に，このような批判および提案を行っているのであるが，これは教養および教養教育に浸透しつつある〈新しい能力〉の持つ問題点を解決しない。なぜなら，教養は労働と直接的に結びつくものではないからであり，そして，全人的調和という，本田の危惧する「人間存在のより全体」に着目するのがまさしく教養教育であるからである。したがって，本田とは異なる視点から，この問題点を検討しなければならない。

　本章では，そのために，第1節において，〈新しい能力〉が現在の大学教育にいかに浸透しつつあるのかについて概観し，第2・3節において，教養教育に〈新しい能力〉が浸透する状況とその要因について考察する。そして，第4・5・6節において，教養教育に〈新しい能力〉が浸透することにより引き起こされる問題点と，これまでの教養論自体に見られるこれら問題点への対応について検証する。そして，最後に，第7節において，〈新しい能力〉の教養教育への浸透がもたらす問題点を克服するために「プロト・ディシプリナリー」という概念の実現可能性について考察を加える。

1　〈新しい能力〉の大学教育への浸透

（1）ジェネリック・スキル

　質保証を目指す大学教育改革において，大学教育を受ける学生に学問領域の

区別なく身に付けさせるべき汎用的な能力の育成が叫ばれるようになった。そのような汎用的な能力は「ジェネリック・スキル（generic skills）」と呼ばれ、高等教育における学習成果として経済産業省が提唱する「社会人基礎力」や、文部科学省が提唱する「学士力」等にも多く含まれる概念となっている。

ジェネリック・スキルは，イギリスやオーストラリアにおいて、高等教育と雇用の関連において議論された概念であり、それが雇用に関連する領域に限らない高等教育における学習成果として重要視されるようになったものである。例えば、イギリス教育技能省（2000年当時）は雇用者が求める汎用的スキルとして，「『聞く・話す』を含んだコミュニケーション」、「数量的概念の活用」、「情報通信技術」、「チームワーク」、「自身の学習と能力の向上」、「問題解決」をあげている（Department for Education and Skills, 2000）。また、オーストラリア国立職業教育研究センターは世界各国のジェネリック・スキルを示す概念を、「基礎的／基本的スキル」、「人間関係スキル」、「概念／思考スキル」、「個人のスキル・特性」、「ビジネス社会に関連するスキル」、「コミュニティに関連するスキル」に整理した（National Centre for Vocational Education Research, 2003）。基礎的／基本的スキルには、「読み書き」、「数量的処理」、「テクノロジー」、人間関係スキルには，「コミュニケーション・スキル」、「対人関係スキル」、「チームワーク・スキル」、「顧客サービス・スキル」、概念／思考スキルには、「情報の収集と組織化スキル」、「問題解決スキル」、「計画と組織化スキル」、「学習のための学習スキル」、「革新的・創造的スキル」、「システムズ・シンキング」、個人のスキル・特性には、「責任を持てること」、「臨機応変であること」、「柔軟である、時間管理ができること」、「自尊心を持つこと」、ビジネス社会に関連するスキルには、「革新スキル」、「起業スキル」、コミュニティに関連するスキルには、「市民・公民に必要な知識とスキル」等が挙げられている。

（2）社会人基礎力

社会人基礎力は，「職場や地域社会で多様な人々と仕事をしていくために必要な基礎的な力」であり、「人間性，基礎的な生活習慣」の土台と、そのうえ

にある「基礎学力」や「専門知識」を，多くの人とのかかわりの中で活用し，成果を生み出すために必要と考えられる力のことを指す（経済産業省，2007）。社会人基礎力には，「前に踏み出す力（アクション）」，「考え抜く力（シンキング）」，「チームで働く力（チームワーク）」という3つの能力が含まれている。前に踏み出す力（アクション）は「主体性」，「働きかけ力」，「実行力」，考え抜く力（シンキング）は「課題発見力」，「計画力」，「創造力」，チームで働く力（チームワーク）は「発信力」，「傾聴力」，「柔軟性」，「状況把握力」，「規律性」，「ストレスコントロール力」という能力要素から構成される。

　このように，特に仕事をする場面で多様な状況に対処できる柔軟で汎用的な諸能力を指す社会人基礎力では，知識・技能だけでなく，その運用能力や，主体性，柔軟性といった態度・志向性等の〈新しい能力〉が重視される。科学技術の進展，情報化，グローバル化にともない知識基盤社会，あるいは流動化・液状化する社会（Bauman, 2000/2001）となった我が国において，変わりゆく社会・経済状況に適応できる人材を育成する志向が働くのは一定の理解ができる。特に不況が重なり，企業としても有用な人材の育成を高等教育に求め，若者としてもより就職に有利な人材となることを欲するため，〈新しい能力〉が求められる傾向が増すのであろう。

（3）学士力

　学士力は，「自立した市民や職業人として必要な能力」（中央教育審議会, 2008, p.4）を学士課程教育において育成するためにまとめられた能力であり，「分野横断的に，我が国の学士課程教育が共通して目指す学習成果に着目したもの」（同, p.11）である。

　学士力の参考指針として挙げられている項目には，「知識・理解」，「汎用的能力」，「態度・志向性」，「総合的な学習経験と創造的思考力」等が含まれる。知識・理解には，「多文化・異文化に関する知識の理解」，「人類の文化，社会と自然に関する知識の理解」，汎用的能力には，「コミュニケーション・スキル」，「数量的スキル」，「情報リテラシー」，「論理的思考力」，「問題解決力」，

態度・志向性には,「自己管理力」,「チームワーク,リーダーシップ」,「倫理観」,「市民としての社会的責任」,「生涯学習力」がそれぞれ例示されている。

雇用と直接結びつくものに限らない広い能力を規定する学士力を見ても,多様な状況に対応できる汎用的能力が重視され,知識・技能だけでなく態度や志向性をも含む概念として想定されていることがわかる。

(4) AHELO

社会人基礎力や学士力の中に見られる汎用的能力の育成を世界標準で評価するべく,我が国の高等教育は,OECDが2009年に実施した,高等教育の国際的な学習成果の評価 "AHELO (Assessment of Higher Education Learning Outcomes)" の試行試験に参加した。このAHELOでは,「一般的技能 (generic skills strand)」,「分野別技能:工学及び経済学 (Discipline-specific Strands in Engineering and Economics)」が学習成果の評価項目として挙げられている。AHELOは,大学教育が,学習者のキャリア形成に役立っているか,学習者が異なる国の高等教育機関に移った際に役立つか,学習者が職業に必要なスキルを持っているかを問い直す契機となることを目指している (OECD Directorate for Education, 2009)。

以上のように,ジェネリック・スキルは,職業生活に必要な雇用可能性 (employability) と,市民生活に必要な市民性 (citizenship) の双方に共有される。この雇用可能性と市民性を学習者の学問領域にかかわらず,広く学生一般に対して実現することを目指す高等教育機関にとって,ジェネリック・スキルズは欠かせない概念となっているのである。

しかし,そこに問題はないのであろうか。ジェネリック・スキルを育成することを目指すことによって発生する問題について,我々は検討すべき段階にきているのではないだろうか。その際,重要になるポイントが「教養」であり「教養教育」であると考える。

以下では,教養教育に焦点をあて,そこに汎用的な能力としての〈新しい能力〉が浸透しつつある現状とその問題点について考察を加える。

2　教養教育における〈新しい能力〉の浸透

（1）普遍的な知識・技能の内容の重視

　我が国の教養教育は，1991年，大きな変革を遂げた。いわゆる大学設置基準の「大綱化」により，「人文・社会・自然」の3領域から一定の単位数を履修させる戦後一般教育の枠組みが消え，教養教育のあり方が各大学等によって自由に編成できるようになった。このような教養教育の自由化・多様化（一方で退廃化を招いたともいえるが）は，そこで育成される教養をも「全人教育」を謳うもの，「学問的基礎」を謳うもの等，実に多様なものとして存在させる結果を生み出した。とはいえ，大綱化以前・以降にかかわらず，教養教育に関しては，主に「教養とは何か」，「何を教えるのか」が議論の対象となってきた。

（2）個別的な知識・技能の運用の重視

　しかし，高等教育の質保証が叫ばれる中，教養教育においても，「どのような能力を身に付けさせるのか」が議論の主なテーマとなった。そして，その能力は，目の前の現実社会に適応する個別的なものとして追求されるようになった。

　文部科学省が進める大学教育支援プログラムに採択された取組においては，汎用的能力がキーワードになった教育プログラムが多く見られる。筆者の属する大学も，学生の社会人基礎力の育成を目的にした学生主体型授業の開発と，それを通したFD（ファカルティ・ディベロップメント）を教養教育において実践するプロジェクトが，平成20年度文部科学省「質の高い大学教育推進プログラム（教育GP）」に採択されている。そして，学習スキルやコミュニケーション・スキルの育成を重視した初年次教育科目が教養教育の中に組み込まれ，これまでの一般教育科目の単位数が軽減され，代わりに汎用的能力，基礎的能力の育成の割合が増加するという教養教育改革も進められている。また，東京大学では，「PISA対応の討議力養成プログラムの開発―日本における国際先端

の教養教育の実現―」というプロジェクトが進められている(平成20年度教育GP採択事業)。

　さらに,経済産業省が推進する,社会人基礎力の育成モデル校を指定する「体系的な社会人基礎力育成・評価システム開発・実証事業」(平成21年度)においても,日本文理大学(「全学の取り組みによる体系的な社会人基礎力育成のための学士課程教育の実践」)や岐阜大学(「全学的な社会人基礎力育成をめざす教育システム開発」)等,教養教育科目を中心に学部専門教育と連携した学士課程教育における社会人基礎力・学士力の育成を掲げる実践が見られる。

(3) コンテンツ型教養教育とコンピテンシー型教養教育

　このように,教養教育において,汎用的能力を身につけさせる取組が増加している。教える内容を重視し,普遍的な人間形成を追求する教養教育を「コンテンツ型教養教育」,それに対して,身につけさせる能力,特に汎用的な能力を重視し,個別的な社会適応を追求する教養教育を「コンピテンシー型教養教育」と呼ぶとするなら,教養教育はコンテンツ型からコンピテンシー型へと舵を切ったと言えるのである。

　大学教育の質保証の波と汎用的能力を求める波が重なった大波は,欧米とは異なる我が国の大学教育システム,つまり,教養教育と専門教育の二重構造を持つ学士課程教育システムにおいて,世界の中で特徴的な様相が立ち現われる契機となった。結論を先に述べれば,それは,教養教育における知の脱文脈化・パッケージ化・シミュレーション化である。これらは,これまで教養教育が持つ問題として潜在してきたものであったかもしれないが,このたびの教育の質保証の流れを受け,洪水のように噴き出したものである。以下では,このような,教養教育における知の脱文脈化・パッケージ化・シミュレーション化が具体的にどのように,そしてなぜ起きているのかについて考察を加えていく。

3 〈新しい能力〉と教養との親和性

(1) 共通する知の基盤としての教養

　学士課程教育において，国際化・流動化する産業社会における雇用可能性を求める専門教育が〈新しい能力〉の育成を目指すことが必然の流れだとしても（これ自体が問題を含まないという意味ではない），一体，なぜ教養教育においても〈新しい能力〉が求められるようになるのであろうか。

　その問いに対する答えの一つに，〈新しい能力〉に想定される汎用的能力が，すべての学問領域に共通する「基礎的な能力」として，位置づけられることが挙げられる。つまり，基礎的な能力である故に，領域固有の熟達化を目指す専門教育よりも各学問領域を横断する教養教育に親和的となるのである。

　中教審答申（2002）には次のような記述がある。

> 新たに構築される教養教育は，学生に，グローバル化や科学技術の進展など社会の激しい変化に対応し得る統合された知の基盤を与えるものでなければならない。各大学は，理系・文系，人文科学，社会科学，自然科学といった従来の縦割りの学問分野による知識伝達型の教育や，専門教育への単なる入門教育ではなく，専門分野の枠を超えて共通に求められる知識や思考法などの知的な技法の獲得や，人間としての在り方や生き方に関する深い洞察，現実を正しく理解する力の涵養など，新しい時代に求められる教養教育の制度設計に全力で取り組む必要がある。

　ここに見られるような「統合された知の基盤」，「専門分野の枠を超えて共通に求められる知識や思考法などの知的な技法」は，領域固有な専門的知識・技能を学ぶ場ではない，領域一般の知識・技能の獲得を目指す教養教育において，ごく当然の帰結であるとも言える。

　このような教養は，図3-1のように，各学問領域（ディシプリン）を学ぶ中で身につけられ，それが相互に関連しながら統合され，他の学問領域に活用さ

第Ⅰ部 〈新しい能力〉——その理論と背景

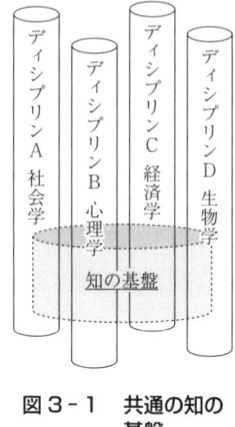

図3-1　共通の知の基盤

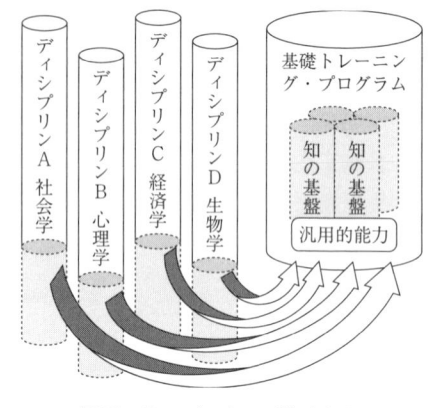

図3-2　パッケージ化された共通の知の基盤

れる，あるいは，各学問領域に閉じることなく，広く世界全体をとらえる知となるととらえるのが我々日本の大学に属する者の感覚であろう。

（2）基礎トレーニング化する教養

しかし，一方で，中教審答申に挙げられる「統合された知の基盤」，「専門分野の枠を超えて共通に求められる」「知的な技法」が，「汎用的な能力」として取り扱われると，そこに教養の「脱文脈化」が発生する。教養の「脱文脈化」とは，多様な学問領域に共通する知の基盤や知的技法を，ある特定の学問領域の知識・技能から切り離し，取り出すことを指す。

脱文脈化された教養としての汎用的能力は，「基礎的な能力」としてとらえられ，基礎的・汎用的な能力を身に付けること自体が目的と化す。そして，その目的を達成するために，例えば，経済学なら経済学の，歴史学なら歴史学の，物理学なら物理学の，それぞれの学問における知的活動に必要な知識・技能という文脈性を取り払い，前学問的活動とも言えるようなパッケージ化された独自の基礎的なトレーニング・プログラムを別途実施するという教育方法が採用される傾向を作り出す。図3-2は，それを図式化したものである。このような基礎的なトレーニング・プログラムは，現在，多くの大学・短大で実践され

つつある初年次教育においてよく見られる。

　では、なぜ、このような方法が採用されるのであろうか。それは、教育内容を重視してきたこれまでの教養教育、そしてその担当教員は、汎用的な能力を重視する教育と学習成果の明示に関する方法論を持ち合わせていない場合があるからである。そして、コンピテンシー型教養教育に対応できるよう、大学教員すべての教育力を改善・向上させるだけの力は、現在のところ、我が国のFDは持ち合わせていない。もっとも、FDがそのような力を持ち合わせることが適切だとも思わないが。したがって、そこで考えられる効率的な方法論は、授業で誰でも活用できるような汎用的なテキストを作成すること、そして、各学問領域の固有性に依拠しない（脱文脈化した）教育内容を採用し、広く誰にでも実践可能な教育方法を浸透させていくことなのである。もちろん、それが質の高い教育として「誰にでも実践可能」であるかどうか、さらには、学生にとって意味のある学習成果を生み出すことが可能かどうかは別の話であるが。

（3）初年次教育における「汎用的能力」の育成

　このように脱文脈化されたコンピテンシー型教養教育の行く末を考えるうえで参考になるのが、先述した「初年次教育」である。教養教育科目の履修単位数が減り、代わりに初年次教育科目の単位数が増加している状況が見られる昨今、初年次教育において起きている脱文脈化の様相は、教養教育とは別の次元での話だと切り捨てるわけにはいかなくなっている。

　初年次教育とは、「高校（と他大学）からの円滑な移行を図り、学習および人格的な成長に向けて大学での学問的・社会的な諸経験を"成功"させるべく、主に大学新入生を対象に総合的につくられた教育プログラム」と定義されている。そして、その目的として、学問的・知的能力の発達、人間関係の確立とその維持、アイデンティティの発達、キャリアと人生設計の決定、肉体的・心理的健康の保持、人生観の確立があげられている（川嶋、2006）。ここで定義されている目的は壮大なものであるが、実際には大学での生活や学業に適応できるよう、文章作法、プレゼンテーション・ディスカッション技法、学問・大学教

第Ⅰ部　〈新しい能力〉――その理論と背景

> 次のテキストを読んで，大切だと思うところにマーキング（アンダーラインを引く）してみましょう。
>
> ▶▶▶ 問題文
>
> 　アメリカ建国以来，さまざまな国から多様な人々が新大陸に移住してきました。敬虔（けい）な宗教心と勤勉な労働意欲のもと，互いのアイデンティティを認め合いながら，豊かで偉大な国を実現すること。その過程の中で，人種や民族，文化が融合される「メルティングポット」（人種のるつぼ）が，一つの理想の形と信じられてきました。しかし一方で，各々が溶け合わないままモザイク状に地域の中で住み分ける「サラダボウル」のほうが，現実をより正確に形容しているという見方もありました。
> 　こうした米国社会に，最近変化が見えはじめています。その一つは人種構成です。白人の占める割合が高く，次がアフリカ系アメリカンであったという構成が，変わりつつあります。たとえば，メキシコ，プエルトリコ，キューバなどスペイン語を主言語とするヒスパニック人口の急激な増加です。1980年に全人口の6.4％だったヒスパニックは，1996年には10.7％に増え，2010年の中ごろには13.8％まで達すると予測されています（米国統計局資料より）。また，高い大学就学率と専門職への進出増を特徴とする中国，インド，ベトナムなどアジア系アメリカンの増加（1986年～96年で年率

図3-3　初年次教育用の学習スキル向上のためのテキスト内容（一部）
（出典）　学習技術研究会，2006，p.29.

育全般への動機づけ，図書館利用・文献検索の方法等を身に付けるプログラムが実施されていることが多い（文部科学省，2009）。

　これらの汎用的能力を育成しようとする際には，教員の専門とする学問領域とは直接関係のない内容・学習課題が採用される傾向が生じる。図3-3は，初年次教育の代表的なテキストの一部である。この図は，リーディングのスキルトレーニングに関する箇所を示しているが，このテキストではこの他，ノートテイキング，情報収集法，ライティングスキル，プレゼンテーションスキル等が，それ自体が学習目的となるようパッケージ化されている。このような方法には，新たな教育プログラムにかかわることのできる教員の数・質，学生数や予算，あるいは高校までに慣れ親しんだ学習方法との類似性等から考えて，一定の意義と必要性があるのは確かである。

　中教審答申（2002）においては，先に紹介した記述に続き，「また，このことは，すべての教員の教養教育に対する意識改革なしには実現できない。教養

教育に携わる教員には，高い力量が求められる。加えて，教員は，教育のプロとしての自覚を持ち，絶えず授業内容や教育方法の改善に努める必要がある」と述べられている。理想的には確かにその通りであり，それに近づくために，FDが推進されていることも事実である。しかし，「すべての教員」に「意識改革」と「高い力量」がなければ実現できない教養教育ならば，それは現実的ではないともいえる。現実的問題としての人的・財政的合理性から見れば，教養教育を担当する教員一人ひとりの意識改革や教育技術の向上を徹底するよりもむしろ，比較的少数の教員・授業科目で効率的に教えることのできる仕組み，あるいはどの教員にでも実践可能となる仕組みが適合的となり，それがまさしくこのパッケージ化された授業を導くのである。

（4）初年次教育の教養教育化

初年次教育における汎用的能力の育成と，それに伴う教育の脱文脈化・パッケージ化は，それ自体が問題なのではないのかもしれない。問題なのは，それが大学教育の全体の中でどのような位置を占めるのか，各学問領域における学習とどのような関連を持つのかを問わずに自己完結してしまうことである。その兆候が，初年次教育の「教養教育化」である。

初年次教育の目的は，「学問的・知的能力の発達，人間関係の確立とその維持，アイデンティティの発達，キャリアと人生設計の決定，肉体的・心理的健康の保持，人生観の確立」であった。これと教養教育の目的を比較すると，初年次教育がそのほとんどを網羅しているかのごとく見えなくもない。「共通に求められる知識や思考法等の知的な技法の獲得」，「現実を正しく理解する力の涵養」が「学問的・知的能力の発達」に，「人間としての在り方や生き方に関する深い洞察」が「人間関係の確立とその維持，アイデンティティの発達，キャリアと人生設計の決定」，「人生観の確立」に，その本質的な相違が議論されることなく同一視されうる構造を持つ（図3-4）。

さらに，初年次教育は，卒業に必要な取得単位数という観点からも教養教育化しやすい。初年次教育は本来，大学入学までに修得しておくべき学習内容が

第Ⅰ部 〈新しい能力〉——その理論と背景

〈教養教育〉
- 共通に求められる知識や思考法等の知的な技法の獲得
- 現実を正しく理解する力の涵養

→

〈初年次教育〉
- 学問的・知的能力の発達

〈教養教育〉
- 人間としての在り方や生き方に関する深い洞察

→

〈初年次教育〉
- 人間関係の確立とその維持，アイデンティティの発達，キャリアと人生設計の決定
- 人生観の確立

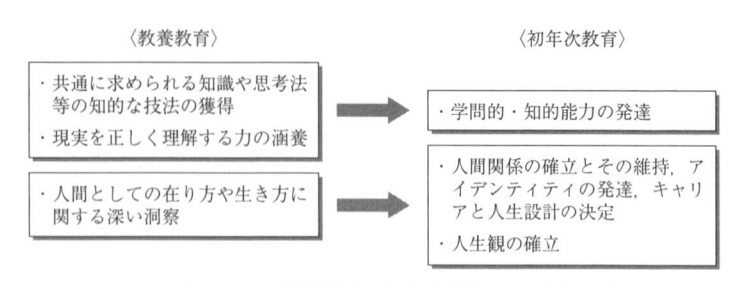

図3-4　教養教育と初年次教育との関係

履修されていない状況を補う「補習教育」とは異なり，大学入学初年次の学生が大学に適応することを目指して包括的に実施されるものである。

一方，教養教育は学士課程教育全体を通じて行われるものではあるが，現実は専門教育の前段階として初年次に履修されることが多い。それは戦後一般教育システムの流れの影響とも言える。このような状況において，初年次教育科目の履修に際しては，教養教育科目の単位数に含まれる場合が少なからずある。初年次教育の目的が学部専門教育には馴染まないため，卒業に必要な全単位数を増やさないかぎり，単位の計算方法としては当然の帰結なのかもしれない。

以上のように，社会の流動化，大学の大衆化，教養教育改革の推進等を背景に，汎用的な能力を育成することを目指すコンピテンシー型教育プログラムが教養教育，そしてその一部をなしつつある初年次教育において実施されるようになった。

しかし，実際に行われている教育内容・方法を見てみると，「教養教育は果たしてこれでよいのであろうか」と疑問を持たざるを得ない。もちろん，「教養教育とは何か」については多くの議論があり，先述した基礎的・汎用的な能力の育成は教養教育の範疇であると考える人も存在するかもしれない。しかし，筆者は，そこに違和感を持つ。では，その違和感とは，一体何なのであろう。以下では，これまで紹介してきたようなコンピテンシー型教養教育が持つ問題点について，これまで行われてきた教養および教養教育に関する議論を概観しながら考察を加えていく。

4 コンピテンシー型教養教育の問題①――教養の脱文脈化と自己目的化

（1）学習の自己目的化

　教養が脱文脈化することにより生じる問題は，「汎用的な能力」の育成を目指す学習活動自体が自己目的化し，それにより，その質を問う回路が遮断されてしまうことである。

　松下（2007）は，欧州の高等教育機関で実施されている"Tuning Project"におけるコンピテンシーの問題点を，「行動主義的／要素還元的／脱文脈的な性格」，「経済的観点の強調と異質性の欠如」，「知識との関連性の捨象」と指摘している。"Tuning Project"とは，ボローニャ・プロセスにおいて，ヨーロッパ高等教育圏構築のために，参加国それぞれ独自の大学システムを，共通のものとして再構築するという，文字通り"Tuning"（調整）していくプロジェクトである。松下の指摘は，我が国におけるコンピテンシー型教養教育においても当てはまるものと言える。脱文脈化された教養は，各種能力へと還元され，「何のために」を問う回路が遮断され，それを学ばせることが自己目的化し，教える教員の学問領域との関連性から切り離された知識軽視の学習へと変化していく。

　汎用的な能力は，本来，異なる学問領域，異なる学習活動を統合し，知の全体性や世界自体について考察するために発揮される「手段」であるはずであった。しかし，これが自己目的化し，それ自体を学ぶためにパッケージ化された教育プログラムを受けるということは，「何のために学ぶのか」という問いから学習活動が切り離され，そこで学ぶ学生は定められた学習目標に適応するだけの存在となる。

（2）自己目的化した教養

　教養に関する議論の長い歴史は，このような教養の脱文脈化と自己目的化について自覚的であった。ただ，これまでの教養論は，教養としての知識内容の

自己目的化に対する批判を行ってきたのであり，一見，「どのような知識内容でも許される」ように見えるコンピテンシー型教養教育においては，その議論は意味をなさないように感じられる。しかし，実際はそうではない。これまでの教養論に見られる，教養が普遍的な知として実体論的に存在するのか，あるいは実践的な知として関係論的に機能するものであるのかという議論は，コンピテンシー型教養教育における教養の脱文脈化と自己目的化に対しても有意義な知見を与えてくれる。

　例えば，アリストテレスは，知を観想（テオーリア）にかかわる学問的認識（エピステーメ）と，実践（プラクシス）にかかわる思慮・実践的識見（フロネーシス）に区別した。プラトンが観想と実践との区別と同時に，それらの相互関連性を考察したのとは異なり，アリストテレスは純粋無垢の観想を追求し，観想と実践の相互関連性を喪失させるきっかけを作った（藤澤，1990）。この相互連関性の喪失は，個々の学問領域が相互に関連を持たずに専門分化していくと同時に，教養としての学問知が実践と関連を持たずに実体として自己目的化する契機となったと考えられる。ヴィコによる実践的識見の再評価（Habermas, 1963/1975），あるいは，ニーチェによる身体化された実践知としての教養の重視（Nietzsche, 1876/1993）等は，実体としての教養が自己目的化することへの批判ととらえることができよう。ニーチェが「俗物」と批判した教養は，教養が実体化し，差異化のツールとして用いられた，我が国の大正・昭和における教養主義にも通ずる。教養それ自体が実体として価値を持ち，それを学ぶことが自己目的化することは，教養論そのものにおいても，その問題を示してきた。

　また，アメリカで議論になっている「グレート・ブックス」に関しても，同様のことが言える。西欧の古典であるグレート・ブックスは，「正典（Canon）」とも呼ばれ，ブルームはこれをアメリカの教養教育を進めていくうえでのテキストとして重要視した（Bloom, 1987）。しかし，グレート・ブックスにおいて挙げられた西洋的古典は，マルチ・カルチュラリズムやフェミニズムの観点からの批判やサブカルチャーの隆盛等を背景に，文化内容としての権威を

失いつつある。グレート・ブックスが，非西欧の古典を加えることでその範囲を広げていると評価する議論も存在するが（安藤，2007），それはポジティブ・リスト的に「正典」を増やし続けることを意味する。「何のための古典か」を問わない自己目的化した正典は，やはり欧米の一部の価値に絡めとられる道を辿るであろう。あるいは，「何のための古典か」自体を問うことを遮断してしまい，価値相対主義に任せ，その結果，ニヒリズムに陥ってしまう道が残されるであろう。

（3）教養論における自己目的化への対応

　教養は，絶対的価値を持ち，それを身に付けること自体が目的となるものでもなければ，差異化のためのツールでもない。したがって，そこには普遍的・汎用的な意義などないといえるのかもしれない。しかし，一方で，教養は，常にそれを自覚しつつも，普遍性の追求を捨てず，普遍性と個別性というせめぎ合いの中に自らを置いてきた。

　例えば，グレート・ブックスが価値を持つのは，欧米の一部の文化における教養としてであり，それ自体がア・プリオリに価値を持つわけではない。しかし，欧米には欧米の思想・文化を支えてきたまぎれもない古典があり，その中で普遍性を追求してきた事実がある。このような関係を単なる欧米の個別性に帰属させないでいるために，内容自体が持つ普遍的な実体としての価値ではなく，実践知としての意義が必要となる。活用・実践されることを通して欧米文化が追求する個別的価値を作り出すとともに，それが欧米の古典という文脈の中に自覚的に置かれることにより，他の文化，他の価値へと開かれ，普遍的価値を追求する回路を作り出すのである。グレート・ブックスで扱われる内容それ自体に，真理探求と他者との繋がりへの欲動の契機としての意義を認める議論（中村，2008）はその例であり，「何のために」を問い，ある特定の「教養」が持つ限定的な価値を認めるという，自己目的的な回路に閉じない教養観を提示している。

　ここであらためて確認しておきたいことは，このような実践知的な教養が，

「脱文脈的」に，つまり，どのような知識内容をもって身に付けさせるのかを問わずに，基礎トレーニングを通して育成されるわけではないということである。グレート・ブックスは，あくまでもグレート・ブックスを通して実践される。それは，リベラル・アーツに関しても同様である。

　欧米の大学が教養の起源をそこに求める「リベラル・アーツ」は，我が国においても教養の要素として語られることが少なくない。中世ヨーロッパにおいて大学が成立した際，そこで学ばれていたリベラル・アーツは，言語系の文法，修辞学，弁証法と数学系の算術，幾何，天文，音楽の7科から構成され，その上に哲学が位置付けられていた。リベラル・アーツの理念は，大学が制度化される以前のギリシア時代の「パイデイア」であり，ローマ時代の「フマニタス」（「パイデイア」のラテン語）であり，人間を真に人間たらしめるものを意味していた（Marrou, 1981/1985）。そこには，「何のために」という問いと，リベラル・アーツという学問内容，そしてそれを通した実践知的意義が含まれる。加藤（1996）は，リベラル・アーツにおける修辞学（レトリック）が，「熟慮し，相手を説得し動かすという動的な知を指す，流動的なもの」であるとして，その実践知的な意義を評価している。

　教養論においては，この他にも，教養と自己形成の関係に関して，対象としての教養を主体としての教養に高め，それを再び自己の内から外化することによって自己形成に働きかけると同時に，自己形成の内に実現されていく運動として，自己形成をとらえる論（増渕, 1996），儒教的古典の智慧を学ぶとともに，儒教的古典を通じて型（モデル）の習熟と，その次の段階としての独創・自由な展開を行うという実践知が同時に議論されている論（加地, 2001）など，知識内容としての実体知とそれを運用する実践知とのせめぎ合い，そのダイナミックな関連性自体に教養の価値を見出す議論が展開されてきた。増渕（1996）はこのような教養教育の議論を，「普遍的教養を確立しようとする努力は，価値相対化との闘いの歴史でもあるし，究極的な教育目的の探求の歩みでもある」（p. 18）と評価している。汎用的能力を重視するコンピテンシー型教養教育は，実体知と実践知のせめぎ合いに真摯に向き合う必要があろう。

5　コンピテンシー型教養教育の問題②——適応主義化

(1) 教育の根幹の喪失

　教養の脱文脈化・自己目的化は，さらに，そこで扱われる文化内容が持つ価値を能力の二の次としてしまい，文化内容の質よりも，社会から求められる能力をいかなる「教育方法」で育成するかに重点を置く傾向を生み出す。教育方法への過度の重点化は，教育という営みを大きく歪めることにつながる。

　田中（2009）は，教育が社会問題の解決策として位置づけられ，そのための方法・内容に大きな関心が集まっているといった1990年代以降の状勢が「教育化（educationalization）」と呼ばれていることに言及したうえで，教育化が留意すべきことについて次のように述べている。「個人問題の解決策であれ，社会問題の解決策であれ，方法中心の教育論は，肝心の教育の根幹を看過しがちである」（p. 22）。ここで言う「教育の根幹」とは，「人がよりよく生きられるように支援する」（p. 22）ことであり，「『生きるとはどういうことか』を問いつづける」（p. 22）ことでもあり，そして，「自己への，他者への，そして世界への真摯な応答」（p. 23）である。

　田中の批判からは，「何のために」という根本を問わないことによる，そして自己・他者・世界への応答を欠くことによる「適応主義化」への警鐘が読み取れる。たしかに，社会のニーズに応えること，変動する社会に適応すること，社会に適応し職を得ることは，我々が生きていくうえで優先されるべきことではある。しかし，それが自己目的化した場合，あるいは唯一の目的と認識された場合，教育という営みは，非常に偏ったものと化す。

(2) 社会に適応する能力としての教養

　コンピテンシー型教養教育も社会への適応主義的な教育の誘い水となる。汎用的能力の育成が重視されるにつれて，「教養」としての文化内容の質が問われないまま，「能力育成」という目的を達成するための教育方法が議論の対象

となるという状況が生まれる。そこには,「何のために」を問うことを忘れた,そして,自己・他者・世界への応答を欠いた教育が浸透してくるのである。

その結果,知の運用のための単なる手段と化した文化内容は,普遍的真理・他者として自己に迫り,自己そして社会自体を相対化する力を失う。それにより,真理の探究による全体的調和という教養の目的はすっかり忘れ去られ,代わって市場経済において勝ち残っていく有用な能力を身に付けるという目的が無批判に肯定されていく。教養教育はこれまで何度も実学とのせめぎ合いを展開してきたが(例えば,Newman, 1976/1983 ; Rothblatt, 1999),コンピテンシー型教養教育は,社会的有用性を相対化し,より良い生(普遍性)を探究するという根幹を見失うことで,そのせめぎ合いに終止符を打ち,社会的有用性を持つ能力(個別性)を持つ自己を育成する機能へと回収される可能性を持つのである。

古代の教養観が今日に直接つながるとは限らないが,ギリシア・ローマ時代のリベラル・アーツが労働から解放された自由人のための素養であったことと比較すれば,コンピテンシー型教養がその正反対に位置し,教養の意味の反転が起きていることがわかる。

(3) 教養論における適応主義化への対応

竹内(2003)は,社会学者の井上俊の論を引用しながら,教養が「適応」,「超越」,「自省」の3つの機能を持つことを確認している。「適応」とは「人間の環境への適合を助け,日常生活の欲求充足をはかること」(p. 240)であり,「実用性」がこれにあたるとしている。一方で,「超越」とは「効率や打算,妥協などの実用性を超える働き」(p. 241)であり,そして「自省」とは「みずからの妥当性や正統性を疑う作用」であり「超越性を相対化する」(p. 241)ものである。教養教育において文化という内容的側面が軽視され,知の運用のための手段として二の次になり,知を運用すること自体が自己目的化することは,教養の機能のうちの「適応」に親和的になることを意味するのである。我々の社会は適応に終始してよいはずもない。専門教育,職業教育が適応主義的傾向

を持つ故,教養教育はなおさら適応主義にとどまらない超越および自省の機能を持つものとして構築されなければならないのである。

また,加地（2001）は,『論語』や『孝経』等の漢文を朗読,訓読することで,儒教的古典の智慧を学ぶとともに,儒教的古典を通じて型（モデル）の習熟と,その次の段階としての独創・自由な展開という学びを行うことを提唱する。さらに,儒教的倫理が日本人にとっての皮膚感覚に合ったものであるとし,漢文的素養を身に付けることを奨励している。

さらに,猪木（2009）は,時間を超え存在している古典教養の意義について,「時間という厳しい審判者の裁定をくぐり抜けてきた古典がわれわれに教えてくれるのは,人間と社会についてのマニュアル化することのできない深い洞察であろう。この洞察がいざというときの非定型の判断能力を高めてくれるとすれば,古典教養を失うことは,そうした判断力をも失うということを意味する」(p. 134) と評している。変動する社会における深く柔軟な判断力を求めるはずのコンピテンシー型教養教育が,文化内容を軽視することで,学習者の深い洞察の欠落,判断力の喪失を招くという状況が発生するのである。

以上のように,教養教育論においては,文化的・時代的相違をふまえた古典的教養の相対化が行われつつも,全人的調和,あるいは普遍的な価値の探究と共通基盤の形成を目的として,「何を教えるのか」が常に問われ続けてきた。

教養が超越および自省の機能を持つためには,教養としての文化内容を重視し,「何を教えるのか」を常に問う回路を遮断しないことが必要となる。そして,それは,先述した,コンピテンシー型教養の自己目的化や,次節で述べる教養のシミュレーション化を防ぐ契機ともなるのである。

もちろん,文化内容が問われないことは問題であるが,文化内容を重視すれば,それで問題が解決するわけではない。大切なのは,「何を学ぶのか」,「なぜ,それを学ぶのか」を教育者も学習者もともに問い続けることである。

6 コンピテンシー型教養教育の問題③
―― 教養の個人化・シミュレーション化

（1）個人化する教養

コンピテンシー型教養教育において能力化した教養は，その汎用性故に「持つ」ものとしてパッケージ化される，あるいは「ある」ものとして個人に属するものとして実体的にとらえられる可能性が高くなる。

「持つ」もの，「ある」ものとして個人に属する教養が強調されることにより，そこにおける知は，個人化（Beck, 1986/1998）という状態を生み出す。個人化とは，「家族と職業労働，職業教育と労働，行政と交通制度，消費，医学，教育学等といった，システム論の観点からすれば分離しているように見えるものが，すべて，個人の人生のなくてはならない構成要素になる」（Beck, 1986/1998, 邦訳 p. 269）状況を指す。この状況下では，システムの矛盾は個々人の人生において解決されていく営みとなり，本来，システムの問題であることが個人の問題へと還元される。システム間・内の矛盾を個々人が引き受けることになれば，個々人の疲弊および能力差による格差拡大が生じる。

さらに，その能力差は単なる個人の能力ではなく，生まれ，環境，制度などによりあらかじめ格差があるものから発生しているにもかかわらず個人へと責任が還元され，「個体能力主義」（石黒，1998）や教育における競争原理が正当化される。それは，親の階層（経済的・文化的）の影響や学習者の置かれた環境や教育者側の責任の隠ぺいの格好の材料となり，新たな格差の再生産，格差拡大の問題を生じさせる。そして，その原因が個人に帰される故，社会全体の改善に向かわないという仕組みが出来上がる。果たして，我々は何のために教養を身に付けようとし，何のために後世にそれを伝えようとするのであろうか。

（2）教養のシミュレーション化

このようにパッケージ化され個人化された教養は，本来，個人に帰属する実

第 3 章 〈新しい能力〉と教養

体とは限らないにもかかわらず、そうあるものとしてとらえられる、あるいは、本来あるべき姿とは異なるはずなのに、そうではない意味のあるものとして評価される「シミュレーション（偽装）」を生み出す。松下（2009）は、初等・中等教育が評価可能な学習成果ばかりに目を向けることにより、「学習成果を学習者が偽装＝構築（シミュレーション）し、それを個性的なパフォーマンスとして提示・アピールすることが学習」(p. 123) となると批判している。大学の教養教育におけるコンピテンシー型教養も同様の問題を抱えると言える。

　知のパッケージ化は、説明責任のもとでのわかりやすい学習成果の明示と学習の効率性を重視することから生まれる。それは教育者側と学習者側の双方の都合に合う。

　例えば、戦後の一般教育において問題となったような「縦割り」カリキュラムによる機能不全を克服するために、現在用いられやすい方途に「コア・カリキュラム」がある。各大学の建学の精神、教育理念、あるいは「環境」、「食糧」、「人口」のように単一の学問領域では解決できないような問題等、ある特定のテーマをもとに集約された複数の科目群がそれである。コア・カリキュラムを明示することで、教育者側も学習者側も、学習成果がわかりやすくなる。

　しかし、ある特定のテーマをもとに複数の科目群を集約しても、それらが単なる寄せ集めであるならば、単なる複数のディシプリンの併存である「マルチ・ディシプリナリー（multi-disciplinary）」な教育であり、それでは戦後の一般教育が辿った道を後追いするだけである。その意味では、舘（2006）が、ディシプリン単独では解決できない特定の課題をテーマに各学問領域が相互関連しながら総合的な知の基盤を作り出す「インター・ディシプリナリー（inter-disciplinary）」な教育を重視することには一定の評価ができる。

　しかし、このインター・ディシプリナリーな教育をいかなる方法で実現するかについては、「ディシプリン単独では解決できない特定の課題」を扱う授業内容やカリキュラムを提供するだけでは、やはり、戦後の一般教育が抱えた課題を克服する十分条件とはならない（杉原，2008）。つまり、教育者側が複数の学問領域を相互関連させながら知を集約させたところで、それが教育者側によ

って脱文脈化・パッケージ化されてしまったならば、それは学習者側にとっては単なる「覚えなければならない知識の塊」となり、学生にとって相互に関連した知の総合性など見えない結果となる。ましてや、各学問分野の何たるかを十分に理解していない学生にとっては、縦割りカリキュラムのうちの一つにしか映らず、学生が学ぶ他の学問分野同士の相互関連は生じないであろう。

ところが、学生はそれなりに授業に出席し、課題をこなし、単位を取得する。そこには、教える側による複数のディシプリン、あるいは、「コア」の提供が、学生の理解、深い思考、多様な学問分野の相互関連、世界の構築、自己形成等の学びにつながるはずだという、シミュレーション（偽装）が生じるのである。

先に紹介した初年次教育のテキストについても、そのような教材を通した学習により身に付いた基礎的な知識・技能が「汎用的な能力」として解釈されるならば、それはシミュレーションと言っても過言ではないであろう。もちろん、このようなテキストは、「導入」としての位置づけを明確にし、その後の学問活動につないでいくという役割自体の意義を持ってはいる。あるいは、その使い方次第では学問世界や学生の生活世界との相互関連を持つこともある。しかし、その関連性を含んだ教育の大きな目標に関心を払わず、型を真似、テキストを使用することにより汎用的知識・技能を身につけさせようとするだけならば、やはりそれはシミュレーションに終始することになるのである。

学習論の昨今の動向においては、例えば、状況的学習論において、知が実践にともなう文脈依存的なものであること、知識・技能の獲得という認知的側面に限定されない全人格的なものであることが指摘されている（Lave & Wenger, 1991）。また、社会文化的アプローチにおいては、文脈依存的な知が異なる文脈へと応用される機能が、従来の「転移」とは異なる「共変移（consequential transition）」、「知識の増殖（knowledge propagation）」としてとらえられている（Beach, 2003）。つまり、「汎用」とは、文脈依存的で全体的である学習により身に付いた知が異なる文脈において洞察や試行錯誤を経て微妙に変化を遂げながら応用されることで文脈を超えるという知の増殖のプロセスなのである。

したがって、教養教育における知の分節化、脱文脈化・パッケージ化は、多

様な学習とそこにおける知の増殖プロセスにより初めて「持ち・活用できる」に至る教養を，汎用的（と勘違いされている）な教養を「持つ」ことで多様な学習に「活用できる」という知の塊へと矮小化するという結果を招くのである。

（3）教養論に見られるシミュレーション化への対応

　教養のシミュレーション化という問題に対し，これまで教養論は，前節（適応主義化への対応）と同じく，文化内容の重視と，妥当な文化内容に関する議論を継続することで対応してきた。

　しかし，それだけでは問題の解決にはならない。文化内容の重視は，タコつぼと揶揄されるような活動，あるいは社会的有用性に邁進するような活動を誘引する。さらに，各学問分野間の関連性の希薄さという，戦後一般教育が直面した課題が今なお，現実的な課題として眼前に現れる。

　このような問題点を克服するために，杉原（2008）は，各学問領域間の関連を作り出すものとして「学生の学習世界」を挙げる。それでは，学生の学習世界に迫ることのできる教育とは何であろうか。筆者は，「プロト・ディシプリナリー（proto-disciplinary）」（藤澤，1990）な教育がその動力になると考える（原文では，「プーロトディシプリナリー」と表現されている）。プロト・ディシプリナリーという概念は，「学問としての原方向性を自覚的に再確保して与える」（p. 8）一般教育のことであり，その原方向性とは，それぞれ個別的な学問分野が「世界がいかにあるかを知ろうとする知の働き」と「その世界の中で自分がいかに生くべきか，いかに行動すべきかを知ろうとする知の働き」（p. 6）が切り離されることなく，相互連関しながら，学問の大本の根として存在するものを指す。プロト・ディシプリナリーという概念には，個々の学問領域・学問内容という基盤があり，そのうえで，個別の学問領域それぞれの中に共通する汎用的な原方向性が見出せるのである。そして，その原方向性は，「何を教えるのか」とともに，「なぜ，それを教えるのか」という教育の根源を問うことにもつながる。このように，プロト・ディシプリナリーな教育は，各々の学問領域に根差しており，かつ，それが教養の育成を目指すものであるため，そ

こには脱文脈化・個人化・シミュレーション化された汎用的能力という幻は発生しない。

しかし，プロト・ディシプリナリーな教育の実現は，容易に達成できるものではない。それが端から可能であれば，戦後一般教育は決して崩壊しなかったであろう。そこには，「誰がどのように教えるのか」という問題が潜んでいる。

筆者は，教養教育論において竹内（2003）が提唱する「文化における自省と超越」を目的とする教養教育とそれを達成するための方法としての「教養の培われる場としての対面的人格関係」に対して，「『文化における自省と超越』をもたらすような授業を行える教員（あるいは授業科目）をどれほど配置できるかという課題が残されている」と述べたことがある（杉原，2008）。同様に，中教審が述べるような「専門分野の枠を超えて共通に求められる知識や思考法等の知的な技法の獲得や，人間としての在り方や生き方に関する深い洞察，現実を正しく理解する力の涵養」（中央教育審議会，2002）が可能な教養教育の授業科目とそれを教える教員をどれほど配置できるであろうか。それは，先述したプロト・ディシプリナリーな教育が教養教育の在り方として理想と映る一方で，やはりそこに迫ることのできる教員がどれだけ存在するのかという問題を抱えることにも通ずる。

現状の人員を考慮に入れずに理想だけを並べて莫大な労力を伴う教育改革，表面的な変更に終わり実質的な改革につながらない授業実践，あるいは一部の教員に極端な負担を強いるカリキュラム等がその先に待っている。教員それぞれが持つ専門性との対話から逃れることから，その問題は発生する。中教審（2002）が述べる「すべての教員の教養教育に対する意識改革なしには実現できない。教養教育に携わる教員には，高い力量が求められる」という理想はなかなか実現が難しいものではあるが，一方で，その苦しさから逃れるために安易に深い専門性の欠落した一般的知識・技能の教育にシフトすることには問題がある。それは，もはや学問的活動とはいえないからである。我々はその苦しさと対峙し，地道な努力を積み重ねていくしかない。

しかし，地道な努力をするにも方法論が必要である。各教員が自らの学問領

域の教育を担い，その責任性において議論を行いながらプロト・ディシプリナリーな教育を自覚するようになるには，どのような方法が考えられるであろうか。

7　プロト・ディシプリナリーな教育の実現可能性

（1）アルバーノ・カレッジの実践

　例えば，アメリカのリベラル・アーツ・カレッジであるアルバーノ・カレッジでは，幾年もの月日を重ねながら，能力をベースにしたカリキュラム（Ability-Based Curriculum）を作り上げてきた（序章参照）。我が国との文化的相違，教員の意識の相違，大学システムの相違等，安易な輸入はもってのほかであるが，コンピテンシー型教養を再検討するうえで参考となる実践を展開している。

　その一つが教育体制の仕組みである。アルバーノ・カレッジでは，教員は各専門領域の学科に所属するだけでなく，自分の専門や関心により8つの能力のいずれかを重点とする組織にも属する（安藤，2006）。8つの能力とは，「コミュニケーション」，「分析」，「問題解決」，「意思決定における価値判断」，「社会的相互作用」，「グローバルな視野の発達」，「効果的なシティズンシップ」，「美的なかかわり」を指す。これにより，各教員は自身の学問領域の文脈において，学生が身につける能力に着目した授業をデザインすることが可能になる。

　アルバーノ・カレッジがこれらの改革を進めていくうえで活用しているものが，学習の評価規準としての「ルーブリック」である。このルーブリックを作成する過程において，教員が各学問領域の文脈において身に付けさせたい知識・技能，能力等を協働的・包括的に検討するのである。

　また，アルバーノ・カレッジの教育改革が長い年月をかけながらも順調に展開してきた背景に，学長の問題提起をもとにした各教員の自律的な改革と，それをサポートする体制整備がある。トップダウン的・官僚的な方法で，解決策の指示により改革を進めるのではなく，問題意識と改革の大枠を示された各教員が，学問領域との関連性を大切にしながら自分たちの現状・文脈において判

断し協働で改革を進めてきたのである。そして，改革に取り組む教員には授業負担を軽減する等のサポートも行っている。

（2）プロト・ディシプリナリーな教育の実現に向けて

学問領域の組織と学習者の学習成果に焦点化した組織の併存，ルーブリックによる協働的教育改革と学習改革，管理運営者と教育者（そして学習者）との対話等，アルバーノ・カレッジにおいて進められているこれらの取組は，コンピテンシー型教養教育をよりよいものへと展開していくうえで大いに参考となる。

例えば，学問領域の組織と学習者の学習成果に焦点化した組織の併存，そしてそのツールとしてのルーブリックの協働的製作は，自ら，そして自分たちの学問領域の文脈性を保持したまま，学習成果としての汎用的能力を検討する場を作り出すであろう。それは，自らの学問領域の授業を通して，どのような教養を身に付けさせるのか，どのような能力が身に付くのかを考える契機となる。それにより，能力を育成することの重視と文化内容の軽視を避け，教養の適応主義化，シミュレーション化を防ぐことができる。

しかし，それだけでは問題は解決しない。そこに，「教養としての学問」という観点が入ってこなければならない。それがあって初めて，プロト・ディシプリナリーな教育は実現される。アルバーノ・カレッジはリベラル・アーツ・カレッジであるため，この観点に関する問題はさほど生じないと考えられる。しかし，我が国の専門教育と教養教育とのせめぎ合いの歴史を考えると，自ら・自分たちの学問領域の授業を，「教養教育」としてどのように位置づけるのか，について，互いに意識しておかなければならないであろう。それは，教養教育の組織が弱体化する機関が多い昨今において，「学問領域の組織と学習者の学習成果に焦点化した組織の併存」に，個々の学問領域が「教養」としてどのように教育可能であるのかについて考える組織が加わった三位一体の教育組織が必要ということを意味しているのかもしれない。そのためにも，アルバーノ・カレッジのように，各領域の自律性と互いの協働性・公共性のうえに

成立する議論と，一定の時間，そしてそのための支援体制の整備が必要であることは言うまでもない。

おわりに

　コンピテンシーが大学教育に与えるインパクトは，看過できないものである。小方（2001）は，「コンピテンシーは大学教育を変えるか——その回答は『Yes』であり『No』でもある。選択するのは，他ならぬわれわれ大学に籍を置く者なのである」と述べる。学生の学習への着目，教育の質保証，グローバル化・流動化社会に対応できる市民の育成等，大学の教養教育改革が早急に進められるべきであることは疑いようもない事実であり，コンピテンシーという概念は，間違いなく大学教育改革に影響を及ぼす。次に議論すべきは，「どのように変えるのか」であり，コンピテンシーという〈新しい能力〉概念を「いかに飼い馴らすか」である。

　コンピテンシー型教養教育が持つ問題点を把握せずに盲目的に追従すれば，〈新しい能力〉としての教養の自己目的化と市場経済論理への回収，適応主義化，個人化，シミュレーション化に手を貸すことになる。文化の創造や社会の批判的検討を行う大学が，このような存在へと邁進していくことがあってよいはずがない。

　本章では，このような問題の解決の糸口を見出すために，文化内容の重視，教養の目的・内容の批判的検討，適応・超越・自省機能やプロト・ディシプリナリーな教育という，これまでの教養および教養教育の議論を検討した。そして，プロト・ディシプリナリーな教育の実現可能性として，学問領域の組織・学習者の学習成果を検討する組織・個々の学問領域の教養としての教育可能性を検討する組織の共存，学習成果の評価方法の協働的開発，管理運営者と教育者（そして学習者）との対話と支援体制の整備等の方法論を検討した。これらは，各領域の教員，そして学生の自律性と互いの協働性・公共性のうえにのみ成立するものといえる。それは，教養論がこれまで行ってきた議論の歴史の繰

り返しであり，一見保守的・非効率的に映るかもしれないが，その繰り返しこそが〈新しい能力〉を飼い馴らすための正当かつ近い道であり，その行為自体が教養であり，教養教育の真髄なのである。

〈文　献〉

Alverno College "Ability-Based Curriculum" (http://www.alverno.edu/about_alverno/ability_curriculum.html)

安藤真聡（2007）．「モーティマー・J・アドラーのリベラル・エデュケイション論」『教育哲学研究』第96号，132-147.

安藤輝次（2006）．「アルバーノ大学の一般教育カリキュラムの改革」『奈良教育大学紀要』第55巻第1号（人文・社会），65-78.

Bauman, Z. (2000). *Liquid modernity*. Polity.　バウマン，Z.（2001）．『リキッド・モダニティ―液状化する社会―』（森田典正訳）大月書店．

Beach, K. (2003). Consequential transitions: A developmental view of knowledge propagation through social organizations. In T. Tuomi-Gröhn & Y. Engeström (Eds.), *Between school and work: New perspectives on transfer and boundary-crossing* (pp. 39-61). Pergamon.

Beck, U. (1986). *Risikogesellschaft: Auf dem Weg in eine andere Moderne*. Suhrkamp Verlag.　ベック，U.（1998）．『危険社会』（東廉・伊藤美登里訳）法政大学出版局．

Bloom, A. (1987). *The closing of the American mind: How higher education has failed democracy and impoverished the souls of today's students*. Simon & Schuster.　ブルーム，A.（1988）．『アメリカン・マインドの終焉―文化と教育の危機―』（菅野盾樹訳）みすず書房．

中央教育審議会 (2002).『新しい時代における教養教育の在り方について（答申）』.

中央教育審議会 (2008).『学士課程教育の構築に向けて（答申）』.

Department for Education and Skills (2000). *National skills task force, final report*.

藤澤令夫（1990）．「〈講演〉学問の原方向性―「一般」と「専門」の区別をめぐって―」『一般教育学会誌』第12巻第2号，2-9.

学習技術研究会編著（2006）．『知へのステップ―大学生からのスタディ・スキル

ズ―』(改訂版) くろしお出版.

Habermas, J. (1963). *Theorie und Praxis: Sozialphilosophische Studien*. Luchterhard. ハーバマス, J. (1975).『理論と実践―社会哲学論集―』(細谷貞雄訳) 未来社.

本田由紀 (2005).『多元化する「能力」と日本社会―ハイパー・メリトクラシー化のなかで―』NTT出版.

本田由紀 (2008).『軋む社会―教育・仕事・若者の現在―』双風舎.

猪木武徳 (2009).『日本の〈現代〉11 大学の反省』NTT出版.

石黒広昭 (1998).「心理学を実践から遠ざけるもの―個体能力主義の興隆と破綻―」佐伯胖・宮崎清孝・佐藤学・石黒広昭『心理学と教育実践の間で』東京大学出版会, 103-156.

加藤守通 (1996).「教養のレトリック・ヒューマニズム的伝統とその今日の課題」沼田裕之・増渕幸男・安西和博・加藤守通『教養の復権』東信堂, 77-112.

加地伸行 (2001).『〈教養〉は死んだか―日本人の古典・道徳・宗教―』PHP新書.

川嶋太津夫 (2006).「初年次教育の意味と意義」濱名篤・川嶋太津夫編著『初年次教育―歴史・理論・実践と世界の動向―』丸善, 1-12.

絹川正吉 (2006).『大学教育の思想―学士課程教育のデザイン―』東信堂.

経済産業省 (2007).『今日から始める社会人基礎力の育成と評価―将来のニッポンを支える若者があふれ出す!―』角川学芸出版.

Lave, J. & Wenger, E. (1991). *Situated learning: Legitimate peripheral participation*. Cambridge University Press. レイヴ, J.・ウェンガー, E. (1993).『状況に埋め込まれた学習―正統的周辺参加―』(佐伯胖訳) 産業図書.

Marrou, H. I. (1981). *Histoire de l'éducation dans l'antiquité*. Seuil. マルー, H. I. (1985).『古代教育文化史』(横尾壮英・飯尾都人・深谷清太訳) 岩波書店.

増渕幸男 (1996).「教養の形而上学」沼田裕之・増渕幸男・安西和博・加藤守通『教養の復権』東信堂, 13-75.

松下佳代 (2007).「コンピテンス概念の大学カリキュラムへのインパクトとその問題点― Tuning Project の批判的検討―」『京都大学高等教育研究』第13号, 101-120.

松下良平 (2009).「リキッド・モダンな消費社会における教育の迷走」『現代思想』第37巻第4号, 114-142.

文部科学省 (2009).「大学における教育内容等の改革状況について」(http://www.mext.go.jp/b_menu/houdou/21/03/_icsFiles/afieldfile/2009/05/08/1259150_1_1.pdf)

中村夕衣 (2008).「近代性の危機とグレート・ブックス論―レオ・シュトラウスからアラン・ブルームへ―」『教育哲学研究』第98号, 1-19.

National Centre for Vocational Education Research (NCVER) (2003). *Defining generic skills: At a grance.* NCVER.

Newman, J. H. (1976). *The idea of a university.* Oxford University Press. ニューマン, J. H. 著・ミルワード, P. 編 (1983).『大学で何を学ぶか』(田中秀人訳) 大修館書店.

Nietzsche, F. (1876). *Unzeitgemasse Betrachtungen.* Walter de Gruyter. ニーチェ, F. (1993).『反時代的考察　ニーチェ全集4』(小倉志祥訳) 筑摩書房.

OECD Directorate for Education (2009). *Assessment of higher education learning outcomes.*

OECD 教育研究革新センター・世界銀行編著 (2008).『国境を越える高等教育―高等教育の国際化と質保証ガイドライン―』(斎藤里美監訳, 徳永優子・矢倉美登里訳) 明石書店.

小方直幸 (2001).「コンピテンシーは大学教育を変えるか」日本高等教育学会編『高等教育研究　第4集：大学・知識・市場』玉川大学出版部, 71-91.

Rothblatt, S. (1999). *The battles for liberal education in the United States history.* ロスブラット, S. (1999).『教養教育の系譜―アメリカ高等教育にみる専門主義との葛藤―』(吉田文・杉谷祐美子訳) 玉川大学出版部.

杉原真晃 (2008).「大学生によるカリキュラムデザイン―教養教育科目の選択と有機的関連づけの支援―」『京都大学高等教育研究』第14号, 59-69.

竹内洋 (2003).『教養主義の没落』中公新書.

舘昭 (2006).『原点に立ち返っての大学改革』東信堂.

田中智志 (2009).『教育思想のフーコー―教育を支える関係性―』勁草書房.

第3章 〈新しい能力〉と教養

ブックガイド

―大学教育・教養教育に興味をもった読者へ―

　我が国の大学教育の改革が，「質保証」というキーワードとともに進められるようになった背景を知るために便利な著書に，**OECD教育研究革新センター・世界銀行編著（斎藤里美監訳，徳永優子・矢倉美登里訳）『国境を越える高等教育―高等教育の国際化と質保証ガイドライン―』（明石書店，2008年）**がある。これまでの高等教育は，各国独自のシステムにおいて展開されてきた。しかし，経済や教育のグローバリゼーションが進む中，高等教育の質，および国際的競争力を向上させるため，高等教育の国際化と一種の標準化が，「質保証」というキーワードをもとにして進められている。本著はOECDによる著書ということもあり，高等教育が労働という観点からの「人材育成」，「能力開発」の機能をもつものとして焦点化されている傾向があるが，そのような前提を念頭に置きながら本著を読んでいけば，高等教育の世界的動向を理解するに役立つものと考える。

　一方で，我が国の大学教育は，世界的な質保証の影響を受けつつ，独自の問題を抱える。**金子元久『大学の教育力』（ちくま新書，2007年）**は，高等教育に関する調査をもとに，大衆化を迎えた我が国の大学が抱える問題を，大学の成立過程，カリキュラム，学生，財政基盤等，複数の観点から分析している。本著では，教養教育を包括的なものととらえつつも職業教育・専門教育的観点を含むものとして再検討を行っている。

　そして，大学教育全体を見据えながら，特に教養教育に重点を置いて，その問題と現代における可能性について考察した著書に，**猪木武徳『日本の〈現代〉11 大学の反省』（NTT出版，2009年）**や，**絹川正吉『大学教育の思想―学士課程教育のデザイン―』（東信堂，2006年）**がある。前者は，我が国の大学の抱える問題を哲学的観点から考察している。大学教育に関するニューマン（Newman, J.H.）の有名な考察をもとに，我が国のみならず，世界的な教養教育の衰退の歴史・背景とともに，教養としての古典の意義と現代における可能性について考えるうえで有用な知見を提供してくれる。後者は，一般教育と専門教育を「学士課程教育」として総合的に検討すること，一つのディシプリンに焦点を置きながらトランス・ディシプリンの性格を持つ学習を「専門教養科目」と名付け，それを教養教育として位置づけるという提案を行っていること等，教養教育の在り方を検討するうえで有用な知見を提供してくれる。

第Ⅰ部 〈新しい能力〉——その理論と背景

　また，人文的教養，あるいは教養教育の起源や歴史について知るには，**沼田裕之・増渕幸男・安西和博・加藤守通『教養の復権』（東信堂，1996年）**が有用であろう。主に教育哲学者によって書かれた本著では，我が国のみならず，欧米諸国が依拠する教養，教養教育を辿ることができる。そして，現代において教養が求められる背景，現代における教養の可能性等，教養に関する過去と現在をつなぐ挑戦が行われている。本書で扱っている〈新しい能力〉をはじめとするコンピテンシー型教養教育を相対化するうえでも，重要な知見を提供してくれるであろう。

（杉原真晃）

第4章　学力論議の現在
——ポスト近代社会における学力の論じ方

石井　英真

はじめに

　1999年に始まる学力低下論争，PISA2003の結果が引き起こした「PISAショック」などを受けて，「ゆとり教育」から「学力向上」への方針転換は決定的なものとなった。そして，文部科学省は，「確かな学力」観という学力モデルにより，「習得」（基礎・基本的な知識・技能の確実な定着）と「探究」（自ら学び考える力の育成）を，「活用」（知識・技能を生活場面で活用する力の育成）によって結びつけるという学力形成の方法論を提示した。

　学力低下論争以降，教育現場では，百マス計算などのドリル学習や習熟度別指導が広まりを見せていた。こうした動きは，「ゆとり教育」「学び」論を全面的に否定し，教師による「教え」を一面的に強調する傾向にある。他方，基礎・基本の習得・定着をめざしドリル学習を重視する動きを残存させつつ，「確かな学力」観を受けて，「PISA型読解力」や「活用する力」の育成をめざして，プロジェクト学習やグループ学習を導入したり，教科横断的な思考力やコミュニケーション能力をカリキュラム上に位置づけたりするなど，考える力を育成する動きも活発化している。こうした動きは，PISAの学力観や，欧米の新しい学習論，授業論，評価論に学び，一斉授業からの脱却を図ることを強調する。

　以上のように，PISAショック以降の「確かな学力」観の下での取り組みの特徴は，「知識・技能」でも「関心・意欲・態度」でもなく，「思考力・判断

力・表現力」に,しかもその目標化や,意識的・系統的な指導に光が当てられている点にある。そうした方向性は,ポスト近代社会の到来と,それに伴う社会から子どもや学校への要求の変化（〈新しい能力〉の要請）と関連している。そして,ポスト近代社会における学力論議は,後述する「新しい能力主義」の磁場によって,議論の仕方がある方向へと枠づけられている。

　現在の学力研究は,「ポスト近代社会をよりよく生きていく力のうち,公教育を通じて身につけさせたいものをどう構想するか」という問いを,新しい能力主義の磁場の中でいかに問うていけばよいのか。また,そこで何が課題となるのか。本章では,PISA に触発された現代日本の学力論議の理論的構図を整理するとともに,現在の学力研究が解くべき理論的課題を提起することを目的とする。その際,戦後の学力論争の展開を概観し,現代の学力論議の歴史的位相を明らかにすることで,戦後学力研究の蓄積の上に,学力研究の現代的課題を展望したい。

1　戦後教育学における学力論の展開

(1)「学力」という問いの成立

①戦後新教育批判と広岡亮蔵の学力モデル

　戦後,時代の転換点において学力論争は繰り返し起こってきた（表4-1）。もともと第二次世界大戦以前の教育学においては,「学力論」という理論的分野が明確に存在していたわけではなかった。学術研究としての学力論は,学校の教育内容や教育課程に関する議論が可能になった戦後の時代状況を背景に,戦後

表4-1　学力論争史と主な論者たち

〈第一期〉「基礎学力論争」
　　1950年前後　　青木誠四郎,国分一太郎,広岡亮蔵
〈第二期〉「計測可能学力」「態度主義」に関する論争
　　1960年前半　　勝田守一,大槻健,上田薫,中内敏夫
〈第三期〉「学力と人格」をめぐる論争
　　1970年中頃　　藤岡信勝,坂元忠芳
〈第四期〉「新学力」観をめぐる論争
　　1990年前半　　小林洋文,竹内常一
〈第五期〉「学力低下論争」
　　2000年前半　　西村和雄,苅谷剛彦,市川伸一

（出典）田中,2008, p. 96.

第 4 章　学力論議の現在

新教育批判への反論の中から生まれてきた。生活単元学習が学力低下を招いているとの父母やマスコミの批判に対し、新教育を擁護する教育学者から、それは過去の学力観に基づく批判であって、新教育が目指すのは、「生活の理解力」と「生活態度」といった新しい学力であるとの反論がなされた（青木, 1950）。そこから、「読み・書き・算」、あるいは、国民的共通教養（ミニマム・エッセンシャルズ）としての「基礎学力」と、新教育が目指す「問題解決学力」との関係認識へと議論は展開していった（第一期学力論争）。

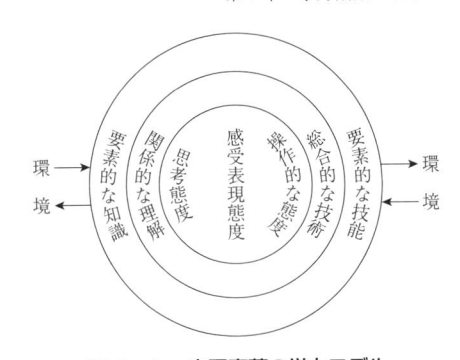

図 4 - 1　広岡亮蔵の学力モデル
（出典）広岡, 1964, p. 24.

第二期の学力論争は、1960年代初頭、教師の勤務評定や文部省による全国学力テストの実施、および、教育内容への国家統制の強化などを背景に、学力の概念規定やモデル化のあり方をめぐる議論として展開した。その論争の一つの焦点となったのは、広岡亮蔵の学力モデルへの評価であった。

広岡は、第一期の学力論争を総括しつつ、戦後はじめて学力のモデルを明示した。広岡は、望ましい学力の姿を、「高い科学的な学力を、しかも生きた発展的な学力を」という形でまとめるとともに、「知識層」（外層と中層に分化）と「態度層」の二層で学力構造を捉え、知識層を支えるものとして態度層を位置づけるモデルを提起した（図 4 - 1）。

広岡モデルは、多くの教師が持っている問題意識（物知り（「博学」）と生活力（「実力」）とをつなぐ「生きて働く学力」の形成）に応え、望ましい学力像をうまくモデル化している。だが、広岡モデルにおいて、態度層は、学力の中心に据えられるとともに、知識層を支え、その転移や発展を促す主体の傾向性として捉えられている。その結果、子どもの学習上のつまずきが生じた時、教科内容や教材の問い直しではなく、学習者の心構えへの直接的な介入を呼び込むこ

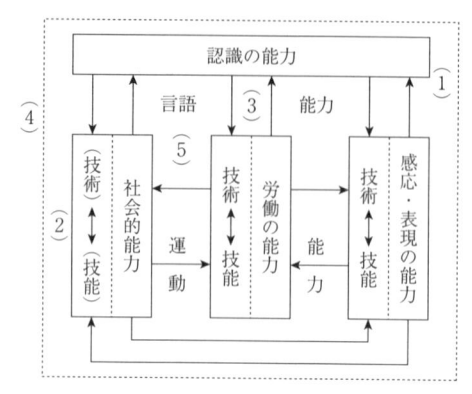

第Ⅰ部 〈新しい能力〉——その理論と背景

図4-2　勝田守一の能力(学力)モデル
(1)認識の能力は他の3つに対して、特殊な位置に立つことを示したつもりである。
(2)社会的能力を技術・技能とするのは、多分に比喩的である。それでカッコにいれた。
(3)矢印は相互に影響しあい浸透しあっていることを示す。
(4)点線の囲みは、全体が体制化していることを示す。
(5)言語能力・運動能力は全体制を支える。
(出典)　勝田, 1990 (初版1964年), p. 54.

とになると批判されたのである（「態度主義」批判）。また、広岡モデルは、学習指導要領の目標論と親和的であり、結局は、学習指導要領の反科学的な教育内容を、発見的方法などを通じて教え込むことになるというのである。

②勝田守一の学力規定

　こうした広岡の学力モデルの提案と時を同じくして、勝田守一は、「成果が計測可能なように組織された教育内容を学習して到達した能力」という限定的な学力規定を提起した（勝田, 1962, p. 13）。また勝田は、図4-2のような、生み出す社会的な価値の違いによる能力の分類とその全体構造を示すモデルを提起し、「私は『学力』というものを、だからやはり学校で育てられる認識の能力を主軸としてとらえる」と主張した（勝田, 1990, p. 79）。認識能力は、「能力の知性化」の進む現代社会において社会的必要性が高く、その発達においては、言語によって表現され、伝達可能なように組織された知識を順次学習していくことが必要であり、学校でこそ育てるべき能力とされている。

　勝田の学力規定は、「学力とはテストで計測可能なもの」という心理学の操作的定義と混同されがちであるが、「計測可能」であるための条件として、教育内容の組織化・系統化が必須である点を提起している点に特徴がある。1961年に始まった文部省による全国学力テストの実施に対し、勝田の学力規定は、学力を測ろうとする社会的要求に応えつつ、上記のような計測可能である条件

を示すことで,学習指導要領のあり方を問い直す論理を構築するものであった。そこからは,教育目標論と教育評価論とを不離一体のものととらえ,学力の評価を,学習者の選抜や等級づけの手段ではなく,教育方法や教育条件の適否を検証する手段として機能させていく視点を看取できる。またそれは,当時,民間教育研究団体(以下,民間研)において進展していた教育内容の科学的,系統的構成の運動(教育内容の現代化)のさらなる前進の必要性を示唆するものとなった。

新教育を支持する論者は,学校で形成すべき能力に関して,能力一般を論じがちであった。これに対し,「認識能力」を中心に置く勝田においては,学校でこそ形成しうる,形成すべき特殊な能力という観点から,文化遺産の伝達・獲得の過程を不可欠の契機として「学力」概念が議論されている。しかし,勝田の学力論においては,広岡が提起した「知識層」と「態度層」との関係,学力と人格との関係については,直接的に論究されていない。もちろん,勝田がこの課題を看過していたわけではなく,それは学力と「教養」(「文化の基本的な構造を自己に同化することを通じて,それを支配する能力」(勝田,1990,p. 198))の問題として対象化されていた。だが,1960年代初頭という時代状況を強く意識して展開された勝田の学力論において,学力と教養,もしくは学力と人格の関係を問うことは,今後の課題として残されていた。

③戦後学力論争の基本的性格

父母の声やジャーナリズムにおいて,「学力」という場合,一般にはテストの結果や学業成績といった,測定という操作を経て得られた能力値としての学力(「測定学力」)が問題にされる[1]。戦後の学力論争のきっかけとなってきた学力低下や低学力の問題は,この「測定学力」をめぐるものであったが,学力論争自体は,学力に関する主張や価値観を表明した望ましい学力像(「理念学力」),特に学力の概念規定やモデル化をめぐる論争として展開していった。すなわち,社会から学校への成果要求に対する応答を,学校教育の責務や教育実践の改善方針に関する教育学的議論(学力論)に接続させていくというのが,戦後の(教育学者主導の)学力論争の基本的な展開形式であった。また,学校教育が,

教育課程という客観的対応物を持ち，実生活のシミュレーションとしての性格を持つことから，教育内容の伝達・獲得（客体的側面）と能力形成（主体的側面）との関係認識が，学力論争の主たる論点となった。そして学力論は，本質的には，教育目標論と教育評価論において具体化されるべきものであった[(2)]。

（2）ポスト近代社会前夜の学力論の動向
①「学力と人格」をめぐる論争

　1970年代になり，高度経済成長の過程で進行した地域生活の荒廃，1960年代の教科内容の高度さや過密さなどを背景に，「落ちこぼし」，「病める学力」，身心の発達のゆがみといった問題が顕在化し，第三期の学力論争が起こった。そこでは，勝田の学力規定をふまえながら，学力と人格の関係が争点となった。

　民間教育研究運動を推進する立場から，1970年代の学力問題に対し，精力的に発言を行っていたのが，教育科学研究会（以下，教科研）の坂元忠芳である。坂元は，教育内容の科学的研究や「わかる授業」の追求を強調する一方で，「わかる力」としての学力の構造，「わかる力」とそれを支える感情や意欲の発達との関連を明らかにすることを主張した（坂元，1976，1979）。生活環境と学校教育の荒廃によって，生き方がわからなくさせられている，という子どもたちの状況に対して，内面的な人格構造の発達の中に学力を位置づける，つまり，「生きる」ことと「わかる」ことを結びつけることを学力研究の課題としたのである。

　こうした坂元の学力論に対し，藤岡信勝は，「かくされた態度主義」だと論難する（鈴木・藤岡，1975；藤岡，1975）。子どもの生活経験や意欲に支えられた「わかる力」を導入することで，坂元の学力論は，学力形成の問題を，地域の荒廃や子どもの生き生きとした生活の回復の問題として読み替えるものであり，学力形成に固有の授業を通した問題解決への取り組みを遅らせるものであるというのである。そして，勝田や後述する中内の学力規定に学びながら，学力を「成果が計測可能で，だれにでもわかち伝えることができるよう組織された教育内容を，学習して到達した能力」（鈴木・藤岡，1975，pp. 670-671）と狭

く規定することで，自らの学力研究，授業研究の方法論的立場を明確化した。

生活綴方の研究者である坂元は，教育内容の科学的研究がある程度進展したとの認識の下で，勝田の学力論から，学力と人格の関係を問う課題を導出したが，結果として学力論を発達論・能力論（学力の主体的側面）に解消する傾向を持っていた。他方，教科内容研究に根差して授業研究を進める藤岡は，教育内容の科学的研究はまだ途上であるとの認識の下で，勝田の学力論の「計測可能」概念に着目したが，結局，学力論を教育内容論（学力の客体的側面）に解消するものであった。なお，この論争は，同じく戦後新教育批判から出発しつつも，「生活（実生活）と教育の結合」原則をもって教育実践の生活規定性に着目した立場と，「科学と教育の結合」原則をもって教科内容研究を推進した立場との間の，民間教育研究運動の方針をめぐる論争という側面を持っていた。2000年前後の学力低下論争を除けば，基本的に戦後の学力論争は，経験主義と系統主義，「生活と教育の結合」論と「科学と教育の結合」論との対立といった教育学上の立場の対立と，冷戦構造や55年体制を背景とした官民の政治的対立とが重なりあう形で，現象としては，文部省と民間研との間の，あるいは，民間研の内部における，主に学習指導のあり方を対象とした，教育研究・実践・運動の方針をめぐる論争として展開していったのである。

②佐伯胖の学力論

ここまでで述べてきたような，狭義の教育学や教育方法学の研究者による学力論に対して，1970年代末から1980年代になると，その外側にいた教育学研究者から問題提起がなされるようになる。例えば，教育心理学者の佐伯胖は，「『学力』というものの実在性をはっきり否定してみてはどうか」と述べ，「さまざまな知識や技能について，『知っている』『わかっている』『できる』というような知的性向（intellectual disposition）」という意味で「学力」という言葉を用いることを主張する（佐伯，1982，pp. 12-13）。先述の坂元と藤岡の論争に対する佐伯のコメントは，彼の主張の独自性を明らかにしている。

坂元に対して，佐伯は，認識能力，人間的な諸能力の基底というようなものが一般的に存在して，それが地域社会の破壊に伴って衰弱したり低下したりす

るということは考えられないと述べる。他方，藤岡に対しては，教育内容の組織化や伝達において，学習者の主体的条件を考慮することは重要だと思われるが，従来の教科内容研究は，科学として確立した知識の組織化に力を入れる一方で，それらを認識していくプロセス，特に，学習者の既存のスキーマとのかかわりに関する研究が遅れている点を指摘する。こうして佐伯は，学力研究を，教科内容に即した認知過程に関する研究として遂行していく必要性を提起した。後に佐伯は，教師主導の学校学習の非日常性を批判するとともに，レイヴとウェンガーの「正統的周辺参加論」を援用しながら，「納得」のプロセスを文化的実践への参加へと接続させていくという観点からの，学力・学習論の問い直しを主張した（佐伯，1992，2003）。

　佐伯の学力論は，教育実践・研究・運動の基本方針に関するイデオロギー闘争に終始し，現実の具体的な教育実践の問題，特に日常の授業レベルの問題に対する応答性を欠いていた，従来の学力論争の問題点を鋭く突くものであった。また，学力論議を日常的な授業改善へとつなげていく際に，学習者の認知過程に関する研究の中に学力研究を位置づけていく方向性を提起したのであった。

2　ポスト近代社会の進展の中の学力論議

（1）「学力」論から「学び」論への転回
①「新しい学力観」の論理

　前節の最後で取り上げたような，「学力論」を「学習論」から問い直すとともに，教育課程論との結び付きを弱め，授業論との関連を強めていく傾向は，1990年前後に文部省が打ち出した「新しい学力観」とそれをめぐる論争によってさらに強まっていった。「新しい学力観」は，個性重視，および，教育システムの弾力的多様化の方向性を示した臨時教育審議会答申を背景に，1989年の学習指導要領，1991年の指導要録などによって提起された。「これからの教育においては，これまでの知識や技能を共通的に身につけさせることを重視して進められてきた学習指導を根本的に見直し，子供たちが進んで課題を見付け，

自ら考え，主体的に判断したり，表現したりして，解決することができる資質や能力を重視する学習指導への転換を図ることが必要である」（文部省，1993，p. 9）とあるように，情報化社会，国際化社会への対応をモチーフとする「新しい学力観」においては，社会がどのように変化しても対応していけるような，「自己教育力の育成」を基軸としながら，評価の観点において，「関心・意欲・態度」を最上位に位置づけ，他方で「知識・理解」を軽視する学力構造を示した。

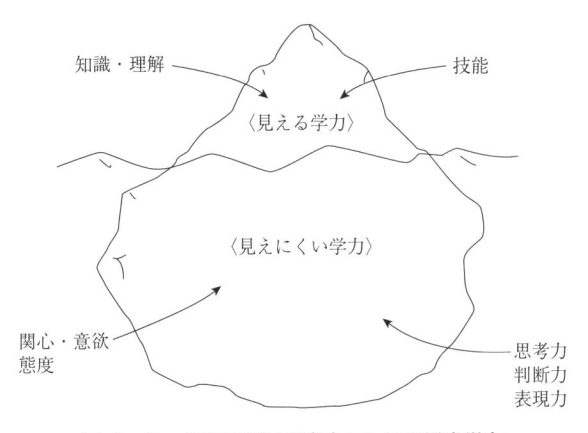

図4-3　海面に浮かぶ氷山としての総合学力
（出典）梶田，1994，p. 86.

　この「新しい学力観」の学力構造は，梶田叡一が示した図4-3のような「氷山モデル」において明白である。梶田は，学力を水に浮かんでいる氷山に喩え，水面の上に出ている部分を「見える学力」（「知識・理解」「技能」）とし，水面下の隠れた部分を「見えにくい学力」（「思考力・判断力・表現力」「関心・意欲・態度」）とする。そして，この喩えによって「見える学力」を「見えにくい学力」が支えている構造を表現している。こうして梶田は，「一人一人の内面にあるその子に固有の実感・納得・本音の世界を大事にし，その形成・深化をはかり，そうした基盤の上に『知識・理解・技能』といった見える形での学力をも形成していこう」と主張するのである（梶田，1994，pp. 73-74）。

②「新しい学力観」批判と竹内常一の学力・学習論
　この「新しい学力観」に対しては，知識軽視の態度主義である点，「関心・意欲・態度」を評定の対象にしている点などについて批判が巻き起こり，第四期の学力論争が展開された。全国生活指導研究協議会の竹内常一は，「新しい学力観」が，従来の一元的な能力主義の立場に立つ「客観的知識」の修得とし

ての学習(権力の公定した知識・技能をすべての子どもに共通に教授し,その修得度に応じて「縦並び序列化」がなされる)とは異なり,多元的な能力主義の立場に立つ「主体的な学習の仕方の育成」を提起するものであると捉えている(竹内,1993)。竹内は,子どもの学習の側から従来の授業観を問い直そうとする「新しい学力観」の積極面を一定評価しつつも,「新しい学力観」の「主体的な学習の仕方」の育成においては,一般的・脱文脈的な学習の仕方を子どもに修得させ,国際化や情報化などの社会の変化に主体的に対応できるたくましい日本人を形成していくことが目指されている,とその問題点を指摘する。そして,「これまでの学力観が制度知・権力知の内容を基礎・基本とし,その修得の徹底をつうじて子どもを受動的に『主体化=臣民化』するものであったとすれば,新学力観は制度知・権力知のコードまたは方法を基礎・基本とし,これを身につけさせることをつうじて子どもを『権力を分有する』ものに能動的に『主体化=臣民化』するもの」だと結論づける(竹内,1994b, p. 40)。

竹内は,教師中心の学校を「新しい学力観」とは異なる形で問い直す方策として,子どもの権利条約,および,子どもの学習権を軸にした国際的な教育改革の試みに着目する。子どもの権利条約においては,子どもに意見表明権をはじめとする精神的・市民的な自由への権利と現実の世界の諸問題の解決への参加権とが認められている。そうした参加権と学習権とを統一的に捉えるような学習は,個人および集団の権利の側から現実の世界を批判的に読み開き,個人ならびに集団の権利を現実の世界の中に創造的に書き込んでいくものである(「批判的な学び方の学習」)。

上記の竹内の議論は,イリイチの脱学校論,フレイレの批判的リテラシー論,ポランニーの知識論,フーコーの権力論など,近代科学や近代学校への根本的な懐疑を表明した,ポストモダニズムの諸言説をふまえてのものであり,「客観的知識」という想定そのものの権力性が意識されている。ゆえにそれは,民間研が展開してきた「科学と教育との結合」を目指す研究と実践,そして,それに依拠した学力論の暗黙の前提(①科学はそれ自体で自立的・絶対的価値を有している,②科学の系統は一つであり,それを系統どおり教えれば,子どもには科

学的認識力が必ず身につく，③知識が真理か否か，正しいか否かの判断は個人が行うのではなく別の何か―例えば歴史的な実践―が行う（汐見，1997，p. 197））への批判を内包している。

③「学び」論の展開

　また，竹内の「新しい学力観」への批判が，学力論としてではなく学習論として提起されている点にも留意しよう。1990年代になると，教育学研究において，さらには，戦後の学力論争をリードしてきた教科研においても，「学力」という用語を使用することへの消極論，否定論が強まっていた（教科研，1993）。こうした，「学力」論から「学び」論への転回において主導的な役割を果たしたのが，草の根の授業研究や学校改革を進めていた佐藤学である。佐藤は，ポスト産業主義社会へと突入している日本において，学力の経済的価値への信頼は崩壊しつつあり，その結果，子どもたちは「学びからの逃走」をはじめていると主張する（佐藤，1997）。佐藤は，「学力」という概念が，日常的な教育実践に浸透することで，「いま・ここ」に生起する個別・具体的な学びの経験の意味や価値を破砕する機能を果たしていると断じる。「学力」にしろ「能力」にしろそれ自体として実体をもつ「力」が安定して存在しているわけでなく，むしろ評価すべき対象は，教育の「関係」であり「状況」である。「学力」という概念は，「学校で教える内容についての『学び』による到達（achievement）」（佐藤，2001，p. 16）と限定的に規定し，特定の尺度で「学習の結果」を評定するときにのみ使用し，日常的な教育実践の文脈において使用しないほうがよいというわけである。

　佐藤は，先述の佐伯らとともに，社会的構成主義の学習観に依拠しながら，学校での学びを，教育内容（対象）との対話（認知的・文化的実践），教室内外の他者との対話（対人的・社会的実践），そして，自分自身との対話（実存的・倫理的実践）の3つの過程が一体になったものへと再構築する主張を展開した。そしてそれは，「学びの共同体」というヴィジョンを共有し，グループ学習の導入などによって，個々人における学習の結果の保障（「学力」の保障）よりも，授業への参加や，そこでの対象，他者との対話関係の成立と充実それ自体

(「学び」の保障)を重視する取り組みとして具体化されていった(佐藤, 2008)。

以上のように,1990年代においては,「学力」に代えて「学び」という用語が,教育学研究の新たなパラダイムを切り開く鍵概念として用いられるようになった。その一方で,教師の意図や技術的介入が否定的に論じられるようになり,「学力」という言葉に込められていた,目標と評価に関する問い(「『学び』を貫く目標の質を問う視点,目標が『学び』を通していかに実現しているのかを問う視点,さらにはこれらの問いを通じて目標それ自体を再構成する視点」(田中,2003, p. 5))は後景に退くこととなった。また,(科学的)知識の社会的・公共的性格に着目し,共通の知識内容をすべての子どもに教えていこうとする志向性も軽視されることとなった(窪島, 1996)。

(2) 新しい能力主義の出現と学力論のフィールドの移動
①新しい能力主義の出現

文部省の「新しい学力観」,そして,それに対抗する民間の側からの「学び」論は,子ども中心主義の教育を提唱し,将来の準備ではなく学習のプロセスそのものから得られる喜びや価値を重視している点において共通している。それは,1970年代半ばに到来した,大量生産・大量消費の経済成長の飽和状態と,それ以降急速に進行している資本主義の徹底としての情報社会化,消費社会化,成熟社会化,国際社会化(ポスト近代社会化)を背景としている。

ポスト近代社会の到来は,近代社会における社会の中での人々の位置づけに関するルールである能力主義(メリトクラシー)にも変化をもたらす。例えば,岩木秀夫は,金融,財務,経営,市場調査,広告などのプロ(シンボリック・アナリスト)といった「勝ち組」については,競争相手が国境を越えて広がる「グローバル・メリットクラシー(国際能力主義)」が進行する一方で,国内経済に取り残される「負け組」の一般大衆は,「自分にたまたま与えられた生物的・心理的個性(イディオシンクラシー)」を武器にして,そのときそのときに最大限の欲求充足をする即時充足的な生活に追い込まれ,空間的にも時間的にもソフトな行動のまとまり(解離的人格)を形成すると述べている(岩木, 2004,

pp. 9-10)。すなわち,「近代能力主義(モダン・メリットクラシー)社会」(「ナショナル・メリットクラシー(一国内能力主義)」+「禁欲的・自我同一的人格」)から,「ポストモダン・メリットクラシー(脱近代能力主義)社会」(「グローバル・メリットクラシー(国際能力主義)」+「即時充足的・解離的人格」)への転換が進行しているというのである。

　また,本田由紀は,社会の上層・下層を問わず進行している,メリトクラシーの基準やルールそのものの変更を伴う新しいメリトクラシー(「ハイパー・メリトクラシー」)による支配に警鐘を鳴らしている。従来のメリトクラシーでは,一定の手続きにより切り取られた限定的な一部分のみが「業績」として捉えられていたのに対し,その純化・徹底された形であるハイパー・メリトクラシーでは,「コミュニケーション能力」などの一般的な能力(「○○力」)として語られる,個々人の場面場面の実質的・機能的な有用性が,社会的処遇を決定する。それは,「『社会』が『個人』を裸にし,そのむき出しの柔らかい存在のすべてを動員し活用しようとする状況」(本田,2005, p. 32)であり,個人の全生活が社会からの評価のまなざしにさらされ,「圧力釜」に入れられているかのような状態に置かれる。また,ハイパー・メリトクラシーが求めるポスト近代型能力は,生得的能力や家庭環境によって大きく規定される(「再封建化」)。このように,本田は,ハイパー・メリトクラシーの問題性を指摘するとともに,それを社会全体として制御していく必要性を述べている。

　上記のような,ポスト近代社会の到来と新しい能力主義の出現という社会状況の中で,1990年代の英米の教育改革が,「グローバルな企業活動を中心になって支えるシンボリック・アナリストにターゲットをしぼり,彼らの仕事のために必要な,問題発見・問題解決・戦略媒介的なスキルに照準を合わせたもの」(グローバルな産業主義の方向)であったのに対して,日本の教育改革は,雇用・労働の柔軟化に対応できる,「働き方・生き方の心がまえ」,特に「あらたな欲望を発見し,追求する生き方(自己実現の追求と呼ばれている)」(ポスト産業主義の深化の方向)に焦点化されていたと岩木は言う(岩木,2004, p. 152)。「新しい学力観」を掲げる「ゆとり教育」は,「個性尊重」の名のもとに,消

費社会を享受し自己責任でもって流動的な雇用環境に順応できる主体を育て，「個性浪費社会」へと接続していくものであったというわけである。

②教育学の議論の構図の変化

　消費社会化の動きに対しては，それが教育の基盤を掘り崩すものだという批判がある。例えば，松下良平は，消費社会化は，経済発展と消費の自己目的化による破壊や廃棄を招くものであり，また，それまで将来の満足を得るための手段であった教育が，それ自身が満足を与えなければならない消費の対象（商品）になったことにより教育の空洞化が進むと主張する（松下，2009）。人間の能力や非物質的な観念なども消費しつくす消費社会は，教育という営為を可能にしてきた「文化」の衰退を招き，教育の抜け殻や残り滓のような，偽装（シミュレーション）としての学習を強いる空虚な教育が残るというのである。

　その一方で，今井康雄は，消費社会のポジティヴな側面に着目する山崎正和や見田宗介の所論を引きながら，「消費化・情報化の進展のなかで，『目的』や『必要』を指向した道具的な行為に代わって，『過程そのもの』や『生の直接的な歓び』を指向するような自己充足的な行為に，次第により大きな価値が置かれるようになった」と述べ，現在の自分たちが置かれている現実を，「生活の美学化」として解釈する視点を提示している（今井，2004，p. 79）。そして，「学ぶこと自体が喜びであるような自己充足的な活動」という学習のイメージは，「新しい学力観」を肯定する側・否定する側が共通に賛同するものだと指摘する。

　さらに今井は，こうしたポスト近代社会の進行に伴って，戦後の教育学や学力論議を規定していた〈生活と科学〉という構図が，1970年代以降その信憑性を失い，1980年代後半以降には，〈美とメディア〉という構図が現われてきたのだと述べている。「子供の生活は，情報化・消費化の傾向に巻き込まれることで学校教育を外から支える力を失うが，学校は，この変化した生活を，『納得感』のような美的に味わわれる体験と，メディアの操作という形で抽出して学習過程のなかに組み込み，学習への動機を確保しようとする。かつては子供の生活を越える客観的な実在を代表していた科学も，学校教育を外から支える

力を失い，子供一人一人が納得を通して自分なりの知識構造を構築するための情報源の一つとなる。つまり科学は，一方では納得という美的な体験を可能にし，他方ではメディア上で操作すべき内容を提供する，情報源として学習過程のなかに組み込まれる」というのである（今井，2004, p. 90）。「新しい学力観」は，こうした学習の一方における美学化，他方におけるメディア依存という趨勢に棹さすとともに，納得感といった学習過程でなされる美的体験と，そうした自由な探究活動の道具としてのメディアの活用，および，それによるメタレベルの能力を支える技能（情報活用能力）の形成とを直接的につなぐという形での，〈美とメディア〉の統合の一つの形である。よって，それに対する批判は，〈美とメディア〉の異なる形での結合を提起することによってなされねばならない。

　こうした議論の構図の変化を背景に，1990年代以降，学力論のフィールドも移動してきていると今井は指摘する（今井，2008）。1970年代までの学力論争は，教育課程編成における「科学」重視論者と「生活」重視論者との間の，子どもに橋渡しすべき現実構想の選択にかかわる論争であった。これに対して，ライフスタイルの多様化，社会の流動化が進み，現実の安定した構想が難しくなってきたポスト近代社会において，学力論争は，どうやって子どもを現実へと橋渡しするかという議論ではなく，それゆえに，伝達されるべき現実（教育内容）を新たに構想することなく，もっぱら子どもの側に目を向けて，その心の座にどのような現実にも即応できる「力」を育てる方向に向かっている。こうした傾向は，「新しい学力観」はもちろん，後述する「学力低下」論者にも共通しており，教育の心理学化と教育の無限責任に結果するというのである。

3　〈新しい能力〉をめぐる学力論議の理論的構図

(1)「学力低下」論争から「確かな学力」観の提起へ
①「学力低下」論争

　「ゆとり教育」と「個性浪費社会」とが結びついた，日本におけるポスト近

代社会への動きは、第五期学力論争のあたりから新たな局面に入っていった。「個性浪費社会」を残存させながら、1990年代には十分な対応がなされなかったグローバル・メリトクラシーに向けて、新産業を生み出す新たなタイプの能力の育成を視野に入れた教育改革が動き始めたのである。

　大学生の学力低下の指摘から始まった第五期の学力論争は、「生きる力」を掲げる1998年の学習指導要領改訂への不安や批判と結びついて、「ゆとり教育」を標榜する文部省の教育課程政策の是非を問う論争へと発展した。この第五期の学力論争の火付け役は、従来のように進歩的な教育学者ではなく、経済学系や理数系の大学教員、受験評論家、財界関係のグループ、あるいは、教育社会学者であった。そして、総合雑誌などの一般ジャーナリズムにおいて、わかりやすい言葉で直接に国民に学力低下問題を訴えるものであった。[3]

　この第五期学力論争では、文部官僚によって、旧学力（知識量）は低下するかもしれないが、新学力（自ら学び考える力）は低下しないといった反論がなされるなど、第一期学力論争を彷彿とさせる議論もなされたが、学力低下の事実の有無、および、その政策的対応が主な争点となった。そこでは、学力の中身に関する議論は欠落し、また、学力問題の当事者である教師や子どもの声が置き去りにされる傾向が見られた。その一方で、子どもの学習離れの実態が明らかにされ、学力や学習意欲の階層間格差の問題も主題化されるなど、ポスト近代社会の学力問題を考える上で重要な実証データや論点も提出された。

② PISA ショックと「確かな学力」観

　2002年の遠山敦子文部科学大臣による「確かな学力の向上のためのアピール『学びのすすめ』」、2003年の学習指導要領の一部改正（基礎・基本の徹底、習熟度別指導、発展的な学習などを促す）という具合に、学力向上へと教育政策や教育実践の方向性が転換されることで、第五期学力論争は一応の決着を見たと思われた。しかし、2004年12月、学力論争は新しいステージに入った。2003年に実施された OECD による国際学力調査（PISA 調査）の結果が公表され、読解力の順位が8位から14位に下がったことが明らかになったのである。

　この結果は、教育界に「PISA ショック」ともいうべき衝撃をもたらし、

PISAの提起しているような，ポスト近代社会において，自らの将来の生活に関係する課題を積極的に考え，現実世界の文脈において知識や技能を活用する能力（「PISA型学力」），特に，低下傾向が明らかになった「PISA型読解力」をめざした取り組みが展開されるようになった。こうして，第五期学力論争は，PISAショックを経由することで，国際的な学力・能力構築競争の中で，ポスト近代社会における社会（特に経済界）から学校への要求をふまえながら，〈新しい能力〉の内実とその形成方法を問う議論へと展開していった。そして，「ゆとり教育」を支えた「新しい学力観」に代わって，文部科学省が提起した〈新しい能力〉を表現する学力モデルが，「確かな学力」観であった。

　PISAショックを受けて始まった中央教育審議会等での議論において，「基礎的な知識・技能の育成（いわゆる習得型の教育）と，自ら学び自ら考える力の育成（いわゆる探究型の教育）とは，対立的あるいは二者択一的にとらえるべきものではなく，この両方を総合的に育成することが必要である」（中教審，2005）との認識が確認され，「習得と探究の間に，知識・技能を活用するという過程を位置付け重視していくことで，知識・技能の習得と活用，活用型の思考や活動と探究型の思考や活動との関係を明確にし，子どもの発達などに応じて，これらを相乗的に育成する」（中教審，2006）という考え方が提起された。こうした，「習得」，「活用」，「探究」をキーワードとする「確かな学力」観は，2007年4月に始まる「全国学力・学習状況調査」，そして，2008年4月に告示された小・中学校学習指導要領において具体化されるに至った。また，改正学校教育法（2007年6月）の第30条第2項において，学力の要素として，①基礎的・基本的な知識・技能の習得，②知識・技能を活用して課題を解決するために必要な思考力・判断力・表現力等，③学習意欲の3つが挙げられ，学力モデルが法的に規定されることになった。

③「確かな学力」観の意義と問題点

　「知識基盤社会」という，グローバル化が進み変化の激しい社会において自立的に「生きる力」を育む上で，「総合的な学習の時間」等において教科横断的で問題解決的な「探究」活動を組織するとともに，教科学習においては，基

礎的・基本的な知識・技能の「習得」と，知識・技能の「活用」を通した思考力・判断力・表現力等の育成を「車の両輪」として重視するというのが，「確かな学力」観の基本的な発想である（神山，2009）。「確かな学力」観は，「新しい学力観」（新しい能力主義に親和的で主体的な学習主体の育成）の延長線上にありながら，知識・技能を共通に身につけさせることにこだわらないとしていた「新しい学力観」の立場を転換するとともに，「思考力・判断力・表現力」に関して，「活用」というキーワードでその質的高度化の必要性を示唆している。

だが，「確かな学力」観に対しては，下記のような問題点を指摘することができる。まず，基礎的・基本的な知識・技能の「習得」については，個別的な知識・技能の習得・定着（知っている・できる）と，概念的知識の意味理解（わかる）という，本来区別すべき認識レベルが「習得」という単一のカテゴリーにまとめられるとともに，「反復」の意義や低・中学年における基礎・基本の習得の徹底が強調されている。これらは，道具としての知識・技能を，思考過程と切り離して蓄積させる傾向を強化することにつながりかねない。

他方，〈新しい能力〉を育むキーワードである「活用」に関しては，現実世界の文脈において知識・技能を活用する，すなわち，各教科の認識枠組みに即した現実文脈のモデル化と，文脈に応じた知識・技能の総合といった認知プロセスを要求する「PISA型学力」の育成という課題が，「(PISA型)読解力」の教科横断的な育成という課題に矮小化されているように思われる（石井，2008b）。思考力の発達と表現力の発達，そして，思考力・表現力の発達と言語能力の発達とを不可分なものとして捉える視点は有効であろう。しかし，各教科の知識・技能を活用する学習活動を，各教科の内容にとって外在的で一般的な言語活動（「記録，要約，説明，論述」）として設計することは，「活用」型学習を通じて育まれる思考力・判断力・表現力（「活用する力」）を，各教科における言語能力という形式的な能力にしてしまう危険性をはらんでいる。[4]

以上のように，「確かな学力」観からは，「道具として蓄積されるべき知識・技能＋知識・技能を使用する形式的能力」という二元的で外在的な関係構造が読み取れる。そしてそれは，各教科の内容の学び深めとは無関係な脱文脈的で

抽象的な「力」の氾濫による教育実践の空洞化・形式化，および，低学力の子どもに習得型学習を，他方，高学力の子どもに活用型学習を対応させることによる，学力の質を介した学力格差の拡大を招来しかねない。

（2）「学び」論者による関係論的能力観の提起
①岩川直樹による「力」概念の問い直し

「確かな学力」観をはじめ，現代日本の教育政策と教育実践を覆っている学力論議の仕方，特に「力」概念の捉え方を，教育実践の論理に即して批判的に対象化しているのが，岩川直樹である。岩川は，「あらゆる人間的ないとなみ，あらゆる人間的なゆたかさが，個体還元的・スキル主義的・数量評価的な『○○力』に転化されていく」（岩川，2005b, p.228）点に，現代における「力」概念の変成の歴史的特徴を見出している。そして，「力」概念が極限まで抽象化しニュートラルなものとして捉えられる事態を，「新しい能力主義」の到来や新自由主義の浸透とパラレルなものとして把握している。すなわち，従来の「能力主義」ではそのシステムの外部にあった，人間的な営みや人間的豊かさが，「○○力」という言説を媒介として，競争と効率のシステムの中に囲い込まれ組み込まれるようになったというのである。それは，本田のいうハイパー・メリトクラシーの進行がもたらしている，学習経験の形式化や子ども間の競争的関係の強化といった，教育現場の現状に根差した問題提起と見ることができる。

新自由主義の内に「力」概念がある現在の状況においては，「○○力」の目録をどれほど増やしても，また，新自由主義がもたらす階層分化を実証したとしても，「力」概念を問い直す哲学が欠ける限り，現状に対する抵抗や再編の道はひらけない。そこで岩川は，「言語の意味をめぐる闘争」として，学力・能力に関する議論を展開していこうとする。そして，新自由主義の競争と統制のシステムに回収されず，それに対する抵抗や再編を可能にする「力」概念の捉え方を，①具体的文脈における行為に表れる，②自分のものになるプロセスをもつ，③他者との関係や場の中で成立する，④固有の経緯や物語をもつ，⑤

他者のエンパワーと場へのインパクトにつながる，の5点で整理している。

上記のいわば関係論的な「力」概念の提唱は，「自己実現・自己表現」ではなく，他者への「応答責任・応答可能性」を基軸とするものへと，教室での「学び」を編み直していくことを志向している。それは，「学力論の言説が学びにおける〈関係性＝主体性〉の編み直しを問題にすることはきわめてまれだし，学力向上プログラムや学力テストが，学びの土台となるからだや他者とのかかわりの回復から出発し，それをシティズンシップの成熟につなぐようなヴィジョンをもつことはほとんどない」（岩川, 2007, p. 37）という問題意識に立って構想されており，個々人の「能力」の問題のように見えている事実を，その背後にあるその子の〈からだ〉，その子どもが生きる家庭，地域，教室といった〈場〉，さらには，その深層において私たちが生きる〈社会関係の織物〉そのものの傷つきとして捉え，その包括的な問い直しの必要性を提起するものである。このように，「〈からだ・場・社会関係の織物〉の深層構造」の中で子どもを包括的に捉えなおすことで，例えば，貧困問題といった社会問題と学力問題とを結び付けて問おうとする方法意識は，坂元の学力論を想起させる。ただ，坂元において，「地域社会」など，実在的なリアリティを持って語られていた「生活（実生活）」が，岩川において，「からだ・場・社会関係」という形でより心理的で実存的な地平で把握されている点は興味深い。

②岩川直樹の「力」概念の意義と問題点

上記のような岩川の関係論的な「力」概念は，経験主義的で共同体論的な授業研究者による「学び」論の立場から提起されたものであり，基本的には個人の能力ではなく，関係的出来事という単位で教育の意義や成果を捉えていこうとするものである。だが，他の「学び」論者が，「学力」概念のみならず「力」概念に対しても否定的であるのに対して，岩川は「力」概念の再構築という方策をとっている。学習過程の関係や出来事に着目した意義と成果の説明は，公費によって運営され，かつ人材の社会的な選抜・配分機能も担う学校の社会的性格を考えると，保護者や一般市民を十分に納得させるものとはなりにくい。また，すでに指摘したように，「学力」という問いを放棄することは，

目標と評価に関する問いが欠落するという別の問題を抱え込むことになる。そして，教育目標・評価関係のあり方を再考しない限り，「教養」，「リテラシー」といった言葉を使っても，現在の「学力」概念と同じ機能を果たすようになるだろう。

　岩川の関係論的な「力」概念は，ある人に「力」があると感じるのは，具体的な行為や人間関係の様態に対してであるという事実を指摘し，「力」という概念それ自体，および，「力」について論じている場と論じ方を問い直そうとしている点は評価できる。しかしそれは，「学力」概念，「力」概念の再構築をめざしながら，それらの概念に内在している志向性をふまえきれていない。まず，岩川の「力」概念では，他者との応答可能性に富んだ関係の樹立が強調される一方で，人工的に組織された教育内容の伝達が位置づけられていない。こうした岩川の「力」概念は，1970年代の坂元の学力論と同様に，学力論を能力論に解消するものであり，学校に固有の「力」概念の問題を扱う上で限界がある。さらに指摘すれば，岩川のような関係論的な「力」概念は，「力」という問いを行為や経験に関する語りの一部に解消してしまっている。「力」という問いは，行為や経験の所産（結果）として，個体内において生起し，特定の文脈に限定的でない，社会的に価値を認められる，安定的で持続的な変化に関する問いである。この点をふまえない「力」概念では，「力」概念の再構築には至らず，結局「力」概念の否定と変わらないだろう。

（3）〈新しい能力〉の育成に関して PISA が提起する 2 つの課題
① PISA の学力・能力観の受けとめ方の分裂

　ここで，文科省の「確かな学力」観も岩川の関係論的な「力」概念も，ともに PISA の学力・能力概念に示唆を受けながら提起されたものだという点に着目したい。PISA の読解リテラシーの性格を典型的に表している問題に，「落書き」の問題がある。学校の壁の落書きに対して賛成する立場，反対する立場，それぞれの立場から書かれたまとまった量の文章（手紙）を読んで，どちらの意見に賛成するかを決め，自分の考えを論じたり，どちらの手紙の方がよい手

紙かを，文体レベルに着目しながら判断したりする問題である。この問題から，「確かな学力」観は，テキストの読み取りに終始しがちな従来の日本の国語教育とは異なり，ある目的のための手段としてテキストを読むという認知過程レベルの特徴に着目して，「比べ読み」という形式を取り出そうとする。あるいは，文章の内容（何が書かれているか）ではなく文体（どのように書かれているか）への着目という，よりメタな部分への着目を取り出そうとする。

　他方，岩川は，上記のようなPISAの受け取り方を，「脱文脈的・記号操作的・認知主義的な学力観」に基づく誤読・誤用と難じ，「文脈的・参加的・包括的な学力観」としてPISAの学力観を捉えている（岩川，2005a）。「落書き」の問題であれば，それが公共的な問題に対する意見表明の場面であり，現実社会への参加の芽と，学校学習の文脈の人工性・無機質性の問い直しを含んでいる点に注目するということになろう。そして岩川は，「『あ』のつくものって何がある？という教師の問いかけに，子どもたちがそれぞれの生活世界から繰り出す『あり』，『あめ』，『あたま』，『あした』，『あんぱんまん』といった生きたことばのなかに，『あ』という文字の学びが息づくことこそが基礎」であり，そうした基礎の学びこそ，PISAのいう「リテラシー」だと主張するのである（岩川，2005a, pp. 125-126）。

　ポスト近代社会の〈新しい能力〉のあり方に関する一つの思慮深い回答である。PISAの学力・能力観をめぐって生じた解釈の違いからは，ポスト近代社会に十全に参加するのに必要な能力を育むべく，学校学習の「真正性（authenticity）」を追求する上で，統一的に解くべき2つの課題を見出すことができる。一つは，学校学習を現実世界の文脈に開くことで，具体的な関係と意味を伴う学習活動を創出するとともに，そこで育まれる能力の有無や水準を，そうした学習活動の層において判断するような学力観，評価観を持つこと（学習活動の文脈の具象化・豊饒化の課題）。そしてもう一つは，認知レベルにおいて，より複合的・総合的で，よりメタなものへと学校学習の質を高度化していく必要性である（学習活動の認知レベルのメタ化・高度化の課題）。岩川の「力」概念は前者を，そして，「確かな学力」観は後者を一面的に強調するものであった。

第4章　学力論議の現在

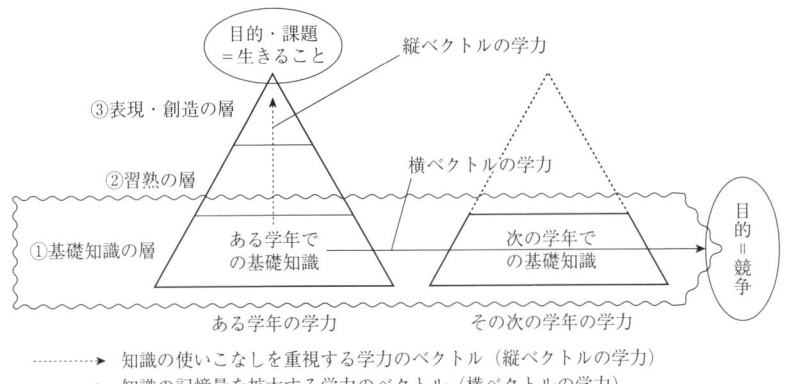

図4-4　佐貫浩の学力モデル
(出典)　佐貫, 2009, p.110.

②佐貫浩の学力論

　これに対して、岩川と同じく関係論的な発想をベースとしながらも、学習の認知的な質の違いにも着目しているのが、佐貫浩の学力論である（佐貫, 2005, 2009）。佐貫は、教科研の学力研究や教育実践研究の蓄積の上に、図4-4のような学力モデルを提起している。この学力モデルは、学力を「基礎知識の層」「習熟の層」「表現・創造の層」の三層構造で捉えることにより、競争を目的とし「基礎知識の層」における知識の記憶量の拡大に向かう受験学力（「横ベクトルの学力」）ではなく、自分たちにとって切実な生活課題への取り組みを通じて知識の使いこなしへと向かう、生きる力と真に結びついた学力（「縦ベクトルの学力」）を形成する道筋を示すものである。

　佐貫の学力論においては、3つの層の循環関係が強調されるが、基本的には、「表現・創造の層」への着目に主眼がある。佐貫は、「生きる力」を掲げる2008年版学習指導要領に対して、子どもを生きにくくさせている社会と空間の問題に目を向けさせず、生きにくさの原因を子どもの側の「生きる力」や学力の有無に求めるという、その「自己責任」の論理を厳しく批判する。その一方で、「学習論において『活用』という段階を、『基礎知識の獲得』を主たる課題

とする学習の段階とは別のものとして設定する必要があるのではないか」という点に関しては、検討すべき論点を含んでいるとし、「日本の学校教育の中で、『活用』ということを意識的に追求した授業はいったいどれだけあるのだろうか」と問題を提起する（佐貫, 2009, p. 58）。そして、「とくに、中学、高校へと学年が展開していくなかでは、本格的な自分の問題意識に基づいて調べ、分析し、まとめ、発表・討論し、作品化するという丁寧で独自の時間をとった応用的学習の時間をカリキュラムと学習の中に明確に位置づけることが不可欠になっているのではないか」(p. 61)と主張する。

③佐貫浩の学力論の意義と問題点

　佐貫の学力論は、学校の学びにおける関係と文脈の回復を基調としながらも、岩川と比べると、学習活動の認知レベルの高度化の必要性にも自覚的である。これは、佐貫の学力論が、岩川と同じく坂元の学力論の延長線上にありながらも、竹内らをはじめとする、1990年代の教科研の、参加論と結びついた学力論の成果を積極的に摂取していること、また、佐貫の学力論の基盤となっている教育実践が主に高校段階のものであることなどと関係していると思われる。そして、佐貫の学力論からは、PISAの提起する2つの課題を統一的に追求していく上で、参加論的学習に着目することの有効性が見えてくる。

　参加論的学習は、基本的には「生活と教育との結合」を志向するものであり、特定の科学的概念の豊かな獲得の手段として生活的概念を生かすというレベルではなく、生活場面での実践力の育成を目的とし、現実世界における切実な課題に挑戦しながら、科学的概念を総合・再構成するような学習のあり方を要求するものである。そうした、現実世界における切実な課題の探究は、子どもたちの多様な接近の仕方を許容する間口の広さを持つと同時に、課題の本質に肉迫すればするほど、探究の過程において、また、その成果の作品化において、自ずとより総合的で高度な認知プロセスを要求するというわけである。

　ただ、佐貫の学力論は、「学力」形成と「学習意欲」（目的・課題意識）の形成を別の系として捉えており、学習意欲は、社会への能動的な参加、そして、それに伴う学習者のコミュニケーションの編み直しによって育つものとされて

いる。そして，学力，特に「表現・創造の層」は，能動的な参加と主体的な学習意欲のないところでは活性化され得ないものとされている。しかも，佐貫において，参加すべき未来社会，および，よりよい生き方の像は明確には示されていない。その結果，「参加」の強調は，子どもたちの学校生活に浸透し，彼らの今を生きにくくさせている教室の競争的なコミュニケーションの編み直しという，生活指導の取り組みに収斂していくように思われる。また，知識の獲得や習熟は，参加を重要な契機として「思想化」へと至るべきものとされ，現実世界の深い洞察やそれに基づく妥当性の高い行動の基盤として，各教科の科学的概念を獲得することの意義は等閑視されている。さらに，岩川もそうだが，佐貫の学力論も，教育実践の方向性を示すのみで，教育目標論と教育評価論においてどのように具体化するのかの展望を欠いている。

4　学力研究の現代的課題

（1）「科学と教育の結合」論の立場からの学力論の再評価
①学力論の分裂と教育格差の問題

　以上のように，「学力低下」論争からPISAショックを経て進行中の，日本における〈新しい能力〉をめぐる理論と実践は，「活用」や「PISA型読解力」をキーワードに，グローバル・メリトクラシーを生き抜く個人の「学力」を育成すべく，学校学習，特に教科学習の認知過程の総合化，高度化を目指す動きと，子どもたちの関係の傷つきをケアし豊かな「学び」を保障すべく，個体主義的で，子どもたちの生活実感から遊離した学校学習の，競争的で無機質な文脈を問い直す動きとに分裂しがちである。そしてそれは，それぞれが依拠している教育現場や家庭・地域の実態の差異と関係しているように思われる。「活用」や「PISA型読解力」をキーワードとする実践は，研究開発指定校や国立大学附属学校などによって牽引されている。他方，岩川や佐貫の学力論は，経済的，社会的，心理的に厳しい生活基盤に生きる子どもたちや，進学・受験競争から降りた子どもたちを多く抱える学校での教育実践から構想されている。

第Ⅰ部 〈新しい能力〉——その理論と背景

　国際的競争の中での経済的・文化的・社会的な格差の拡大，そして，量的拡充から質の追求へという日本の学校制度改革の課題のシフトなどを背景に，従来の学力論争においては潜在的であった，特定の学力観やその形成を目指すペダゴジー（人にものを教える技）と，特定の社会階層の課題との結び付きが強化，固定化されつつあるのではないか。社会的「強者」に向けられた学力観とペダゴジーは，彼らに集中する富を，社会や父母が学校に期待する質へと変換する，富の再分配への配慮を欠いた際限なき質の追求に陥りかねない。他方，社会的「弱者」に向けられたそれは，「弱さ」に内在する豊かさに着目することで，「強者」と同じ土俵に立つことを戦略的に回避し，人間としての尊厳を守りながらしたたかに生きるための知の獲得や，存在を承認し合う関係性の構築といった，最低限の社会的セーフティーネットとしての学校の役割を重視する傾向を強めている（田中，2005；伊田，2007）。こうして，〈新しい能力〉を介して，公教育における，社会的「強者」のための学力観とペダゴジーと，社会的「弱者」のためのそれとの間の，言説レベルの溝が深まることで，階層間の教育格差・学力格差の拡大や固定化の傾向に対して，現行の学校システムを教育機会の平等を達成する方向で再設計していく見通しの構想自体が困難となる。

　こうした社会階層の固定化に抗する上で，また，新しい能力主義と結びついた教育の心理学化と無限責任化を抑制する上でも，伝達可能性の高い基礎的・基本的な知識・技能の確実な習得を重視する方向性は，現在でも一定の有効性を持っている。しかし，学力の客体的側面と主体的側面との統一的把握という戦後学力論の到達点，「学びからの逃走」といった教育実践の現代的課題，そして，社会が学校に期待する能力の変化などを想起すれば，単純に伝統的な習得型の一斉授業や学力回復の取り組みに回帰すればよいというわけではないのは明らかだろう。また，本田（2005）が提唱する「専門性」（ある程度輪郭の明瞭な分野に関する体系的な知識とスキルで，他分野への応用可能性と時間的な更新・発展可能性に開かれたもの）をもって，ハイパー・メリトクラシーから個人の領域を守る「鎧」や「足場」とするという方策は，「レリバンス（relevance)」(学習の意義や有効性) の回復や, 学習内容の転移可能性を含んだ提起となっているが, 高校ならともかく, 一般教育の性格がより強い小・中学校への適用は難しいだろう。

②中内敏夫の学力の論じ方

筆者は, 現代日本の学力論議において十分に展開させられていない「科学と教育の結合」論の立場の学力論, 特に, 1960年代後半に, 勝田の学力規定の積極的意義を継承しつつ, 藤岡とは異なり,「態度」の重要性を否定しなかった, 中内敏夫の学力論を手掛かりとすることが有効だと考える。まず中内は,「学力像は, それを意識していようがいまいが, 教師たちが授業をまとまりのあるものとしてすすめていくうえで欠くことのできないものである。[中略] モデルとしての学力の研究は, この学力像を非実証的で主観的だから学問的価値はないとして研究の枠組の外側に追い出してしまうのではなく, 教育の現場でいわれ, 探られているその像の基礎構造をできるかぎり明るみに出そうとする。[中略]『一種の心の発明』によって, これを教育的な実践と実践分析の論理的に堅固な典型(モデル)につくりかえようとする」(中内, 1983, pp. 149-150) という形で, 学力モデル研究の意義とその基本的な方法論をまとめている。学力モデルの研究は, 教師が「教える」という行為をある程度の時間的見通しをもって遂行する上で必要性と有効性を持っているというわけである。

さらに, 中内において,「学力のモデルは, 自分たちのしごとを, ああでありたい, こうしたいという教師の主観的な願望にしたがって構成すべきものではなく, その客観的に演じている役割と性格にしたがって構成すべきもの」(中内, 1967, p. 87) と把握されている点は重要である。これは, 学力概念, および, その背後にある教育的価値の社会・歴史的性格を指摘し, 近代学校教育の役割と限界に関する客観的把握に基づく学力研究の方法論を提起するものといえる。なお, こうした中内の学力研究のスタンスは, 第五期学力論争の主役の一人であった教育社会学者の苅谷剛彦が, 学力論を制度・政策論の地平において展開しようとしていたこととも通じるものであろう。すなわち, 個々の教室や学校での実践の問題(教室でいかに実践すべきか)と, 制度としての教育

第Ⅰ部 〈新しい能力〉——その理論と背景

知識 (認識精度)	概念・形象・方法・ テーマなど
習　熟	

図4-5　中内敏夫の学力モデル
(出典)　中内, 1976, p. 74.（初出1967年）

システム全体の問題（日本の学校制度全体でそれがいかに可能になるか）とが別次元に属することを自覚し，後者のような〈社会的 social〉な次元での教育論議を重視する点に，両者の共通性が見出せる（苅谷，2003）。

③中内敏夫の学力規定と学力モデル

　こうして中内は，人間形成一般とは異なる学校教育の特殊性と制約をふまえて，「学力はモノゴトに処する能力のうちだれにでも分かち伝えうる部分である」（中内，1976, p. 54）と学力を規定する。人間は，「モノゴトにむかっていく行為」，いわば〈主体―対象世界〉関係の中で能力や人格（実力）を形成していく。これに対して，教育は，「モノゴトにむかっていく心（精神と身体）にむかっていく行為」である。それは，モノゴトにむかっていく行為の中で崩壊し，変形しかねない人間性の自己保存作用であり，行為の組織化のしごとである。しかも，近代学校教育は，この行為の組織化を，モノゴトの世界の法則的理解によってその変革を可能にする，モノゴトに関する知識（母語，科学や技術）の伝達という形式で成し遂げようとする。以上より，近代学校教育において形成される特殊な能力としての学力は，「思考のなかにまえもって描きとられた実力のうちの，カテゴリーと形象にのせて伝達し，測定されうる，その，社会化された部分」（p. 58）という性格を持つ。

　上記のような学力規定をふまえ，中内は，学力を範疇（概念・形象・方法・テーマなど）・知識・習熟の三要素から構成されるものとして，図4-5のような学力モデルを提起した。中内モデルは，知識，概念，方法といった，知識を分類するカテゴリーによって構成されている。しかも，「態度」という主観的な語感の強い用語ではなく，「習熟」という概念を採用し，客体としての教育内容が主体によってこなされて思想へと気化し，それが知的行為として機能的に表出するという形で，認識形成と人格形成とを一元的に把握する考え方（習熟説）を示した。人間的能力のうち共通する公的で社会的な部分を最大限に探

り，そのすべての子どもへの保障をめざす学校教育において，広岡らが「態度」概念によって表現しようとしていた能力や人格特性は，創造性や独創力といった人間のもっとも個性的な部分を直接的に問題にするのではなく，共通の教育内容を教わった結果「身についた知識」や「その人そのものになった方法」として追求されるべきだというわけである。

（2）〈新しい能力〉を飼い馴らす学力論に向けて
①中内学力論の再構成の必要性

　以上のような中内の学力論，特に学校教育の役割と限界に関する客観的把握に基づくという学力の論じ方は，「力」概念を介した教育の心理学化と無限責任化に対抗する足場となろう。だが，その学力規定と学力モデルに関しては，まさに現代社会における学校教育の客観的な役割と限界の変化に伴って，再構成が必要だと思われる。中内の所論をもとに筆者が構成した学力の中身に関する限界設定の規準（公共性，指導可能性，評価可能性，教育資源の確保可能性）を念頭に置いて考えてみよう。(5) すでに見てきたように，ポスト近代社会においては，高度で柔軟な知的能力，あるいは異質な他者とのコミュニケーション能力に関する学校への期待が高まる。そうした〈新しい能力〉，およびそれを育む，真正で論争的で，いわゆる正解のない問題を探究する学習は，特定の職種に就く人たちにのみ必要というのではなく，高度な科学技術や金融工学などにより開発された商品を賢く消費して豊かな生活を営んでいく上で，また，変化のスピードが速く，未来社会に関する複数の選択肢が競合する先行き不透明な現代社会において，市民として適切な政治的判断を行っていく上でも，すべての子どもにある程度共通に保障されるべきものであろう。(6)

　しかも，心理学研究の進展を背景とした，パフォーマンス評価論など，学校学習の真正性を追求する欧米の研究と実践の展開（本書第8章を参照），あるいは，1980年代以降の日本における学習者の側から授業やカリキュラムを問い直す実践の蓄積（石井，2008a）は，〈新しい能力〉の指導可能性や評価可能性を高めつつある。ただ，〈新しい能力〉を育む教育は，より高度な知的レベルと

専門的力量をもった教員の養成，地域の文化施設の利用や専門家の協力といった学校外の文化的・社会関係的な条件の整備など，より多くの教育資源を必要とする。この点に関して，地域間の不均衡の是正や行政等による教育条件の整備は大きな課題であるが，父母や地域住民の学校参加などを学校で利用可能な教育資源の量的・質的拡大につなげる事例も蓄積されてきている。

　以上を総合すれば，現時点で技術上，教育資源上の限界による制約はあるものの，それを克服する努力を続けながら，現代の学校教育は何らかの形で〈新しい能力〉の育成にかかわらねばなるまい。そして，中内の学力規定と学力モデルは，学校で育てるべき〈新しい能力〉を限定的に把握する上で狭すぎる。特に，客体としての教育内容の伝達を軸に，頭の中の認識の変容から一元的に人格形成を対象化しようとする中内習熟説では，現実世界と切り結ぶ学習活動のプロセスを通じて，文化や身体的次元と深いかかわりをもって，認識内容と相互媒介的に形成される，認識方法（知的・社会的能力）は視野の外に置かれ，ゆえに，その一人歩きを制御する条件も導き出せない。

②学力論と参加論的学習論との架橋という課題

　ここで，「学び」論の展開が準備されつつあった1990年前後に，佐伯や竹内らによって，参加論に根ざした学力論の再構成が構想されていたことを想起しよう。先述のように，教育内容の「納得」のプロセスを文化的実践に接続することを主張する佐伯は，基本的には「学力」という言葉に批判的なスタンスを取りながらも，自分なりの考え方をもって対象世界との対話のスタートラインに立った子どもを，真正の文化的実践へと橋渡しする呼びかけや働きかけを行う際に，教師の側がもつ仮説として「学力」を位置づけ，「学力」という言葉を学ぶ側から救う視点を提起していた（佐伯，2003）。また，現実の社会的・政治的な問題を批判的に意識化し，その解決に介入・参加することによる学習を主張する竹内は，中内の習熟説を参加論的学習論へと開いていく必要性を説いていた。「習熟」は，「子どもたちが知識やスキルを現実のなかに再文脈化し，それによって子どもの参加を押し広げていく」形で深化し，「スキルフル（skillful 熟達した）な身体と精神」の獲得につながるとされる（竹内，1994a，p. 81）。

すでに指摘したように,「実践への参加」としての学習への着目は,〈新しい能力〉を育む教育実践において,ややもすると分裂しがちな,学習活動の文脈の具象化・豊饒化,そして,認知レベルのメタ化・高度化という2つの課題を統一的に追求していくカギとなる。またそれは,学力論のフィールドの移動とかかわっていえば,「納得」や「味わう」ことの重視により学習の美学化を認める一方で,社会的実践によって納得（構成）され,事実として本当で大事であるような事柄として,すなわち,体験や情報に解消されず,かといって科学の権威によりあらかじめ特定されるものでもない何物かとして,リアリティを捉えるものであり,「新しい学力観」とは異なる〈美とメディア〉の結合の形の提起となりうる（今井, 2004, p. 93）。そして,上述のように,「学び」論の隆盛の中で十分に展開されることはなかったが,学力論や中内習熟説を参加論的学習論と結びつけて再構成する可能性が1990年代には示されていたのである。

③「教科する」学習を追求する学力研究

では,中内習熟説を参加論的学習論と結びつけて再構成する作業をどのように進めていけばよいのか。両者を統合する学力研究は,発達段階を考慮しながらも,基本的には,「教科する（do a subject）」学習の追求という方向性で,そして,ミクロな教室での実践とマクロな教育政策との接点である教育課程論の地平において展開すべきだと考える。「教科する」としたのは,一方では,「科学と教育の結合」論に見られる,科学的で客観的な知識それ自体の陶冶性への楽観論を克服し,教育内容の獲得過程における,自分の身体と言葉を使って対象世界と対話する契機の重要性と,そのプロセスで形成される知的・社会的スキルや知的性向に目を向けることの必要性を明確にするためである。これは認識形成と人格形成との関係認識において,知識とは相対的に独自な要素としてスキルや性向を想定している点で,確かに二元論あるいは多元論である。だが,そうして多元的な学力の要素が統合された全体としての学習活動のレベルにおいては,知的な活動の徹底による人格形成を志向している点で一元論である。そしてそれは,学力研究の方法論に関して,教育内容を学ぶ過程でどのような学習活動が介在しているのか,そうした学習活動のモデルの議論とセットで,

学力規定や学力モデルを構想していくというアプローチを要請するものである。

もう一方で、「教科する」とすることで、一般に参加論的学習が、社会的実践力や政治的判断力といった、広い意味での実用性と直接的に結び付けられがちであり、他者とのコミュニケーションの成立に重点が置かれがちであるのに対して、文化遺産（科学的知識、芸術的形象、身体的技術など）の獲得・納得と再創造にかかわる文化的実践、および、そこにおける対象世界との対話を主軸に据えることを提起している。すなわち、「教科する」学習は、「なすためになす（doing for the sake of doing）」のではなく、「理解を伴ってなす（doing with understanding）」ことを志向している。またそれは、「学び」論以降の学力・学習論において等閑視されてきた、現実を深く捉える枠組みとしての科学的知識を身につけることの実践的有効性と政治的革新性、そして、「自立した個人」を育てる上での知識・技能の教授の意義に改めて光を当てるものでもある。

さらに、以上のような性格をもった「教科する」学習に向けた学力論を、教育課程論の地平で問うということは、〈新しい能力〉を文化内容に即して捉え、その指導可能性と評価可能性を担保することにつながるだろう。〈新しい能力〉への教育を教育課程論のレベルで問う際に課題となることとしては、多元的な価値に開かれた論争的な概念を含んで教育課程を編成すること、そして、認識内容とは相対的に独立させて、認識方法としての知的・社会的能力を教育課程上に位置づけることなどを挙げることができる。後者に関しては、知的・社会的能力を、心理的で抽象的な「力」に転成させないような方法で、すなわち、それを現実世界との対話と不可分に結びついたものとして、また、社会的に共有・蓄積された「文化としての知的・社会的スキル」として捉えて、その大衆化の論理と方法論を議論していくことが必要であろう。公教育の土台を掘り崩す危険性をもった「飼い馴らす」対象である〈新しい能力〉を、むしろ公教育改革の新たなヴィジョンとして再定義するような学力論の構築が求められているのである（上記の学力研究の方向性を目標論と評価論において具体的にどう展開していくのかについては、本書第8章を参照）。

〈注〉

(1) 「測定学力」「理念学力」の区別については、安彦忠彦（1996）を参照。安彦は、これに「形成学力」を加え、「学力」という用語の意味の交通整理を行っている。

(2) 田中耕治は、戦後学力研究史をふまえ、教育学者による学力研究の固有性を、「一方では客体としての『教育内容』と主体としての『能力』によって構成される『教育目標』としての学力のあり方とともに、その『教育目標』が子どもたちの認識活動をいかに組み換えたかを把握し、目標や授業の改善に結びつく学力評価のあり方を追究すること」（田中，2003, p. 11）とまとめている。

(3) 中井・「中央公論」編集部（2001）には、学力低下論争の主要な論稿が収められている。また、田中（2001）は、従来の教育学者による学力論争とは異なる第五期学力論争の特徴を整理するとともに、そこで看過されている論点について論じている。

(4) 子安潤も、「確かな学力」観は、「注入的指導のその強制性によって、理解を伴いながらの知識の定着に失敗する」、そして、「『活用』学習のスキル化、形式化によって、思考・判断・表現に制限が加えられることによって、現実の『活用』学習に失敗する可能性が高い」と述べている（子安，2008, p. 38）。

(5) 広田照幸（2003）は、学校教育において「できること」と「できないこと」、および、「してよいこと」と「すべきでないこと」を区別することの重要性を説き、その境界線を引く視点として、教育資源上の限界、確率論的な限界、権力と限界設定、価値の多元性と限界設定、地球環境の有限性を挙げている。

(6) こうした学習は、人間の生き方や社会のあり方にかかわるがゆえに論争的なのであり、西原博史（2006）に従えば、子どもの思想・良心の自由という観点から、教師は、「学校が関わることができるが子どもに強制できないもの」という自覚の下で、問題提起と論争のコーディネートに徹するべきである。また、親への事前通知や情報提供など、親の教育権と教育責任を尊重する視点も必要となる。さらに、正解のない問題を探究する学習は、多くの場合、学校外の専門家（教師や親以外の大人）との対話や、異年齢の子どもたちとの交流を要求する。そして、そうした、「タテの関係」（親子関係、教師・生徒関係）と「ヨコの関係」（同一年齢の子ども・子ども関係）を軸とした近代の教育関係が排してきた「ナナメの関係」を学校において創出することは、大人と子どもの世

代間関係システム全体の組み替えを伴う作業となるだろう（宮澤, 2004）。
(7) この"doing"に関する対概念は，Barron et al. (1998) から援用した。
(8) 中内（2005）は，日本の近代学校が，国家主導による「西洋化による近代化」によって整備された一方で，タテ秩序の強い人間関係面を近代化する努力を怠り，「自立した個人」を育てること，「教える技」を成りたたせることにおいて弱さを持っていた点を指摘している。現代日本におけるポスト近代社会化への対応は，人間関係面の近代化を内に含みこんだ形で構想されねばならない。

〈文　献〉

安彦忠彦（1996）.『新学力観と基礎学力』明治図書.

青木誠四郎編著（1950）.『新教育と学力低下』原書房.

Barron, B. J. S. et al. (1998). Doing with understanding: Lessons from research on problem- and project-based learning. *Journal of the Learning Sciences, 7* (3-4), 271-311.

中央教育審議会（2005）.『新しい時代の義務教育を創造する（答申）』.

中央教育審議会・初等中等教育分科会教育課程部会（2006）.『審議経過報告』.

広岡亮蔵（1964）.「学力，基礎学力とはなにか―高い学力，生きた学力―」『現代教育科学』1964年2月臨時増刊号, 5-32.

広田照幸（2003）.『教育には何ができないか―教育神話の解体と再生の試み―』春秋社.

本田由紀（2005）.『多元化する「能力」と日本社会―ハイパー・メリトクラシー化のなかで―』NTT出版.

藤岡信勝（1975）.「『わかる力』は学力か」『現代教育科学』第18巻第9号, 24-42.

伊田広行（2007）.「"エリートでない者"がエンパワメントされる教育―貧困から脱出する学びと援助のしくみをつくる―」岩川直樹・伊田広行編著『未来への学力と日本の教育⑧　貧困と学力』明石書店, 284-332.

今井康雄（2004）.『メディアの教育学―「教育」の再定義のために―』東京大学出版会.

今井康雄（2008）.「『学力』をどうとらえるか―現実が見えないグローバル化のなかで―」田中智志編著『グローバルな学びへ―協同と刷新の教育―』東信

堂，105-137．

石井英真（2008a）．「学力を育てる授業」田中耕治・井ノ口淳三編著『学力を育てる教育学』八千代出版，103-124．

石井英真（2008b）．「算数・数学の学力と数学的リテラシー─PISAの提起するものをどう受け止めるか─」田中耕治編著『新しい学力テストを読み解く─PISA／TIMSS／全国学力・学習状況調査／教育課程実施状況調査の分析とその課題─』日本標準，95-124．

岩川直樹（2005a）．「誤読／誤用されるPISA報告」『世界』第739号，121-128．

岩川直樹（2005b）．「教育における『力』の脱構築─〈自己実現〉から〈応答可能性〉へ─」久冨善之・田中孝彦編著『未来への学力と日本の教育①　希望をつむぐ学力』明石書店，220-247．

岩川直樹（2007）．「貧困と学力─状況への感受性と変革のヴィジョンを呼び覚ます─」岩川直樹・伊田広行編著『未来への学力と日本の教育⑧　貧困と学力』明石書店，10-43．

岩木秀夫（2004）．『ゆとり教育から個性浪費社会へ』筑摩書房．

梶田叡一（1994）．『教育における評価の理論Ⅰ　学力観・評価観の転換』金子書房．

神山弘（2009）．「新教育課程における活用とは何か」『指導と評価』第55巻第4号，4-8．

苅谷剛彦（2003）．『なぜ教育論争は不毛なのか』中央公論社．

勝田守一（1962）．「学力とは何か」『教育』第12巻第7号，10-15．

勝田守一（1990）．『能力と発達と学習』国土社（初版1964年）．

子安潤（2008）．「『車の両輪』とは何か─確実な習得と活用の問題点─」竹内常一他『2008年版学習指導要領を読む視点』白澤社，27-38．

窪島務（1996）．『現代学校と人格発達』地歴社．

教育科学研究会（1993）．『現代社会と教育④　知と学び』大月書店．

松下良平（2009）．「リキッド・モダンな消費社会による教育の迷走─文化と消費の抗争─」『現代思想』第37巻第4号，114-142．

宮澤康人（2004）．「教育関係の誤認と〈教育的無意識〉」高橋勝・広瀬俊雄編著『教育関係論の現在─「関係」から解読する人間形成─』川島書店，39-85．

文部省（1993）．『小学校教育課程一般指導資料　新しい学力観に立つ教育課程の

創造と展開』東洋館出版社.

中井浩一・「中央公論」編集部編（2001）．『論争・学力崩壊』中央公論社.

中内敏夫（1967）．「学力のモデルをどうつくるか（中）」『教育』第17巻第9号，81-91.

中内敏夫（1976）．『増補・学力と評価の理論』国土社.

中内敏夫（1983）．『学力とは何か』岩波書店.

中内敏夫（2005）．『教育評論の奨め』国土社.

西原博史（2006）．『良心の自由と子どもたち』岩波書店.

佐伯胖（1982）．『学力と思考』第一法規.

佐伯胖（1992）．「学びの場としての学校」佐伯胖・汐見稔幸・佐藤学編『学校の再生をめざして② 教室の改革』東京大学出版会，193-227.

佐伯胖（2003）．「『学力』をどう救うか」（初出1983年）『「学び」を問いつづけて』小学館，247-260.

坂元忠芳（1976）．『子どもの能力と学力』青木書店.

坂元忠芳（1979）．『学力の発達と人格の形成』青木書店.

佐貫浩（2005）．『学校と人間形成—学力・カリキュラム・市民形成—』法政大学出版局.

佐貫浩（2009）．『学力と新自由主義—「自己責任」から「共に生きる」学力へ—』大月書店.

佐藤学（1997）．「"学力"幻想を斬る＝学力は貨幣である」『ひと』第25巻第2号，1-7.

佐藤学（2001）．『学力を問い直す』岩波書店.

佐藤学（2008）．「学校再生の哲学—学びの共同体と活動システム—」田中智志編著『グローバルな学びへ—協同と刷新の教育—』東信堂，41-70.

汐見稔幸（1997）．「教育における科学主義と相対主義」唯物論研究協会編『唯物論研究年誌（第2号）相対主義と現代世界—文化・社会・科学—』青木書店，168-203.

鈴木秀一・藤岡信勝（1975）．「今日の学力論における二，三の問題—坂元忠芳氏の学力論批判—」『季刊 科学と思想』第16号，666-685.

竹内常一（1993）．「いまなぜ学習を問題にするのか」『教育学研究』第60巻第3号，1-8.

竹内常一（1994a）．『学校の条件―学校を参加と学習と自治の場に―』青木書店．
竹内常一（1994b）．「学習を問い直す」『教育』第44巻第5号，34-43．
田中耕治（2001）．「『学力低下』論の多様性をふまえ，学力論へつなぐ」岩川直樹・汐見稔幸編『「学力」を問う』草土文化，138-149．
田中耕治（2003）．「『学力』という問い―学力と評価の戦後史からの応答―」『教育学研究』第70巻第4号，3-13．
田中耕治（2008）．『教育評価』岩波書店．
田中昌弥（2005）．「『弱さ』の哲学から語る学力―『強さ』の学力から『弱さ』のリテラシーへ―」久冨善之・田中孝彦編著『未来への学力と日本の教育①　希望をつむぐ学力』明石書店，248-273．

ブックガイド

―学力論に興味をもった読者へ―

　まず，学力論に関する入門的な文献として，下記の2つを挙げたい。**田中耕治・井ノ口淳三編著『学力を育てる教育学』（八千代出版，2008年）**は，学力問題という観点から教育学（教育方法学）の基礎知識を整理したテキストであり，教育目的・目標論，発達論，教育課程論，授業論，評価論，教師論，学校論，大学教育論といった領域に即して学力論の蓄積を広く学ぶことができる。また，**駒林邦男『改訂版　現代社会の学力』（放送大学教育振興会，1999年）**は，学校化・情報化・消費化，それがもたらす「学びからの逃走」といった，子どもと学校をめぐる現代的な問題状況を読み解き，その対策を考える素材として，子どもの生活や学力の実態に関する実証的知見，戦後学力論，認知心理学，カリキュラムの社会学などの理論的知見を，バランスよくかつ実践的に学ぶことができる。

　「学力」は，客体としての教育内容を教えることで学習主体に実現される心理的能力である。また，その獲得状況によって個人の進学や就職が規定されるなど，社会システムの中で価値が付与されるという側面を持つ。こうした学力の性格ゆえに，学力に関する学問的研究は，大きくは，学力形成にかかわる学習・発達のメカニズムを問う「学力の心理学」，学力や学校の社会的機能を問う「学力の社会学」，望ましい学力のモデルの構築，および，それを実現する教育方法・技術の発明を担う「学力の教育学」といった形で分化しながら展開してきた。**市川伸一『学ぶ意欲とスキルを育てる―いま求められる学力向上策―』（小学館，2004**

年）は，人間の情報処理モデル，状況論，学習動機論など，「学力の心理学」の現代における到達点をふまえながら，「確かな学力」観のベースにもなった，「習得サイクル」と「探究サイクル」の２つの軸に即して，「教えて考えさせる授業」といった実践指針を示すとともに，その実践事例も紹介している。また，「学力の社会学」に関しては，**苅谷剛彦・志水宏吉編『学力の社会学──調査が示す学力の変化と学習の課題──』（岩波書店，2004年）**が，政策評価研究への展開を志向しながら，自分たちが実施した学力調査の分析を通して，誰の何についての学力が低下したのか，子どもたちの学習への意識や社会・文化的背景などがそれにどう影響しているのかを実証的に明らかにしている。同書の編者の一人は，学力調査の結果から，「しんどい」地区でありながら教育成果を上げている学校の存在に着目し，すべての子どもたちをエンパワーする「力のある学校」の秘訣をさぐる研究を進めている（**志水宏吉編『「力のある学校」の探究』大阪大学出版会，2009年**）。

　一方，「学力」概念の歴史性をふまえて，「学力の教育学」に固有の研究方法論を明らかにしているのが，**中内敏夫『学力とは何か』（岩波書店，1983年）**である。同書では，学力問題を教育目標・評価関係のレベルで対象化する到達度評価論が提唱されている。**田中耕治『学力評価論入門』（京都・法政出版，1996年）**は，中内のアプローチを継承・発展させ，教育評価論に立脚しながら学力論を構想している。同書は，授業論の課題に即して，「つまずき」論，「イメージ（共感）」論を組み込んだ学力・学習モデルを提起するとともに，指導要録の評価観にかかわって，「到達度評価と個人内評価の内在的な結合」論を提起し，「教育実践の文脈」と「制度としての入試の文脈」とを統一的に議論していこうとしている。さらに，**佐貫浩『学力と新自由主義──「自己責任」から「共に生きる」学力へ──』（大月書店，2009年）**では，戦後学力論をリードしてきた教育科学研究会の理論と実践の蓄積をふまえながら，現在の新自由主義に対抗する学力論が提案されている。

（石井英真）

第Ⅱ部　新しい教育のオルタナティブを探る

第5章　日本の場合
—— PISA の受け止め方に見る学校の能力観の多様性

遠藤　貴広

1　学習指導要領改訂をめぐって

日本では2008・09年に学習指導要領の改訂が行われた。改訂のポイントとして次のような点が伝えられている。

①改正教育基本法等を踏まえた学習指導要領改訂
②「生きる力」という理念の共有
③基礎的・基本的な知識・技能の習得
④思考力・判断力・表現力等の育成
⑤確かな学力を確立するために必要な時間の確保
⑥学習意欲の向上や学習習慣の確立
⑦豊かな心や健やかな体の育成のための指導の充実

また，今回の改訂では「『生きる力』は変わりません」（文科省作成パンフレット）というメッセージが投げかけられ，前回の改訂では曖昧だと言われていた「生きる力」が次のように規定されている。

・基礎・基本を確実に身に付け，いかに社会が変化しようと，自ら課題を見つけ，自ら学び，自ら考え，主体的に判断し，行動し，よりよく問題を解決する資質や能力（確かな学力）
・自らを律しつつ，他人とともに協調し，他人を思いやる心や感動する心な

第Ⅱ部　新しい教育のオルタナティブを探る

どの豊かな人間性
・たくましく生きるための健康や体力など

　さらに，今回は，教育基本法改定（2006年）後初めての学習指導要領改訂である点も見逃せない。教育基本法改定に伴い，学校教育法の改定も行われている。そして，その条文の中に次のような記述がある（学校教育法第30条2項）。

　　前項の場合においては，生涯にわたり学習する基盤が培われるよう，基礎的な知識及び技能を習得させるとともに，これらを活用して課題を解決するために必要な思考力，判断力，表現力その他の能力をはぐくみ，主体的に学習に取り組む態度を養うことに，特に意を用いなければならない。

　ここで注目すべきは，学力の要素として「基礎的な知識及び技能」，「これらを活用して課題を解決するために必要な思考力，判断力，表現力その他の能力」，「主体的に学習に取り組む態度」の3点が法律として規定されたという点である。そして，ここから学習指導要領において「基礎的・基本的な知識・技能の習得とこれらを活用する思考力・判断力・表現力等をいわば車の両輪として相互に関連させながら伸ばしていくとともに，学習意欲の向上を図る」という方向性が明確に打ち出されている。さらに，2010年3月に，中央教育審議会初等中等教育分科会　教育課程部会『児童生徒の学習評価の在り方について（報告）』が提出されているが，この中で，上に示した学力の3要素を踏まえて評価の観点を整理することが確認されている。

　このように，2008・09年の学習指導要領改訂に際しては，これから求められる能力が法的に規定され，それは評価の在り方にまで貫かれている。ただし，この能力規定の背後にどのような能力概念が潜んでいるかという点については，少なくとも公文書の中では定かではない。また，この動きを受けて進みつつある学校現場での取り組みの中で，どのような能力観が実践を規定しているのかという点も明らかではない。前者についての検討素材は，本書前章までの各論考（特に第4章）で示されている。本章では，後者にかかわる論点について，

学校現場でのPISAの受け止め方を事例に考察を進める。こうして，PISAの受け止め方を手がかりに，日本の教育実践の深層に根付いている能力観を問うことにつなげたい。

2 日本版「PISAショック」

2004年12月に公表されたPISA2003の結果は，日本の教育界に大きな波紋を広げるものとなった。この調査で日本は，数学的リテラシー，科学的リテラシー，問題解決の平均得点で最上位の国々と統計上有意差はなかった。しかし，読解リテラシーの平均得点はOECD平均程度で，順位も2000年調査の8位から14位に大きく後退した。この結果を重く受け止めた文部科学省は，すぐに省内に「PISA・TIMSS対応ワーキング・グループ」を設置し，特に読解リテラシーを中心に調査結果の詳細な分析を行い，2005年12月に「読解力向上プログラム」なるものを発表している。ここでPISAが定義する読解リテラシーの特徴が「PISA型『読解力』」という名で共有されるようになり，この「PISA型『読解力』」を実現するための取り組みが日本中で広く進められた。それは国語以外の教科・領域にも大きな影響を及ぼすものとなり，以後「PISA型」を冠する書籍が多数刊行されている。

2007年4月から実施されている文部科学省の「全国学力・学習状況調査」にもPISA2003の影響が見られる。全国学力調査の構想自体は，安倍晋三政権下の新自由主義教育改革の一環で，中山成彬文部科学大臣（当時）の主導によるところが大きかった。ただ，実施にあたっては，日本教職員組合などからの反対の声も大きかった。そんな中，PISA2003での日本の順位低下が，学力低下を懸念する世論に共鳴し，全国学力調査の実施を後押ししたという面は大きい。また，調査問題に目を向けると，国語と算数・数学それぞれに対して，主として「知識」を問う「A問題」と，主として「活用」を問う「B問題」の2種類が設けられ，特に「B問題」でPISAを意識した調査問題が出題されている。以後，この「活用」や「B問題」を冠した書籍も多く刊行されるようになって

いる。

　さらに，2008年改訂の学習指導要領において，引き続き「生きる力」の重要性が強調されているが，それはPISAの概念的枠組みにもなっているDeSeCo (Definition and Selection of Competencies: Theoretical and Conceptual Foundations) プロジェクトの「キー・コンピテンシー（Key Competencies）」を先取りしたものだとされている（中央教育審議会『幼稚園，小学校，中学校，高等学校及び特別支援学校の学習指導要領等の改善について（答申）』2008年1月17日）。これは「生きる力」という既存の理念を新たな能力概念で意味づけようとする努力の表れである（ただし，本書序章で指摘されているとおり，文部科学省の「生きる力」とDeSeCoのキー・コンピテンシーの間には，内容においても理論的前提においても隔たりがある）。一方で，PISAのリテラシー概念の上位に位置づく枠組みを紹介することで，PISAに向けた取り組みを一層強化することにもつながる。すでに，DeSeCoのキー・コンピテンシーに触れながら，PISAに向けたより強固な取り組みを紹介する実践報告も多く出されている。このDeSeCoのキー・コンピテンシーが日本に本格的に紹介され出したのは2006年頃のことであり，PISA2003の結果をめぐる議論とも呼応するものである。

　このように，PISA2003を契機とする日本版「PISAショック」以後，日本では「PISA型」を称する取り組みが教育界で多く見られ，学校現場に大きな影響を及ぼしている。

　「PISA型『読解力』」をめぐる実践の展開を検討した秋田喜代美（2009）は，学校によってPISAの受け止め方に次のような違いがあることを指摘している（pp. 209-210）。

> けれども実際には，このPISA型読解力，言語力育成に対応する学校タイプをわけてみるならば，教育の過程として大きくは5つの方向をもつ授業実践が見られる。①積極的に研究開発を行ないPISA型対応のモデルを示そうとする開発型の実践をする学校と，それら先進校が開発したものを受け入れながら実践しようとする学校，②国語科の教科や説明文授業等，特

定教科に任せ，その担当者が担おうとし，他部分は変化しない部分的変革校，③PISA 等の学力テスト結果は参考にしつつも，自分たちの学校で特に力を入れたい点として，表現力や批判的能力に焦点を当てて研修等を組み立てていこうとする，時代動向を受け入れつつ翻案し実践していく学校，④改革には距離をおいて，これまでの実践を受け継ぎつつ独自路線で進もうとする，独自の信念による学校，⑤学校での話題にしたり，紀要の前書き等には表面的には登場するが，実践等実際には何も変わらない学校である。ここに，日本の学校教育の輻輳的現実がある。

このように，PISA の受け止め方は学校によって大きく異なる。そして，PISA の受け止め方の違いに，学校の実践に埋め込まれている能力観が表れている。そこで，本章では以下，上の①に区分される事例として横浜国立大学教育人間科学部附属横浜中学校の取り組みを，また，これと対照をなす④ないし⑤に区分される事例として福井大学教育地域科学部附属中学校の取り組みを紹介し，それぞれの取り組み方の違いから，そこに内在している能力観の違いを描き出し，それが〈新しい能力〉をめぐる議論にどのような意味を持つのか，考察を試みたい。

3　特徴的な2つの事例

(1) 新たな対応モデルを示す学校

「PISA 型『読解力』」を意識した取り組みとして最も目立った動きを見せたのが，横浜国立大学教育人間科学部附属横浜中学校（以下，「附属横浜中」）である。

横浜国立大学教育人間科学部附属教育実践総合センターが2005-06年に担っていた「学力向上拠点形成事業・文部科学省委嘱『わかる授業実現のための教員の教科指導力向上プログラム』研究会（国語）読解力向上プログラムに係る『読解力向上のための指導事例集』作成のための委嘱事業」において，附属横

表5-1 「読解力」育成の指導

指導のねらい		国語	社会	数学	理科
ア テキストを理解・評価しながら読む力を高めること	(ア)目的に応じて理解し，解釈する能力の育成	○作品の「続編」を，「語り手」をかえて書くために文学テキストを読むことで，人物像を明確にし，作者の表現意図について考える。	○市場経済における価格の決定を需要，供給曲線を読み取り説明する。	○問題を理解しそれを二次方程式で表し問題解決をはかる能力を高める。	
	(イ)評価しながら読む能力の育成	○同じテーマで書かれた複数の文章を比較して読み，両者の共通点や相違点をとらえ分析する。筆者の表記・表現の意図やその妥当性について，多面的かつ批判的に読む。	○公債発行残高のグラフを読み取り，その必要性の意義を考える。	○不適切な二次方程式の解法の過程を読んでその不適切な部分を指摘し説明する能力を高める。	○自然事象の中に疑問や問題を見い出し，予想や仮説を基に観察・実験の目的や方法を設定する。 ○観察・実験の結果の吟味を行う。 ○観察，実験の結果を解釈し，論理的に考えたり，分析的，総合的に考察を考える。（自然事象について熟考し，科学的に解釈する。）
	(ウ)課題に即応した読む能力の育成	○気になる新聞記事についてのスピーチをすることで，その概要をまとめ，自分の意見を明確にして発表する。	○人権思想の発達の歴史年表を活用し，日本国憲法の成立過程を考える。	○問題を読んで面積が時間の二乗に比例することを図にかくことなどを通して理解する能力を高める。	○観察・実験の結果を解釈し，考察を考える。 ○学習後，図書館やWebなどを活用して関連する科学読み物を読み，読んで分かったこと，考えたこと，感じたことなどを簡潔に表し，学習内容の理解を深化させる。
イ テキストに基づいて自分の考えを書く力を高めること	(ア)テキストを利用して自分の考えを表現する能力の育成	○新聞の「投書」や「社説」を読み自分の考えを書くことで，読み取った情報をもとに自らの生活体験と結び付けて思考したことを，分かりやすく表現する。	○温暖化に関する資料を読み取り，自分なりの対策法を考える。	○カレンダーの数の配列から気付いたことを考察し説明できる能力を高める。	○観察，実験の結果より考察を考え表現する。 ○自然事象における関係や規則性を見い出す。（結果を解釈し，関係や規則性を見い出す。）
	(イ)日常的・実用的な言語活動に生かす能力の育成	○テキストを参考に，学年集会での「呼びかけ原稿」を修正することにより，効果的な構成・表現を考える。	○時事的な話題についてどこに問題点があるのかを明らかにして表現する。		○観察・実験の結果の表現方法や整理の工夫（文章，表，図，グラフ，スケッチなど）を行う。 ○観察・実験の考察の仕方の工夫（結果と考察を区別し，考察では結論を先に述べ，次にその論拠を述べる。）
ウ 様々な文章や資料を読む機会や，自分の意見を述べたり書いたりする機会を充実すること	(ア)多様なテキストに対応した読む能力の育成	○広告やちらしを取り上げスピーチすることで，多様なメディアから情報を読み取り，自分なりの視点を持つ意見をまとめる。		○$y=ax^2$と一次関数のグラフを絡めてそこから情報を読み取る能力を高める。 ○空間図形の二点の距離を求めるためにその位置関係を読み取る能力を高める。	○自然事象を観察し解釈する。 ○問題解決のために必要な情報の収集を行う。
	(イ)自分の感じ考えたことを簡潔に表現する能力の育成	○古典作品を通して触れた作者の人生観について，自らの生き方に照らし合わせながらコメントすることで，読んだことと関連付けて自分の感じたことを簡潔に表現する。	○資料やグラフから今後の社会の在り方に自分なりの考察を表現する。		○観察・実験の考察や調べたことを通して自分の考えを表現する。 ○自然環境を保全し，生命を尊重しようとする。（自然の事物・現象について理解したことを，環境保全や生命尊重に利用しようとする。） ○学習後の自己評価から，自然事象について分かったこと（理解したこと），できるようになったことや自然事象への関心・意欲・態度などを簡潔に表す。

（出典）横浜国立大学教育人間科学部附属横浜中学校，2007，pp.26-27.

第5章　日本の場合

のねらいとその具体例【3年】

音　楽	美　術	保　体	技　術	家　庭	英　語
○楽譜を読むことや音楽を聴くこと及び実際の演奏などを通して，音楽的な特徴などについて感じたり，理解し解釈する能力を育成する。	○表現の活動に際し，表現技法や用具などについて知る。○鑑賞活動の際に作品に関する資料などを読み，作品への知的な接近を図る。		○回路図を読み，電気部品を適切に接続する。		○伝言や手紙などに適切に応じる。
	○視覚的な効果と盛り込まれている言語情報との関係や表現意図などを比較検討するなどして分析的，総合的に考察したり，そのよさについて理解する。	○自分に合った技能のポイントや練習の仕方を選んだり見付け出したりする。○複数のテキストを評価し実践に活用することができる。	○ゲルマニウムラジオ，真空管ラジオ，トランジスタラジオを比較し，それぞれの優れている点などを考えることにより技術を評価する。		○読んだことについて感想や意見を述べようとする。
	○絵画，彫刻表現などの際のモチーフとなる資料や，視覚伝達などを目的とした適性表現活動の資料を読み取り，制作に生かす。			○テーマに即した情報を収集し，課題や自分たちの考えを出し合い，熟考する。	
○楽譜を読むことや音楽を聴くこと及び実際の演奏などを通して，音楽的な特徴などについて感じたり，理解することを通して，演奏上の工夫について考え表現する能力を育成する。	○鑑賞活動に際し，資料を参照しながら作品への接近を試み，新たに気付いた点などをまとめ，表現する。				
	○言語的要素と視覚的要素が混在した適性表現に際し，伝えたいことを分かりやすく表現する。	○予測的対応能力を生かして適切な言動をとることができる。			
	○鑑賞活動に際し，種々の解説資料や，関連する複数の異なる文化，芸術領域の作品，記録，統計資料などを参照し作品への接近を試みる。	○さまざまな資料を自分の課題や日常生活にあてはめ，適切な方法や行動を選ぶことができる。		○様々な状況や情報を相互に関連付けて課題を発見し，その背景にあるものを見極め，解決に向けて得た情報をもとに，自分の考えをまとめ提案する。	
○西洋音楽とは異なったスタイルで成立している日本音楽や諸民族の音楽を表現したり鑑賞したりすることを通して，音楽の多様性について自分の考えを適切に表すことのできる力を育成する。	○鑑賞活動に際し，感受した作品のよさや美しさをそれぞれの言葉でまとめ，他者に伝える。		○作業をして気付いたことやつかんだことを作業記録用紙に簡潔に記述する。		○工夫をしたりアイディアを用いて自分の意見や考えなど話そうとすることを，聞き手に正確に伝える。

浜中は実践上の中核的な研究実施機関となり，「読解力向上プログラム」を効果的に実現するために『読解力向上に関する指導資料―PISA 調査（読解力）の結果分析と改善の方向―』（文部科学省，2006）に基づいた研究実践を実施していた。

『読解力向上に関する指導資料』の中で文科省は，読解力を高めるための「指導のねらい」を次の 7 点に整理している（文部科学省，2006, pp. 15-18）。

　　ア　テキストを理解・評価しながら読む力を高めること
　　（ア）目的に応じて理解し，解釈する能力の育成
　　（イ）評価しながら読む能力の育成
　　（ウ）課題に即応した読む能力の育成
　　イ　テキストに基づいて自分の考えを書く力を高めること
　　（ア）テキストを利用して自分の考えを表現する能力の育成
　　（イ）日常的・実用的な言語活動に生かす能力の育成
　　ウ　様々な文章や資料を読む機会や，自分の意見を述べたり書いたりする
　　　　機会を充実すること
　　（ア）多様なテキストに対応した読む能力の育成
　　（イ）自分の感じたことや考えたことを簡潔に表現する能力の育成

　附属横浜中では，この 7 つの「指導のねらい」を明確に位置付けた指導計画が，単元そして教科をまたいで立てられ，実践後，指導計画の一覧と指導事例の修正が行われるようになっている。これにより，「PISA 型『読解力』」として求めるものが何で，それをどの教科でいつどのように扱うかが一目で分かるようになっている（表 5-1）。

　この附属横浜中の取り組みは，毎年単行本にまとめられ，一般に刊行されている。しかも，その取り組みには，文科省初等中等局の視学官や教科調査官も深く関与している。そこで同校の実践は，文科省の「お墨付き」も得た形で，日本の「PISA 型『読解力』」にかかわる学校ぐるみの取り組みをリードするに至っている。その内容は出版本のタイトルに明確に示されている。

2006 「読解力」とは何か―PISA調査における「読解力」を核としたカリキュラムマネジメント―

2007 「読解力」とは何か〈Part 2〉―カリキュラム・マネジメントで年間指導計画・学習プロセス重視の指導案―

2008 習得・活用・探究の授業をつくる―PISA型「読解力」を核としたカリキュラム・マネジメント―

2009 各教科等における「言語活動の充実」とは何か―カリキュラム・マネジメントに位置付けたリテラシーの育成―

2010 思考力・判断力・表現力等を育成する方策―中高の系統的指導のためのカリキュラム・マネジメント―

　このように，附属横浜中では，「PISA型『読解力』」を核に教育課程を編成していくことが意図的に行われ，その後も，「言語活動の充実」や「思考力・判断力・表現力等の育成」等，年度ごとに学校ぐるみで，どのような能力や学習活動に重点を置いた実践研究を行うのかが具体的に示されている。そして，各教科で取り組みの柱となる目標・評価規準・学習活動等が一覧表となって研究集会等でも共有され，焦点化された議論が行われている。

　しかしながら，同校の教師の声を聞くと，「PISA型『読解力』」を意識した取り組みで以前からの授業スタイル自体が特段変わったわけでもない，というのが同校の教師たちの認識である。(1)「PISA型『読解力』」として求められるものと似たようなものは，以前から同校でも取り組まれていた。同校の実践にとって意義深かったのは，すでに同校で取り組まれていたことがPISAの言葉でも整理され，さらに文部科学省の「お墨付き」も得られるようになったことであるというのである。

（2）独自の文化を持続させる学校

　PISAの受け止め方に関して，附属横浜中と対照をなす取り組みとして注目したいのが，福井大学教育地域科学部附属中学校（以下，「福井大附属中」）の

189

実践である。それは同じ国立大学の教員養成学部の附属中学校でPISAに注目しながら，実践へのアプローチの仕方が全く異なる取り組みである。

　まず，ここ数年の同校の研究主題を確認しておく（括弧内は紀要発行年度）。

　　第Ⅶ期　探究するコミュニティの創造（2003〜2007）
　　　1年次　カリキュラムを省察し，再構成する（2003）
　　　2年次　プロセスを評価する（2004）
　　　3年次　続　プロセスを評価する（2005）
　　　4年次　教科の探究の質を問う（2006）
　　　5年次　探究を問い直し，カリキュラムを再構成する（2007）
　　第Ⅷ期　学びを拓く《探究するコミュニティ》（2008〜2012）
　　　1年次　子どもの学びを見取る（2008）
　　　2年次　個の学びを高める協働探究をデザインする（2009）
　　　3年次　学びの必然性を問う（2010）

　福井大附属中では2003〜07年度の5年間，「探究するコミュニティの創造」という研究主題の下，「探究」と「コミュニケーション」をキーワードに中学校3年間を見通した「主題－探究－表現」型の授業による実践研究が続けられていた。同校の実践には「発意・構想・構築・遂行・省察」という探究のサイクルがあり，そのプロセスの中で見られる子どもの姿がストーリーとなって実践記録に描き出され，それを読み合い書き直す中で促される省察からカリキュラムを問い直す実践のサイクルが確立している。

　福井大附属中の教師たちもPISAに注目していることは明らかである。例えば，2007年6月に行われた教育研究集会では，「PISA調査が求めるリテラシーとこれからの授業デザイン」というテーマでシンポジウムが持たれている。また，同校の研究紀要の中に，PISAに言及する論考も多く見られる。しかしながら，附属横浜中に見られるような「PISA型『読解力』」として何を身に付けさせるか，それをどの授業でどう扱うかという点での整理は見られない。2008年度から「学びを拓く《探究するコミュニティ》」という研究主題が新た

に立てられ，2009～10年に同名のシリーズ本（福井大学教育地域科学部附属中学校研究会，2009-2010）が出版されているが，この動き自体は変わっていない。概して福井大附属中では，「〇〇力の育成」「〇〇活動の充実」といった形で，特定の能力や学習活動に焦点を当てた研究主題が設定されることがない。したがって，特定の能力や学習活動が実現されているかという点に焦点化した議論が行われるわけではない。

　ただし，同校の実践で目指されているもの，換言すると，目標設定や単元設計の拠り所となるものは，ないわけではない。教科ごとに明確に示されている。それは「核となる学び」と呼ばれ，具体的には次のようなものである。

　　国語：言葉を通して他とかかわり，追究を深める
　　社会：多様な視点で社会を見つめ合い，自己を問い直す
　　数学：関係を探り，構造をつかむ
　　理科：しくみを解明し，自然観を広げる
　　（以下，省略）

　これらを大きな軸に，長期にわたる実践の省察が行われ，3年間を見通したカリキュラムの構想が行われる。また，附属横浜中に比べて包括的なものではあるが，子どもたちに育みたい能力とその形成を支える学習活動も明示されている（図5-1）。この中に，評価の観点にあたるものも明示されている。たとえば第3学年では次のような観点が示されている。

・他とのかかわりの中で，自分の課題の質を高め，解決に向けてより確かな見通しを持つことができる。
・協働的な探究を推進して自分の主張を築き，他者に理解しやすい形で表明することができる。
・次の活動につなげるために，出来事に基づく自分の思考や活動の変容をとらえ直すことができる。

　これらは「PISA型『読解力』」として日本で示されているものとは異なる

学年プロジェクト全体計画

=本校の学年プロジェクト=
社会とかかわり，自己の生き方を考えるテーマを学年毎に設定し，3年間を通したロングスパンの探究活動によって，教師とともに，主体的・創造的や過去の実践を超えていこうという常に変化していく学校文化の一翼を担っている。

○教科と他領域の関係
体系的な教科の学問構造に支えられている教科学習とは，内容的なつながりを最初から持っているわけではないが，どちらも他者とかかわり合いな表現方法や探究内容を深めていったりする。

○異学年のつながり①（文化祭）
9月に行われる文化祭は，各学年の探究してきたことを共有する最大の場である。文化祭での発表によって，文化集団の中で閉じた活動に終わることなく，世代を越えて表現を交流し合う世代継承サイクルが展開し，学校文化が受け継がれていく。1年生は，テーマ設定から今後の方向性を模索しながらの取り組みを，2年生は，前年度の文化祭から1年間かけて協働で探究してきた内容を，3年生は，学級ごとに演劇を，テーマに沿った形で表現方法を工夫し披露する。それぞれの探究が1つの場で共有されることによって，異学年からの直接のアドバイスや担当学年外の教員による批評を受ける場があり，これまでの探究を省察し次のステップに踏み出す場になるとともに，1年後の自分たちの姿を重ね合わせ，めざすべき姿を具体化する場ともなっている。

学年プロジェクトから演劇までのストーリー
1,2年の学年プロジェクトにおける様々な活動を通して，集団で学び合うこと，支え合いながら1つのものを追究していくこと，そして，自分以外の人，集団，異学年との交流によってお互いの活動の質が向上していくことを学んできた。その中で多くの人との人間関係をしっかりと築き，集団の力によって創り上げていくことの意義や可能性を深く感じ取ってきている。2年生でのこうした活動に加え，修学旅行での創作音楽ドラマの発表や連合音楽会も，文化祭，クラス演劇を視野に入れたものとなり，学年全体が一つになって動いていくのである。

第3学年 — 連合音楽会

構築 上演 役割ごとの活動
振り返り
テーマの設定 脚本作り
学級演劇に向けて
発意 表現 省察
構築 創作

構築 制作 調査 組織作り 構想
発表会 表現方法の設定
文化祭に向けて テーマの捉え直し
発意 表現 省察
構築 発表会

第2学年 — 遠足

3年間を見通した学年プロジェクトの始まり
宿泊学習を終えた頃から，実行委員を中心に，教師とともに，これから取り組む自分たちのテーマを設定する活動が始まる。はじめから国際理解や環境といったテーマを与えるのではなく，まず自分たちの興味・関心を起点とし，すべての子どもがこれまでの経験や挑戦してみたい事柄から，どのような活動が相応しいか場面や規模を変えながら話し合う。本当にみんなで探究していけるテーマとなりうるか，どのような表現活動が組織できるか，そしてどのような成果が期待できるのかなど3年間の継続性や発展性を見据え，時間をかけて学年一人一人が納得できるテーマを探る。

構想 調査の体験
構築 組織作り
表現の工夫 話し合い
テーマ検討
発意 表現 省察
文化祭に向けて

第1学年 — 宿泊学習

学年プロジェクトを

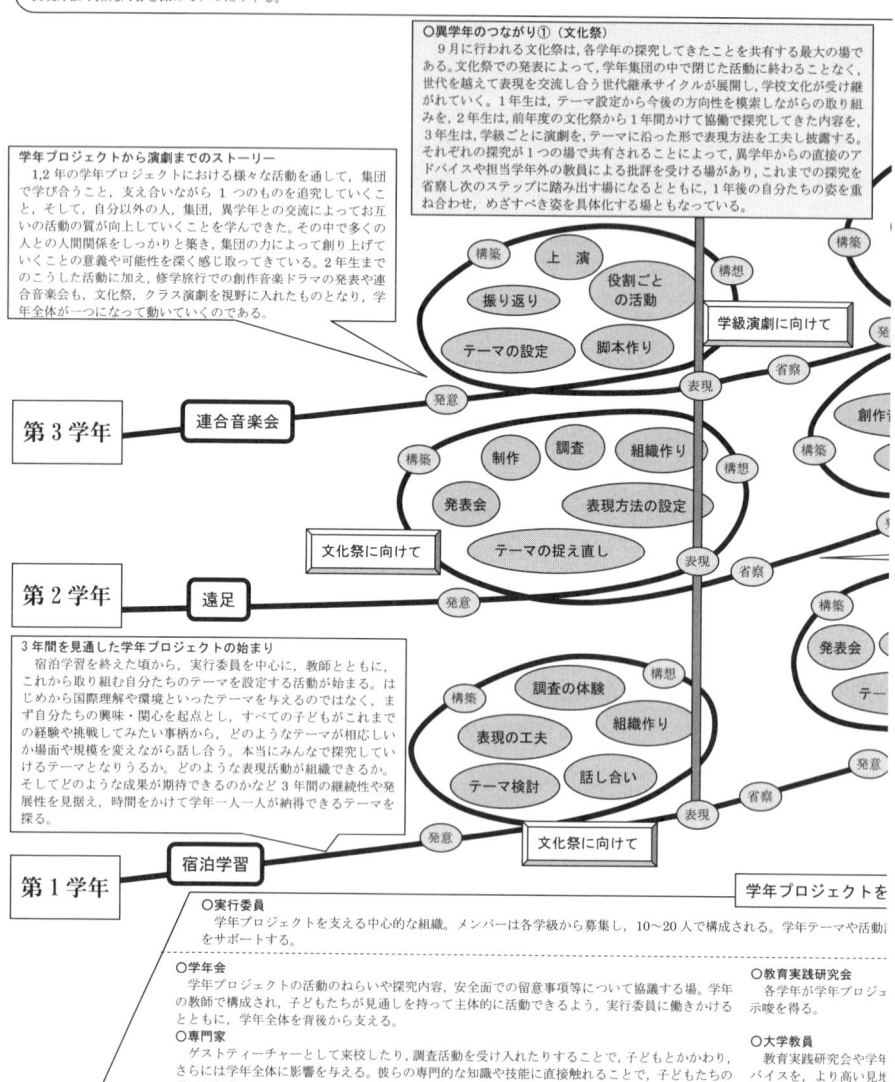

○実行委員
学年プロジェクトを支える中心的な組織。メンバーは各学級から募集し，10～20人で構成される。学年テーマや活動をサポートする。

○学年会
学年プロジェクトの活動のねらいや探究内容，安全面での留意事項等について協議する場。学年の教師で構成され，子どもたちが見通しを持って主体的に活動できるよう，実行委員に働きかけるとともに，学年全体を背後から支える。

○専門家
ゲストティーチャーとして来校したり，調査活動を受け入れたりすることで，子どもとかかわり，さらには学年全体に影響を与える。彼らの専門的な知識や技能に直接触れることで，子どもたちの学びが促進される。

○教育実践研究会
各学年が学年プロジェ示唆を得る。

○大学教員
教育実践研究会や学年バイスを，より高い見

図5-1　学年プロ

（出典）　福井大学教育地域科学部附属中学校研究会，2009，第5巻，pp. 68-69.

的によりよく問題を解決する姿をめざす。常に表現活動を視野に入れた協働的な学習を展開し，スパイラル的に課題や探究を変容させながら，他学年

がら，ロングスパンの主題・探究・表現型の学習を組織している。したがって必要に応じて探究の内容や方法を相互に活用したり，行事と関連付けて

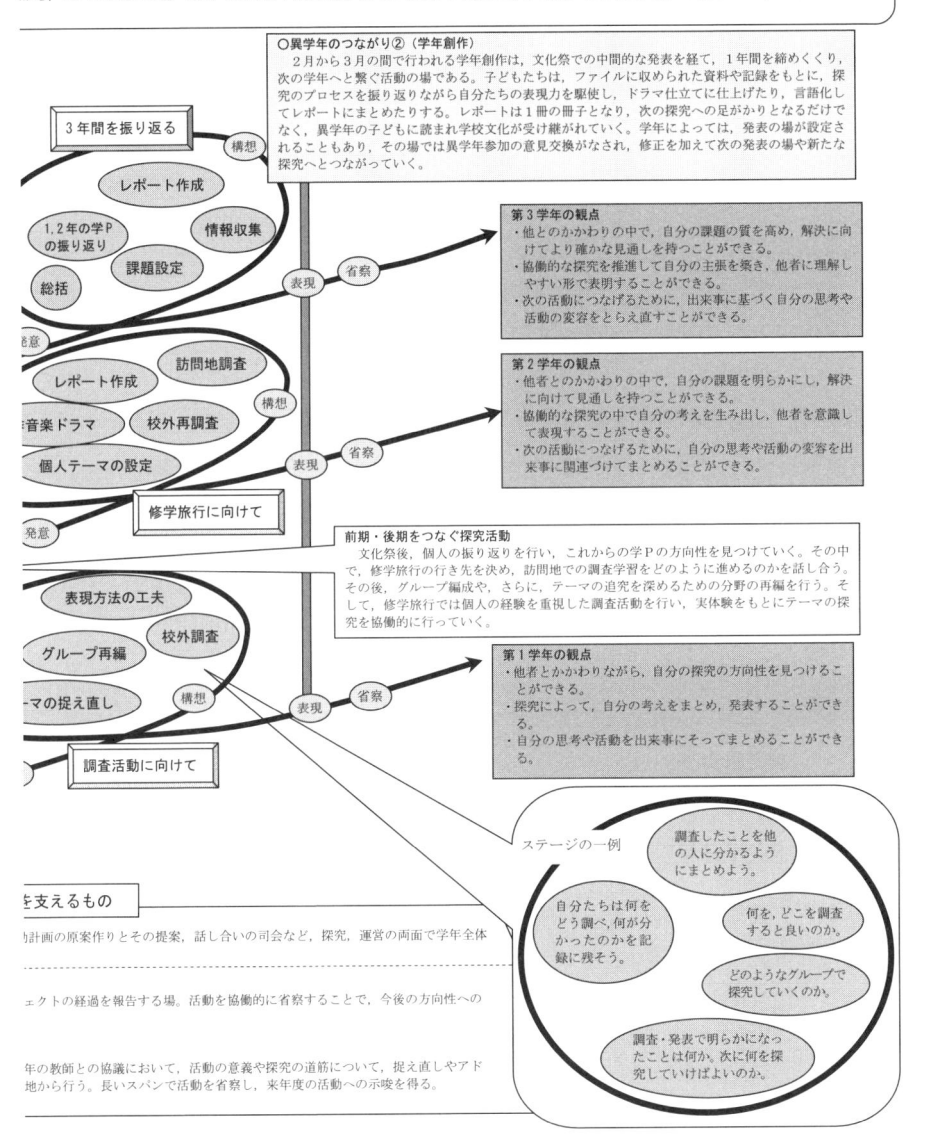

○異学年のつながり②（学年創作）
　２月から３月の間で行われる学年創作は，文化祭での中間的な発表を経て，１年間を締めくくり，次の学年へと繋ぐ活動の場である。子どもたちは，ファイルに収められた資料や記録をもとに，探究のプロセスを振り返りながら自分たちの表現力を駆使し，ドラマ仕立てに仕上げたり，言語化してレポートにまとめたりする。レポートは１冊の冊子となり，次の探究への足がかりとなるだけでなく，異学年の子どもに読まれ学校文化が受け継がれていく。学年によっては，発表の場が設定されることもあり，その場では異学年参加の意見交換がなされ，修正を加えて次の発表の場や新たな探究へとつながっていく。

- ３年間を振り返る
- レポート作成
- １,２の学Ｐの振り返り
- 情報収集
- 課題設定
- 総括
- 発意

第３学年の観点
・他とのかかわりの中で，自分の課題の質を高め，解決に向けてより確かな見通しを持つことができる。
・協働的な探究を推進して自分の主張を築き，他者に理解しやすい形で表明することができる。
・次の活動につなげるために，出来事に基づく自分の思考や活動の変容をとらえ直すことができる。

- レポート作成
- 訪問地調査
- 音楽ドラマ
- 校外再調査
- 個人テーマの設定
- 修学旅行に向けて

第２学年の観点
・他者とのかかわりの中で，自分の課題を明らかにし，解決に向けて見通しを持つことができる。
・協働的な探究の中で自分の考えを生み出し，他者を意識して表現することができる。
・次の活動につなげるために，自分の思考や活動の変容を出来事に関連づけてまとめることができる。

前期・後期をつなぐ探究活動
文化祭後，個人の振り返りを行い，これからの学Ｐの方向性を見つけていく。その中で，修学旅行の行き先を決め，訪問地での調査学習をどのように進めるのかを話し合う。その後，グループ編成や，さらに，テーマの追究を深めるための分野の再編を行う。そして，修学旅行では個人の経験を重視した調査活動を行い，実体験をもとにテーマの探究を協働的に行っていく。

- 表現方法の工夫
- グループ再編
- 校外調査
- テーマの捉え直し
- 構想
- 表現
- 省察
- 調査活動に向けて

第１学年の観点
・他者とかかわりながら，自分の探究の方向性を見つけることができる。
・探究によって，自分の考えをまとめ，発表することができる。
・自分の思考や活動を出来事にそってまとめることができる。

ステージの一例
- 調査したことを他の人に分かるようにまとめよう。
- 自分たちは何をどう調べ，何が分かったのかを記録に残そう。
- 何を，どこを調査すると良いのか。
- どのようなグループで探究していくのか。
- 調査・発表で明らかになったことは何か，次に何を探究していけばよいのか。

を支えるもの

計画の原案作りとその提案，話し合いの司会など，探究，運営の両面で学年全体

ェクトの経過を報告する場。活動を協働的に省察することで，今後の方向性への

年の教師との協議において，活動の意義や探究の道筋について，捉え直しやアド
地から行う。長いスパンで活動を省察し，来年度の活動への示唆を得る。

ジェクト全体計画

タイプのものであるが，日本版「PISAショック」以後もこのような観点で評価活動が行われている。そして，長期にわたる実践の協働的な省察を通して，図5-1のような形で共有されているカリキュラム構造を見直していく作業が継続的に行われている。

4　実践研究の方法論の違い

「PISA型『読解力』」に向けた取り組みを見せた学校の多くが，2008年以降，これから求められる能力を「キー・コンピテンシー」という言葉で説明するようになっている。それは先述の通り，2008年学習指導要領改訂の方針を伝える中教審答申の中で，「生きる力」がDeSeCoのキー・コンピテンシーを先取りしたものとして位置づけられたことによるところが大きい。これを受けて，例えば附属横浜中では，キー・コンピテンシーを踏まえた「目指す生徒像」や「目指す具体的な生徒の姿」を設定していることが明確に謳われている。具体的には次のようなものである。

〈目指す生徒像〉
・これからの社会をよりよく生きるための幅広い能力（「リテラシー」）を身に付けた，次代を担う人材となる生徒。

〈目指す具体的な生徒の姿〉
①変化する社会に柔軟に対応できる思考力や問題解決力を身に付けた生徒。
②国際社会で活躍できる幅広い教養と自分の考えを的確に表現する力を持った生徒。
③高度情報化社会を積極的に切り拓いていけるような情報活用力を身に付けた生徒。
④次のパラダイムを予測して，創造力を持って新たなものに挑戦しようとする生徒。
⑤他人の個性や考えを認め合い，共に生きていく関係づくりをしようとす

る生徒。
⑥相手に対しての思いやりの心を忘れず，物事に誠実に対応していく生徒。
⑦自分の心と身体についての理解を深め，健康や安全を心がけようとする生徒。
⑧自分の進路，取り組むべき課題解決，身体の在り方に対して，自己評価を行い，よりよい方向に修正していくことのできる生徒。

　これらがDeSeCoのキー・コンピテンシーからどのように導き出されたかは定かでない。また，このようなリストがDeSeCoのコンピテンス概念に適うものであるとも言えない。しかし，今後これと同様の形で，キー・コンピテンシーから学校の教育目標が設定される事例は増すと考えられる。

　これに対し，福井大附属中では，先の「PISA型『読解力』」のときと同様，キー・コンピテンシーに基づいて学校の教育目標や教育課程を組み替えることは行われていない。ただし，同校の実践にかかわる研究者が，DeSeCoのキー・コンピテンシーに出てくる言葉を用いて実践を意味づけることは行われている。したがって，同校の教師たちがキー・コンピテンシーのことを知らないわけではない。

　附属横浜中の教師の声にもあったように，両校とも元々あった授業スタイル自体には劇的な変化はなかった。しかし，それでも，PISAのリテラシーやDeSeCoのキー・コンピテンシーの受容の仕方に関しては全く異なる印象を与えている。その原因は両校の実践の「残し方」の違いにある。それは両校の実践研究の方法論を反映している。

　附属横浜中は，「PISA型『読解力』」に向けた取り組みの中で，各教科で「身に付けたい力」を一覧表に整理した上で，それを実現させる指導計画を作成し，実際に実践する中で指導改善を図り，その成果から一覧表の修正を行っている。そして，修正された一覧表や指導計画・指導事例が学習指導案とともに本にまとめられ出版されている。これは取り組みの中身が一目で分かり，学外の実践者も参照しやすい。このような実践研究のアプローチを本章では「リ

スト型」(一覧表整理型)と呼ぶことにする。

　これに対し，福井大附属中では，実践後，実践記録にまず「学びの姿」ないしは「学びのストーリー」として授業の事実から子どもが主人公となるストーリーを描いた後で，「省察」として子どもの学びの裏にある授業構想や手だてについて教師サイドからの捉え直しを書くことになっている。そして，この実践記録が同校の研究紀要に載せられ，出版本の基盤になっている。ここで実践研究の核になるのは，実践記録に描かれている子どもの「学びのストーリー」についての協働的で多角的・多面的な事例検討であり，それを通して促される教師自身の実践の捉え直しである。このような実践研究のアプローチを本章では「ケース型」(事例検討型)と呼び，先のリスト型と区別することにする。

　ただし，この区別は，国立大学法人の教員養成系学部附属の中学校という特殊事例の中から見いだされたものである。したがって，安易な一般化は慎まなければならない。また，実際の学校現場では両方のアプローチが組み合わされて実践されているため，一方的な二項対立にも注意が必要である。

　このような限定を設けた上で，PISA の受容の仕方に目を向けると，「PISA 型」を標榜するほとんどの実践報告が，リスト型に近いアプローチを採っている。「PISA 型」として何を目指すかを簡潔に伝えられるためである。これに対し，ケース型に近いアプローチを採っている学校では，既存の実践を深く読み解くことから実践研究のサイクルが始まるため，「〇〇型」「〇〇力育成」といった形で教育課程を急に組み替えることが起こりにくい。このような実践研究の方法論に見られるアプローチの違いが，PISA やキー・コンピテンシーの受容の仕方に違いを生み出しているのである。

5　背後にある能力観の違い

　上のようなアプローチの違いの背後には，能力観の違いも埋め込まれている。
　附属横浜中では，「身に付けたい力」が分析・抽出され，それを身に付けさせるための手だてが単元・教科をまたいで整理され，実践後その「力」が付い

たかどうか考察が行われる。そこには，能力を，個人が所有する，文脈独立的な実体として捉える傾向がある。これは実践研究の方法論としてリスト型のアプローチを採っている取り組みに見られる傾向で，能力を文脈や状況をまたいで持ち運べるモノと想定するからリスト化できるのである。

これに対し，福井大附属中では，子どもの「学びの姿」ないしは「学びのストーリー」を，それが引き起こされる文脈や関係の中に位置付けて把握するため，単独で「○○力が付いた」「○○力が高まった」といった記述がなされることがほとんどない。そこには，能力を，関係の中で働く，文脈依存的な機能面から捉える傾向がある。これは実践研究の方法論としてケース型のアプローチを採っている取り組みに見られる傾向で，その実践で育まれる能力を抽出することよりもむしろ，その能力が発揮される状況や文脈や関係を事例ごとに詳しく記述することに重きが置かれる。

PISA やキー・コンピテンシーに通底する能力観は，DeSeCo プロジェクトにおいて「コンピテンスのホリスティック・モデル（A holistic model of competence）」という名で提案されている。

> 要するに，DeSeCo によって採択されたコンピテンスの基礎的モデルは，複雑な要求と心理社会的前提条件（認知的・動機づけ的・倫理的・意志的・社会的な要素を含む）と文脈を，有能なパフォーマンスや効果的な行為を可能にする複雑なシステムに結合させるという点で，ホリスティックで動的なものである。したがって，コンピテンシーは行為や文脈から独立して存在することはない。それどころか，コンピテンシーは，要求との関係の中で概念化され，ある特定の状況の中で個人が起こす行為（意図，理由，目標を含む）によって顕在化する。（Rychen & Salganik, 2003/2006, pp. 46-47/69 を筆者改訳）

これは上の能力観の違いで言えば，能力を，関係の中で働く，文脈依存的な機能面から捉えるアプローチに他ならず，図らずも，PISA やキー・コンピテンシーに基づいて教育目標や教育課程を組み替えることをしていなかった福井

第Ⅱ部　新しい教育のオルタナティブを探る

大附属中の背後にある能力観に類似している。

　同様の事例は公立小学校にも見られる。例えば富山県富山市立堀川小学校は，日本版「PISA ショック」(2005年) 以後も独自の実践研究を続け，『子どもの学びと自己形成―子どもの危機を救うこれからの評価観―』(2006)，『子どもが自分を生きる授業―自己変革を促す校内研修―』(2009) といったタイトルの書籍も刊行している。日本の小学校の多くが PISA 対応に躍起になっていた中，堀川小学校の出版物の中には「PISA」という言葉が皆無と言っていいほど出てこない。先の秋田 (2009) の分類でいけば，「④改革には距離をおいて，これまでの実践を受け継ぎつつ独自路線で進もうとする，独自の信念による学校」にあたる。

　ただ，同校の実践研究の方法論に目を向けると，授業で見られる子どもの事実にしっかり目を向けながらも，そこで教師が捉えているものは，教師の解釈から生み出された仮説や想定に過ぎず，それを「真実の子どもである」と過信することを戒めた授業研究が行われている。そこではむしろ，教師の想定と子どもの事実との間のズレが大切にされており，それが生み出された実践の脈絡を協働でつぶさに検討していくことに重きが置かれている。それは，次のような DeSeCo のコンピテンス概念の特質を踏まえたものにさえ見える。

　　コンピテンスは，特定の状況ないしは文脈において，行為，行動，あるいは選択の中で明らかになるものである。そのような行為，行動，あるいは選択は，観察され測定されうるが，そのパフォーマンスに埋め込まれているコンピテンスは，それに寄与する複数の属性と同様，推察することしかできない。換言すると，コンピテンスの属性（すなわち，個人が特定の水準のコンピテンスを所有していること）は，基本的には，パフォーマンスの観察によって得られる証拠に基づいてなされる推察である。(Rychen & Salganik, 2003/2006, p. 48/70を筆者改訳)

　子どもに実際にどのような能力（≒コンピテンス）が育まれているかは目に見えないため，特定の文脈で見られる子どもの姿（≒パフォーマンス）から推

察することしかできない。推察である以上，見た者の解釈に頼らざるを得ない部分は大きい。このとき，どのような解釈でも自由というわけではなく，推察の論拠としての妥当性が問われなければならない。そこで，実際に見られた子どもの姿のみならず，それがどのような状況・文脈で見られたものなのか，また，その状況・文脈を子どもの成長の脈絡にどう位置づけているのかが明らかにされていなければならない。

堀川小学校では，これらのことが明確に意識された校内研修が重ねられ，そのことは同校紀要掲載の実践記録にも明確に反映されている。それは福井大附属中も同様で，概して，実践研究の方法論としてケース型のアプローチを採っている学校に見られる傾向である。

これは何も，堀川小学校や福井大附属中など，特定の学校に限ったことではない。実践記録を媒介に子どもの学びや成長のプロセスを協働で吟味していくことを大切にする，日本の教育実践研究の伝統や文化に埋め込まれているものと言えよう。

このように，PISAやキー・コンピテンシーに基づいた取り組みから距離がありながら，図らずもDeSeCoのコンピテンス概念に通底する能力観を有した実践研究を行っている学校が日本に存在する。学校全体の取り組みとして，どのような能力の育成を目指すかという点と併せて，いま採用されている実践研究の方法論がどのような能力観に支えられているものなのかという点での検討も求められる。

一方で，上で見られた問題は，日本の学校での実践の仕方による問題というよりも，むしろ，「コンピテンスのホリスティック・モデル」という独特の能力概念を理論的前提としながらキー・コンピテンシーというリストを示したDeSeCoの戦略自体に起因する問題である可能性もある。この点，実践の事実から能力の理論的・概念的基礎を原理的に問い直すことも今後必要となろう。

〈注〉
(1) 2007年6月23日，横浜国立大学教育人間科学部附属横浜中学校平成19年度研

第Ⅱ部　新しい教育のオルタナティブを探る

究発表会での同校教諭の発言から。

〈文　献〉

秋田喜代美（2009）．「質の時代における学力形成」東京大学学校教育高度化セン
　　ター編『基礎学力を問う―21世紀日本の教育への展望―』東京大学出版会．
福井大学教育地域科学部附属中学校研究会（2004）．『中学校を創る―探究するコ
　　ミュニティへ―』東洋館出版．
福井大学教育地域科学部附属中学校研究会（2009-2010）．『シリーズ 学びを拓く
　　《探究するコミュニティ》』全6巻，エクシート．
松木健一・寺岡英男・森透・柳沢昌一（2004）．「実践コミュニティを中心とする
　　授業研究の方法論的検討―福井大学教育地域科学部附属中学校を例に教師の
　　力量形成のための実践研究システムを考える―」東京大学大学院教育学研究
　　科附属学校臨床総合教育研究センター年報『ネットワーク』第6号，33-39．
松下佳代（2007）．「カリキュラム研究の現在」『教育学研究』第74巻第4号，
　　567-576．
文部科学省（2006）．『読解力向上に関する指導資料―PISA 調査（読解力）の結
　　果分析と改善の方向―』東洋館出版社．
Rychen, D. S. & Salganik, L. H. (2003). A holistic model of competence. In D. S.
　　Rychen & L. H. Salganik (Eds.), *Key competencies for a successful life and a*
　　well-functioning society. Hogrefe & Huber, ch.2. ライチェン，D. S.・サル
　　ガニク，L. H.（2006）．「コンピテンスのホリスティックモデル」（野村和
　　訳）D. S. ライチェン・L. H. サルガニク編『キー・コンピテンシー―国際標
　　準の学力をめざして―』（立田慶裕監訳）明石書店，第2章．
佐藤学（2008）．「新学習指導要領における学力政策のディレンマ」日本教育政策
　　学会編『新学力テスト体制と教育政策（日本教育政策学会年報 第15号）』八
　　月書院，8-20．
富山市立堀川小学校（2006）．『子どもの学びと自己形成―子どもの危機を救うこ
　　れからの評価観―』明治図書．
富山市立堀川小学校（2009）．『子どもが自分を生きる授業―自己変革を促す校内
　　研修―』明治図書．
横浜国立大学教育人間科学部附属横浜小学校編（2008）．『「読解力」とは何か

〈Part 3〉―小学校の全教科でPISA型読解力を育成する―』三省堂.
横浜国立大学教育人間科学部附属横浜中学校FYプロジェクト編（2006）．『「読解力」とは何か―PISA調査における「読解力」を核としたカリキュラムマネジメント―』三省堂.
横浜国立大学教育人間科学部附属横浜中学校編（2007）．『「読解力」とは何か〈Part 2〉―カリキュラム・マネジメントで年間指導計画・学習プロセス重視の指導案―』三省堂.
横浜国立大学教育人間科学部附属横浜中学校編（2008）．『習得・活用・探究の授業をつくる―PISA型「読解力」を核としたカリキュラム・マネジメント―』三省堂.
横浜国立大学教育人間科学部附属横浜中学校編（2009）．『各教科等における「言語活動の充実」とは何か―カリキュラム・マネジメントに位置付けたリテラシーの育成―』三省堂.
横浜国立大学教育人間科学部附属横浜中学校編（2010）．『思考力・判断力・表現力等を育成する方策―中高の系統的指導のためのカリキュラム・マネジメント―』三省堂.

ブックガイド

――PISAに興味をもった読者へ――

　学力調査の結果をめぐっては，マスコミ等で平均点ばかりに注目が集まり，その背後にある学力格差や学力構造にかかわる問題が見逃されることがある。そこで，まずは公表されているデータを丁寧に読み解き，結果の解釈を誤らないようにしなければならない。このとき重要な基礎資料となるのが，PISAの国際結果報告書である。日本語では，2000年調査報告書として**国立教育政策研究所編**『**生きるための知識と技能**』**（ぎょうせい，2002年）**が，2003年調査報告書として『**同2**』**（2004年）**が，2006年調査報告書として『**同3**』**（2007年）**が刊行されている。同書により，実際にどのような問題が出題され，それぞれについてどのような結果が出ているか，仔細に読み解くことができる。

　また，結果解釈にあたって重要なのが，そもそもその調査で何を測ろうとしていたのかという点である。この前提が違えば，同じ結果でも解釈の仕方が異なってくる。この点で手がかりとなるのが，「評価の枠組み」である。日本語では，

OECD編（国立教育政策研究所監訳）『PISA2003年調査 評価の枠組み』（ぎょうせい，2004年）と『同2006』（2007年）が刊行されている。同書により，どのような理論的枠組みで調査が構想されていたのかを確かめることができる。

しかしながら，一方で，「測ろうとしているもの」と「実際に測っているもの」との間に齟齬があることがある。より妥当性の高い示唆を得るために，このような齟齬も踏まえた結果の解釈が求められる。この点，田中耕治編『新しい学力テストを読み解く―PISA／TIMSS／全国学力・学習状況調査／教育課程実施状況調査の分析とその課題―』（日本標準，2008年）では，PISAを始めとする各種大規模学力調査がどのような理論的背景にもとづいて作成されているのか，その調査項目で何をどのように測ろうとしているのか，その調査結果は教育実践にどのような影響を与えようとしているのかが複眼的に問われている。

さらに，PISAの受け止め方を批判的に検討したものとして，次の４点を紹介しておきたい。久冨善之・田中孝彦編『希望をつむぐ学力』（明石書店，2005年）。小寺隆幸・清水美憲編『世界をひらく数学的リテラシー』（明石書店，2007年）。21世紀COEプログラム東京大学大学院教育学研究科基礎学力研究開発センター編『日本の教育と基礎学力―危機の構図と改革への展望―』（明石書店，2006年）。東京大学学校教育高度化センター編『基礎学力を問う―21世紀日本の教育への展望―』（東京大学出版会，2009年）。

（遠藤貴広）

第6章　オーストリアの場合
── PISA以後の学力向上政策

伊藤実歩子

はじめに

　周知の通り，PISAは，OECDが世界の15歳児に「読解リテラシー」，「数学的リテラシー」，「科学的リテラシー」，「問題解決」の分野で実施している国際学力調査のことで，2000年から3年ごとに，各分野の重点を移して行われている。このPISA調査の2003年の結果で，日本の読解リテラシーの順位が14位であったことが大きく報道されたことはまだ記憶に新しいだろう。1999年に出版された『分数ができない大学生』以来燻っていた国内の学力低下論は，この「国際ランキング」で決定づけられたように感じられたのである。

　このいわゆる「PISAショック」を日本以上に受けた地域がある。それが本章で検討するドイツやオーストリアなどのドイツ語圏諸国である。ただし，両国のPISAショックと日本のそれとは決定的な違いがある。つまり，日本にはこれまでも再び三度のかたちで学力低下論争というべきものが，学習指導要領の改訂期に合わせて出てくる傾向があった。今回のPISAショックにおいても，先述の通り，その素地として「ゆとり教育」や「総合的な学習の時間」などをめぐってすでに学力低下が多くの人々の知る問題となっていた。しかし，ドイツやオーストリアでは，少なくとも一般市民にとっては，PISAのランキングは青天の霹靂であった。一部，教育学者の間には，PISA以前に実施されていたIEAによるTIMSSの結果が芳しくないことを受けて，ドイツの子どもたちの学力実態が疑問視されていた。しかし，少なくとも日本のように学力低下

を受け止める素地はなく，国際ランキングによって世界の注目を浴びる形で公になってしまったのである。

　本章では，PISAによって学力低下問題を突きつけられたドイツ語圏に着目し，特に教育スタンダード（Bildungsstandard）を導入することによって実践的な対応に積極的に取り組んでいるとされるオーストリアの事例を検討する。ドイツ語圏の教育は，PISAから何を受容し，あるいはまたどのような摩擦を起こしたのか。同地域の事例からPISAのインパクトの光と影を明らかにしたい。

　ところで，オーストリアの教育政策は，ドイツの教育学を明治以来範としてきた日本では（ヨーロッパでも）あまり注目されることがない。それは，同国が小国であるということと同時に，以下に述べるように，ほぼ同じ内容のPISAショックを経験し，またその対策の一つとして，教育スタンダードやスタンダードテスト（Standard-Tests）の試行というドイツと同じ学力向上政策へと向かいつつあるからかもしれない。しかしながら，教育に関して各州の権限が優先されるドイツに比べて，小国であるオーストリアは，連邦制とはいえ，より中央集権的であることから，一国の動向としてとらえやすく，また同国の学力向上の実践的取り組みはドイツよりも進んでいるという指摘もある（東京学芸大学教員養成カリキュラム開発研究センター，2009, p. 11）。このことから，本章では以下，ドイツの動向にも触れながら，教育実践についてはオーストリアの実態を検討の素材としたい。

1　ドイツ・オーストリアのPISAショック

（1）風刺画に見るドイツ・オーストリアのPISAショック

　図6-1に示す2枚の絵は，ドイツの「PISAショック」の風刺画である。どちらも，PISA調査で明らかになったドイツの子どもたちの学力の低さを授業風景としてリアルに描いている。

　左の絵は，教師に「後ろの君，代名詞を2つあげなさい」と指名された生徒

第6章　オーストリアの場合

図6-1　PISAショックの風刺画
（出典）　Sten, 2006, S. 5, 15.

が、「誰？　僕？」とたずね返すと、教師が「よろしい、では次」と授業を進めている。これは、生徒が文法の基本的なことを理解していないことを風刺していると同時に、教師の指導力にも問題があることを指摘している。

　右の絵は、黒色火薬を作ろうとする科学の実験で「75％のカリウムと15％の木炭と20％の硫黄を混ぜる」と言った生徒に対して、教師が「しかしそれでは100％を超えてしまう」と指摘すると、生徒は「ああ、じゃあ、もっと大きな容器がいるなあ」と答えている。

　これらの風刺画はともに、国語（ドイツ語）や数学のいわゆる基礎学力が定着していないドイツの子どもたちおよび学力をつけられない学校教育の現状を表している。ちなみに、これらの風刺画は『PISA Ⅱ いずれよくなるさ（Es get aufwärz !）』という小さな本からの抜粋である。しかしながら、実は、カッコ内に示したドイツ語のタイトルは、つづりが間違っている（正しくは Es geht aufwärts !）。つまり、楽観的なタイトルとは裏腹に、つづりが間違っている以上、現状は回復しないだろうというドイツの学力向上に対する悲観的な予想を提示したタイトルなのである。この風刺画が示すように、ドイツではPISAの

205

結果が社会問題として大きく取り上げられた。PISAショックは、もはや偉大な哲学者やノーベル賞受賞者を輩出してきた「教育大国」を自認することはできなくなってしまったという、国家の危機として捉えられたのである。

(2) ドイツ・オーストリアのPISAショックの内容

ここではドイツ・オーストリアのPISAショックの具体的な内容を概観してみよう。その前提として、両国の教育の特徴をおさえておく。

ドイツ・オーストリア両国に共通しているのは、分岐型による教育制度である。10歳段階で選抜されるこの制度は、教育機会の平等を妨げるものとして、戦前から両国の最大の教育問題であり、政治的争点でもあった。

PISA調査の分析ではこの教育制度が成績不振の最大の原因として捉えられている。またこの教育制度が孕む問題として、移民問題も両国に共通に指摘されている。移民は主にトルコ系と旧ユーゴスラヴィア系に分けられ、いずれも旧植民地からの移民を抱える仏・英などとは違いドイツ語を母語としない国からの移民であることに特徴がある。

ドイツ・オーストリアはともに連邦制で、特にドイツでは各州が教育政策において優先的な権限を持っており、北部と南部では、ほとんど別の国のように制度も政策も異なる。これを「文化高権」という。一方、オーストリアも連邦制であるが、教育に関しては日本のように中央集権的である。特にウィーンの動向は全国に影響を与えるものとみなされている。

さて、ドイツのPISAショックについてはすでに日本においても注目され、十分に言及されてきた（坂野，2004；ビアルケ，2004など）。また、オーストリアのPISAショックの内容も、ドイツのそれと共通するところが多い。先行研究を参照すると、その特徴は、以下の2点に大きくまとめられる。第一に、ランキングの低さに対するショック、第二に学力格差に対するショックである。

①ランキングの低さに対するショック

ドイツの場合、読解リテラシー、数学的リテラシー、科学的リテラシーそれぞれにおいて、21位、20位、20位で、OECD平均を下回り、特に数学、科学

表6-1　ドイツ・オーストリア・日本のランキング（PISA2000&2003&2006）

	ドイツ			オーストリア			日本		
実施年	00	03	06	00	03	06	00	03	06
読解リテラシー	21	19	18	10	22	22	8	14	15
数学的リテラシー	20	19	20	11	18	18	1	6	10
科学的リテラシー	20	18	13	8	23	18	1	2	6
問題解決能力		16			18			4	

（注）　なお上記の順位は，PISA2000は31参加国（地域），2003は40参加国（地域），2006は57参加国（地域）中のものである。

においては下位グループに属した（PISA2000）。読解リテラシーは，特に成績下位層の割合が高く，そのうち10％が，最も低い習熟度レベルに到達していないとされた。数学的リテラシーでは，基本的レベルを解くことができたのが，半数弱にとどまった上に，1/4の子どもたちが職業教育を受けるレベルに到達していなかった。これら成績下位層の子どもたちは，主に就職あるいは職業教育機関に進むハウプトシューレ（Hauptschule）や特殊学校に在籍していたことから，先述のような分岐型の教育制度への批判が再燃したのである。

　PISA2006までの結果は，表6-1の通りである。ドイツはPISA2000以降，オーストリアは2003以降結果に大きな変化は見られない。なお，オーストリアがPISA2000において比較的好成績だったのは，実習中であった職業学校の生徒たちが含まれていなかったという統計上の不備による。彼らを算入すると，PISA2003とほぼ同じ結果であることが判明し，オーストリアもまたドイツと同レベルの学力低下を社会問題として引き取らざるを得ないことになった（近藤，2009，p. 57）。PISA2006でも，オーストリアは実に3人に一人が最低限の習熟度レベルにないことが明らかになった。[1]

②学力格差に対するショック

　日本でも，経済的な不況が長引くにつれ，経済格差や学力格差が問題視されるようになってきたが，ヨーロッパ諸国では，格差の問題，階層間格差や移民の問題は，社会問題として常に取り上げられてきたことは周知の通りである。そのような中で，PISAの結果は，ドイツ語圏の教育の分野における格差を次

のような観点から国際的に証明するものとなった。

①学校間格差——教育制度問題，社会階層問題

ドイツの場合，OECD 平均500で，高等教育への進学を前提とするギムナジウム（Gymnasium）の平均スコアは582あるのに対して，ハウプトシューレは394（PISA2000）に過ぎない。また，この学校間格差はもちろん社会階層の不平等を示すものでもある。教育機会に関していえば，中産階級の子どもたちは労働者階級に比べて4倍にもなる。この格差はヨーロッパのOECD加盟国の中では最低である。なお，最下位グループに属するのは，移民家族の子どもたちが圧倒的に多数を占めている。

②南北格差・東西格差——保守対革新

ドイツでは，PISA2000のショックを受けて，PISA-E（PISA-Ergänzung）という国内調査を行った。その結果，かねてより言われてきたように，保守党政権下の分岐型の教育制度を支持している南部の州が北部の州よりもよい成果を収めた。ただし，南部の州では，高い読解力の低階層出身者が，ギムナジウムに進学できていない実態も明らかになった。他方，ブレーメンなどでは，低階層の子どもたちがギムナジウムに進学できる機会が南部の州よりも大きいものの，平均読解力は最低レベルであった（南北格差）。

旧東ドイツ諸州においては，労働者階級のギムナジウム進学に対しては社会的な障壁が少ないものの，旧西ドイツに比べて，全体的な学力の低さという問題がある（東西格差）。

これらが示す実態は，ドイツの教育制度のきわめて複雑な問題構造を示している。すなわち，保守党政権下の南部の州にみられるように，これまでは分岐型の教育制度によって，それぞれの子どもの能力に応じた学力を保障しようとしてきた。しかし，そこには教育機会の不平等が問題としてある。

それに対して，北部の革新的な州では，階層間格差の問題を是正するために総合制学校の普及に努めてきたが，高い学力を保障することができないという問題を抱えている。

ここから明らかになることは，フィンランドなど北欧諸国が好成績を収めた

ことの要因に挙げられている選別を伴わない総合制の中等学校と学力との関係が，ドイツではみられないということである。

このように，ギムナジウムとハウプトシューレとの平均スコアの格差は，ドイツやオーストリアの分岐型による教育制度の問題を世界に知らしめた。それは同時に，両国における社会階層間の不平等を示すものであり，特に移民の子どもたちに対する教育機会の不平等問題が明るみに出たのである。

2　オーストリアの学力向上政策——ドイツとの比較もふまえて

以上のようなPISAショックを経て，ドイツ及びオーストリアでは，教育スタンダードを含む教育改革が急速に進められることになる。そこで，次にオーストリア，とりわけウィーンでの試験的取り組みを概観した上で，ドイツの動向も含みながら，両国の教育スタンダード導入による学力向上政策の特徴を指摘する。現在進行中の教育諸改革の中で，教育スタンダードの導入に着目するのは，学校教育の当事者である教師の教育実践と子どもの学校生活に直接の変化をもたらすもので，且つ，教育スタンダードの導入は，後述するとおり，ドイツ語圏の教育においては大きな転換点となるからである。

（1）能力とスタンダードの関係

オーストリアの教育スタンダードは，中位のスタンダード（Regelstandard）として構想され，ある学年までの生徒が本質的な内容において持続的に獲得すべき能力（Kompetenz）を確定したものである（Lucyshyn, 2006, S. 6）。ここでいう「能力」とは，「個人において接続可能な，あるいは個人によって学習可能な認知的能力や習熟で，ある問題を解決するためや，それを使って動機づけや社会的な準備や能力に結びつけ，多様な状況の中での問題解決にうまく，また責任を持って使うことができるためのものである」（Kubinger, 2006, S. 4.）。具体的に，教育スタンダードは，第4学年のドイツ語・数学および第8学年のドイツ語・数学・英語において設定されている。

第Ⅱ部　新しい教育のオルタナティブを探る

```
　聞く・話す・互いに話す　　　　テキストを書く
　　　　　　　　＼　　　　／
　　　　　　　　（能力領域）
　　　　　／　　　　　｜　　　　＼
　正しく書く　テキストとメディアを使って読む　言語鑑賞による言語の認識
```

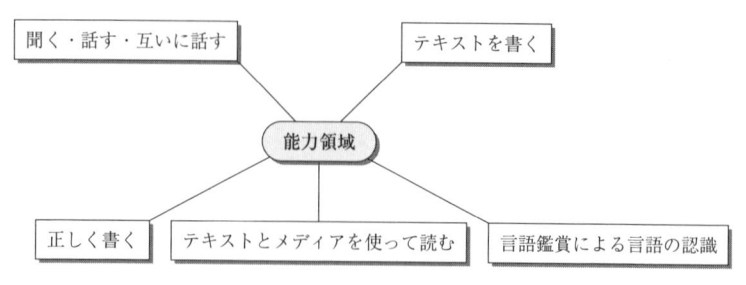

図6-2　ドイツ語の能力領域を構成する5つの行為

（出典）　bm: bwk, 2006, S. 14.

　では，スタンダードはどのように導き出されるものなのか。第4学年のドイツ語のスタンダードを例にしてみよう。
　人格形成と文化を獲得する能力を形成するものとしての言語教育（ドイツ語）では，まず次のような5つの能力が提示される。
　1．言語学的な能力
　2．コミュニケーション能力
　3．認知的な能力
　4．メタなコミュニケーション能力
　5．マルチメディアを使うコミュニケーション能力
　このような一般的な能力から教科固有の能力領域（Kompetenzbereich）が導き出される。ドイツ語の能力領域は次の5つの行為（Handlung）で構成されている。（1）～（5）で示した行為は，[　]で示した能力を代表する行為とされている。
　（1）聞く・話す・互いに話す［話す能力］
　（2）テキストを書く［書く能力］
　（3）正しく書く［正しく書く能力］
　（4）テキストとメディアを使って読む［読む能力］
　（5）言語鑑賞による言語の認識［省察的に話す能力］
　さて，ドイツ語のスタンダードは，上記の（1）～（5）のそれぞれの行為

に下位の行為を示したものになる。例えば，（1）の「聞く・話す・互いに話す」は，次の6つのスタンダードからなっている。

①理解して話し，理解して他者の話を聞く
②情報を入手し，それを他者に伝える
③さまざまな状況に応じて話す
④話すときの技術やルールを使う
⑤話す能力を広げ，標準語に従って話す
⑥明瞭かつ表現豊かに話す

そしてさらに一つひとつのスタンダードは，さらにいくつかのスタンダードからなっている。例えば，①理解して話し，理解して他者の話を聞く，というスタンダードは，以下のような3つのスタンダードから構成されている。

児童は
■経験を聞き手に関連させながら話す
■出来事や経験をテーマにそってわかりやすく話す
■他者の話を注意深く聞く

このようにスタンダードは，さまざまな能力の集合体（能力領域）をいくつかのレベルに分けて「…する」という行為で示したものである。換言すれば，いくつかのスタンダードの複合が，ある教科の能力を形成し，さらにそのような能力の集合がより高次の能力を形成し，そのまた集合体が人間の持つある能力となる。

なお，オーストリアには法的拘束力のあるレーアプラン（Lehrplan）と呼ばれる学習指導要領が存在するため，教育スタンダード導入に関しては，レーアプランおよびそれに規定された内容領域とそれぞれの能力モデルを基本にしているとすることで（Kubinger, 2006, S. 4），スタンダードとレーアプランが分断された別のものとして教育現場にちがう「物差し」をあてがうものではないということが強調されている。

第Ⅱ部　新しい教育のオルタナティブを探る

表6-2　課題例

ユリアは掃除をすべきです
課題設定
状況：ユリアの部屋はとても汚いです。机の上は，本やノートが散らばっています。床には洋服やおもちゃが散乱しています。戸棚の扉や引きだしは開いたままです。ユリアのお母さんはこの散らかり具合が気に入りません。彼女は娘に部屋を掃除してほしいのです。でも，この娘はハムスターと遊んでいます。
そこで次のような話をしてください。

課題1
お母さんは優しく言います："（ここに子どもは会話文を記入：引用者注）"
ユリアはちらっと見て言います："　　　　　　　　　　　　　　　　　"
お母さんはユリアに辛抱強く言います："　　　　　　　　　　　　　　"
そこでユリアはこう言ってみます："　　　　　　　　　　　　　　　　"
これがお母さんを怒らせてしまいます。そして娘にこう言います："　　"
ユリアはかたづけ始めますがひとりごとを言います："　　　　　　　　"
課題2
この言い争いをお友達とやってみましょう。俳優のようにやってみましょう。
課題3
ユリアとお母さんについて話してみましょう。何か良い解決策はありますか。話すときの規則に注意しましょう。

（出典）　bm: bwk, 2006, S. 45-46.

（2）教育スタンダードの導入――ウィーンの取り組み

　このような教育省の動きを受けて，ウィーンでは，2003年秋から一部の学校を対象に，教育スタンダードの導入に向けた取り組みが段階的に行われた。第一の段階は，2003年秋に18校の第8学年を対象に，また2004年夏には，30校の第4学年を対象とした教育スタンダードの導入を試行した（PilotphaseⅠ，以下，試行Ⅰと呼ぶ）。これは1年間のみの実験で，教員にワークシートを配布するほかは，スタンダードテストなどは行われないものであった。

　第二の段階は，試行Ⅰの規模を拡大し，またその結果の評価とフィードバックが参加校の義務とされた（PilotphaseⅡ，以下，試行Ⅱと呼ぶ）。具体的には，2004/5年度開始の3年間のプロジェクトで，およそ140校の指定校（Pilotschule）と任意に参加した学校で行われた。試行ⅡがⅠと異なるのは，スタンダードを設定した教科ごとに「課題例」（Aufgabenbeispiele）が提示され，それに基づいて対象校は授業を行い，その使い心地をフィードバックすることが義務付けられ，期間終了後にスタンダードテストを実施する点である（Lu-

第6章　オーストリアの場合

表6-3　課題例に対応する教育スタンダードの表

タイトル/テーマ	ユリアは掃除をすべきです
能力領域	聞く・話す・互いに話す
課　題	1
スタンダード	3　さまざまな状況に応じて話す 　　子どもは―状況を正しく判断し，言語的に正しく反応する
課　題	2
スタンダード	3　さまざまな状況に応じて話す 　　子どもは―状況に応じて話す
スタンダード	6　明瞭かつ表現豊かに話す 　　子どもは―身ぶり，表情，声の出し方を言語表現の中に入れる
課　題	3
スタンダード	4　話すときの技術やルールを使う 　　子どもは―話す規則を守り，同じ権利を持って協力的な話す関係を導く
注　意	総合的な段階 低い：課題2　　　　　　高い：課題1，3

教授上の注意点
　授業では，話す文化を涵養するべきである。その中で子どもたちは理解しやすく適切に表現し，他者の話を理解しながら聞く。相互に注意を払い，寛容で開放的な雰囲気によって，子どもの話す喜びは目覚め，促進され，獲得される。
　場所や時間，自分の意見や解釈や視点を表現することは，意味のある内容を規則的に話すことにつながる。それによって子どもたちは目標に照らし合わせることと同時に，理解したことや賛成あるいは反対を表明することも学ぶ。

（出典）　bm: bwk, 2006, S. 44-47.

cyshyn, 2006, S. 4-5)。

　表6-2に示すのはドイツ語の課題例（Aufgabenbeispiele）である。この課題例は，能力領域の「聞く・話す・互いに話す」に当たるもので，課題は3つある。教師用では，まずこの課題例がどのスタンダードに相当するものかという表が提示される（表6-3）。この課題例では，「聞く・話す・互いに話す」のスタンダードの3，4，6が定められている。そして，最後に教師に向けての実践的なアドバイスも書かれている。

　授業でこのような課題例を行った上で，すべての対象校には，同じ日の同じ時間に統一のスタンダードテストが実施される。これは，あくまでスタンダードの妥当性を吟味し，改善していくためであることが強調され，教員評価につ

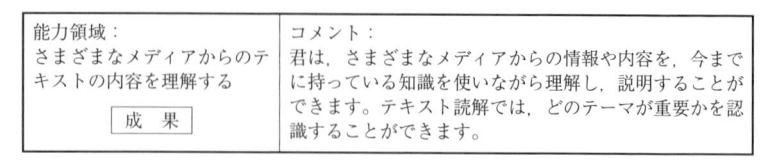

第Ⅱ部　新しい教育のオルタナティブを探る

| 能力領域：
さまざまなメディアからのテキストの内容を理解する
　成　果 | コメント：
君は、さまざまなメディアからの情報や内容を、今までに持っている知識を使いながら理解し、説明することができます。テキスト読解では、どのテーマが重要かを認識することができます。 |

図6-3　スタンダードテストのコメントの例

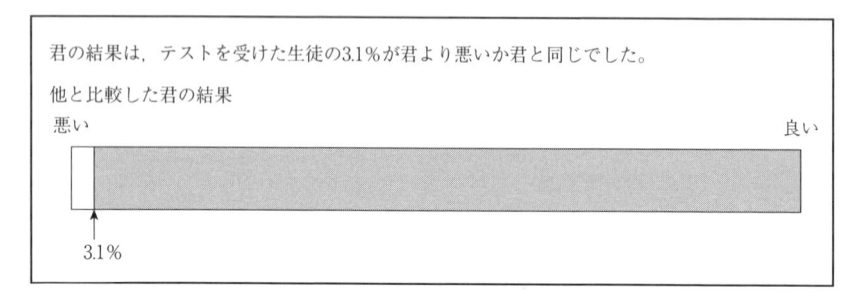

君の結果は、テストを受けた生徒の3.1％が君より悪いか君と同じでした。

他と比較した君の結果

悪い　　　　　　　　　　　　　　　　　　　　　　　　　　　　　　良い

3.1％

図6-4　自分の位置を表すグラフの例

ながるものではないとされているものの、参加した学校（長）・教師・子どもにはそれぞれコードナンバーが割りふられ、それを入力するとウェブ上で、学校（長）は学校の位置と各教師の位置、教師は自分の学級を全国平均と比較することができ、子どもは自分の成績を平均と比較できるようになっている。つまり、学校・学級・子どもがそれぞれの相対的位置を知ることができる仕組みが作られているのである。

これらは一般には非公開であるが、ドイツ語のスタンダードテストのデモバージョンとして提示されているものを見ると、正答数、それぞれの能力領域において各自に対する簡単なコメントが提示される。コメントは例えば図6-3のように書かれる。

さらに図6-3に示した「成果」のところをクリックすると、図6-4のようなグラフが表示され、自分の位置がわかるようになっている。グラフの下には、もっとよい成果をあげたい人は、練習問題をやってみようと書かれ、再びクリックすれば、練習問題のページに移動できる。

(3) 教育スタンダード導入の2つの背景

　以上が，最近まで実施されていたウィーンでの教育スタンダードおよびスタンダードテストの取り組みである。では，このような取り組みに至った背景にはどのような議論があったのだろうか。

　この取り組みの背景をたどっていくと，オーストリアの教育省や当時のゲーラー教育相が組織した専門家による「未来委員会（Zukunftskomission）」[3]の2つの構想案があることがわかる。そこで，ここでは，この2つの組織による教育スタンダードおよびスタンダードテストの構想案を比較したい。[4]

　まず，未来委員会と教育省の提案の中で，スタンダードに関する大きな違いは，前者が「全ての教員によって到達されるべき，拘束力のある最低限のスタンダード」としているのに対し，後者は「仮定の『平均的な生徒』が到達する中位のスタンダード」としている点である。未来委員会では，「中位のスタンダードは，教育実践を混乱させ，不明確であり，中位のスタンダードからは明確な目的を導き出せず，認識しにくい」ために，最低限のスタンダードを主張するとしている。しかし，同時に，最低限のスタンダードは，学校種の違いによる授業の現実に対応できないという断りもしており，実際に，この未来委員会は，教科の具体的な最低限のスタンダードを設定するには至らなかった（Bundesministerium für Bildung, Wissenschaft und Kultur (Hrg.) 2008, S. 39）。一方，上述のウィーンでの取り組みは，教育省による「中位のスタンダード」を採用している。なぜ中位のスタンダードを採用するのかということに対しては，教育省が「中位のスタンダードならば，異なる教育制度にいる生徒の成果をより広く把握することができる」（Lucyshyn, 2006, S. 6）と述べている。つまり，最低限のスタンダードを設定すると，ギムナジウムとハウプトシューレに在籍する成績幅の広い両方の生徒の成果を測定することができないというのである。

　次に，スタンダードの機能としては，両者ともにモニタリングと学校評価，あるいは質の向上をあげているが，教育省はそれに加え，教育課程修了の学校ごとの比較可能性を高めるために職業教育段階にもスタンダードを適用したいと考えている。それに対し，未来委員会は，評価の客観化と資格授与の機能を

第Ⅱ部　新しい教育のオルタナティブを探る

持たせたいとした。

　さらに、スタンダードの適用に関しては、教育省が、第4、8学年のドイツ語・数学・英語・自然科学、職業に関連した教科におけるスタンダードの策定も想定しているのに対し、未来委員会の報告書では第4、8学年のドイツ語・数学・英語にとどめているが、後に第12、13学年において核となる能力、基本能力を各教科で定めたいとした。

　また、これらのスタンダードの到達度を測定するスタンダードテストに関しては、教育省が、無作為抽出調査を毎年行うとしているのに対し、未来委員会は、毎年、最終学年の全ての生徒に最低限のスタンダードを評価する全面的なテストを行うことを主張している。また同委員会はその成果を、進学の際の評価に含むこと、生徒、教師、学校長に平均と位置をフィードバックすることを考えている。

　現在では、2007年初頭に連立政権の第一党が社会民主党になり、教育相も交代したことから、未来委員会はもはや存在しない。現在、オーストリアの教育スタンダードの取り組みは、bifie（Bildungsforschung, Innovation & Entwicklung des österreichischen Schulwesens：オーストリア教育刷新開発研究所）が担当している。現段階では、第8学年の自然科学のスタンダードおよび第12学年の数学のスタンダードが上述の3科目に加え策定され、プロジェクトで試行中である。[5][6]

　今はもはや存在しない未来委員会の構想をここで検討したのは、ウィーンでの試行Ⅰ・Ⅱが、この未来委員会と教育省の提案の一部を採用するなどの影響が見られるからである。すなわち、ウィーンでは、教育省の中位のスタンダードを採用したが、その到達度を評価するスタンダードテストにおいては、未来委員会の提言にあるように、試行Ⅱの3年間をかけて、参加校の全員を対象にし、ウェブ上で学校、教員、子どもにフィードバックする形式を採用した。ただし、このプロジェクトは試行段階が終了したばかりであることから、資格授与や上級学校への接続に使用されるにはいたっていない。これに対しては教育現場からの非常に大きな抵抗があることは容易に予測できる。

　一方、ドイツでも同じような動きが見られる。つまり、各州の教育相が集ま

る会議（KMK：常設文相会議）での提案と，連邦からの委託を受けた専門家から構成される研究所（Deutsches Institut für internationale pädagogische Forschung：DIPF（ドイツ国際教育研究所））が提案した教育スタンダードの取り扱いには相違点が見られるのである。教育スタンダードを中位にするか，最低限にするかという一点を取ってみても，KMK は中位を，DIPF が提出した報告書（Klieme Expertise）では最低限のスタンダードを採用するようにとある。ただし，この報告書では，スタンダードテストの結果を成績評価には反映しないこと，資格付与に関係しないことが強調されている。この点は，オーストリアの教育省とも未来委員会とも異なる点である（Neuweg, 2007, S. 55）。

3　オーストリアの学力向上政策に対する批判

　PISA ショックを一つの大きな契機として，ドイツ語圏諸国では，教育スタンダードの導入が加速度的に進められている。教育スタンダードという言葉が，ある種のブームになったのは，ここ数年のことなのである。そして当然のことながら，このような新しい動向に対しては厳しい批判も展開されている。ドイツの PISA ショックを検討した日本の先行研究においてはこの点がまだ十分に言及されていない。

（1）教育スタンダードとは何か

　ウィーン大学のグルーバー（Gruber, K. H.）は，このブームの中で，ドイツ語圏諸国の教育改革の文脈で使用されている教育スタンダードという言葉が非常に多義的に使用されていることを指摘している。彼によれば，教育スタンダードは，「尺度」，「明確な基準」，「正確さ」，「客観性」，「信頼性」が含意されたものであると同時に，それとは全く反対に「教育計画の目的」，「教育レベル」あるいは「一般教育」という曖昧な言葉とも結び付けて論じられる傾向にある。その上で，近年の優勢な使われ方として，「テストやテストのアイテムのような尺度」，「到達される成果の標準」，「実際に到達し，測った能力のレベ

ル」という3つをあげている。すなわち，彼の言葉を用いれば，スタンダードという言葉自体が「スタンダード化されていない概念」として使用されている実態がある（Gruber, 2004, S. 671）。

先に検討したように，オーストリアで取り組まれている教育スタンダードは「ある学年までの生徒が本質的な内容において持続的に獲得すべき能力を確定したもの」と定義されている。これについてもグルーバーは，「ある学年までの生徒が獲得すべき能力」というスタンダードの定義では，「スタンダードに拘束力を持たせる意義が全く明らかではない」ことを指摘している。さらに，「イギリスが行っているような各学校のスタンダードテストの結果をインターネット上で公開することは，ドイツにおいては考えられないことである」とドイツにおける教育スタンダードの評価方法との相違に言及し，ウィーンでのテスト結果の開示方法を批判している（Gruber, 2006, pp. 204-205）。

他にも，教育スタンダードやスタンダードテストを導入することによって，日々の学校の実践が，テストのための学習になるという日本でも見られるような批判もある（Gruber, 2004, S. 675）。例えば，授業の範例（モデル）を提示することは，ドイツ語圏諸国においては戦前から教授学的に蓄積されてきた習慣として認められているが，リンツ大学のノイヴェク（Neuweg, H. G.）は，スタンダードに基づいたこの課題例が，「テストのための指導を挑発する課題例のプールになってしまう」（Neuweg, 2007, S. 59）ことを危惧している。

（2）最低限のスタンダードか中位のスタンダードか

ウィーンの教育スタンダードの取り組みは，未来委員会と教育省では最低限と中位の間で対立が認められた。しかし，現在ではオーストリア教育省が主張している「中位のスタンダード」にもとづいて行われていることは先述のとおりである。この点に関して，ノイヴェクは，グルーバーと同様に，何がスタンダードなのかが不明であるとした上で，オーストリアが中位の教育スタンダードを設定した理由は，最低限のスタンダードそれ自体にある，それに到達しなければならないという「拘束力」に「物怖じ」したからだと指摘している。そ

れは，スタンダード導入にあたって，「誰にとって利益となるのか」，「何が測定できうるのか」などの問題について「計りしれないリスクを完全に閉め出し」，詳細な検討がなされなかったためだとする。そして，ノイヴェクは，教育省による中位のスタンダードを，国家が基礎能力を効果あるように伝えるという責任を回避した「妥協の変形」としての「曖昧なスタンダード」だとした（Neuweg, 2007, S. 46-53）。

　グルーバーやノイヴェクの指摘するような「曖昧な中位のスタンダード」に対して，では，最低限のスタンダードであれば明確かといえば，そうでもない。つまり，どこを最低限にするのかという問題がここでは浮上してくるからである。未来委員会が指摘したように，分岐型の教育制度により，学校種によって条件が大きく異なるドイツ語圏においてはこの最低限を決定することが非常に困難である。ゆえに最低限のスタンダードを主張したものの，この委員会が具体案を出すことはなかった。それでも，もし最低限を考えるとすれば，2つの可能性があっただろう。①PISAに準拠した最低限のスタンダードか，もしくは，②ナショナルスタンダードに最低限のラインを置くか。前者であれば，スタンダードテストの学校間競争が激化することが予想され，後者であれば，例えばウィーンには移民の子どもが8割を超える学校が存在する以上，教師がどのように頑張っても到達できない子どもが多数生じるのは明らかである。最低限のスタンダードを主張した未来委員会は，このような困難を克服する案を持たずにあった。そして結局，中位のスタンダードが，教育政策的に積極的な根拠と責任の所在を問わないままに導入されたのである。

　では，このような中位のスタンダードは，教育現場で実際に適用される際にどのように具体化されているのだろうか。それは先の表6-3の課題例で示したように，課題を「低い」と「高い」に分けるかたちに表れている。これは，先述のとおり，bifieが中位のスタンダードを設定した理由として，異なる学校種にいる（おそらくは広い範囲に分布するであろう）子ども達の成果をとらえるための具体策でもある。スタンダードを2段階の到達点に区分するこのような方法では，ノイヴェクの指摘するとおり，確かに，何を測定しているのか，

また誰にとって利益となるのかという問題には答えられないように思われる。

　加えていえば,「高い」課題は,親子の対立を想像したりその解決策を考察したりするなど,ドイツ語の問題というよりはむしろいわゆる想像力や問題解決力を見るものになっているのに対して,「低い」課題では「高い」課題（課題1）ができた子どもが考えた会話文をまねてみるだけである。これらの課題で試される「中位」とはどこなのか。教授上の注意点を見ても,「高い」課題（あるいは子ども）と「低い」課題（あるいは子ども）をつなぐようなアドバイスは見られない。

　実際に,教育現場からは,スタンダード導入の際に謳われたような,授業が改善された,教育機会が改善された,子どもたちが前よりも学習に取り組むようになったなどの実感がほとんどないというレポートがある。そこでは,教育スタンダードの実効性に対して,ハウプトシューレの教員は非常に懐疑的であること,一方,ギムナジウムの教員はそれほど批判的でないこと,さらに,これらの批判が,教育スタンダードの実施校において顕著であることも指摘されている(7)。これは,中位のスタンダードが,ハウプトシューレの教員に対して拘束力を暗示しているのに対し,ギムナジウムの教員にとっては困難を感じるほどの内容を持っていないことを示している。つまり,広く分布する子どもの成果を把握するという前提であった中位のスタンダードが,現実には,異なる学校種に在籍する子ども達の「平均」や「真ん中」を意味しないのである。

4　ドイツ語圏における PISA のインパクト

　最後に,以上のような教育スタンダードの取り組みをめぐる議論を踏まえ,ドイツ語圏に特有に見られる教育文化とそれに対する PISA のインパクトを考察してみたい。

　PISA は,オーストリアやドイツの教育にショックを与えた。しかし,見方を変えれば,そのショックに対する教育スタンダードやスタンダードテストの新しい取り組みは,劇的に前進したとは言い難い。ドイツよりも進んでいると

されるオーストリアにおいてさえも，ウィーンの実験的取り組みにとどまっている。つまり，全国学力テストを一斉に実施した日本のようにはならないのである。そのような背景には，これらの国が次のような教育文化を持っていたためであると考えられる。

　ドイツ語圏では，歴史的に，教育の過程，授業の中身を大切にし，教師主導による教育を行ってきたために，その転換には，テスト文化に対する素朴な抵抗が生じる。実際に，オーストリアのスタンダードテスト導入に際して出された手引きには，「オーストリアにはテスト（Leistungstest）の伝統が全くないので，教員は生徒の成果だけでなく，自分の授業も間接的に試験台に乗せられるという大きな心配があるだろう」とある（Lucyshyn, 2006, S. 56）。

　また例えば，10歳段階でギムナジウムに進学するかハウプトシューレに進学するかという決定は，統一の試験などは行われず，在学時の成績による。在学時の成績は，各クラスの教員が作成するミニテストのようなもの，あるいは作業課題などによって評価される。さらに，大学進学の際も，日本のように大学入試センター試験や個々の大学が行う入学試験などはない。後期中等教育（ギムナジウム）の卒業試験の合格資格をもって，原則どこの大学どの学部にも入学できる。ドイツではアビトゥア（Abitur），オーストリアはマトゥラ（Matura）と呼ばれるこれらの資格試験も，原則は各ギムナジウム，実際には各教師によって作成され，各州の教育庁が簡単に内容を点検するのみであるので，いわゆる日本のような統一的でまた一発勝負のテスト文化は，大学入学時に至るまでの学校教育に一貫してないといっていいだろう。

　次に，これまでアングロサクソン諸国が取り組んできたような，スタンダードやテスト導入の潮流を，いわば「無視」してこられたのは，「教育（Bildung）」概念形成の歴史的な自負によるところが大きい。端的に言えば，Bildung は，Education とは異なり，スタンダードやペーパーテストのようなものでは測れないものなのだ，という考えである（Gruber, 2006, S. 201）。これまで教師主導による授業と評価への絶対的信頼感がドイツ語圏諸国にはあったのである。

さらに、「無視」してこられた別の理由として、ドイツ語圏の教育をめぐる政治の状況の変容がある。ドイツ語圏では歴史的にすでに長く単線型の教育制度改革を社会民主主義系の政党が主張してきており、それがギムナジウムを維持したい保守系政党との教育政策の争点であり続けてきた。古くは「統一学校（Einheitsschule）」、現代では「総合学校（Gesamtschule）」問題と呼ばれてきたものである。しかしながら、現在では、中間あるいは上位の階層にある人々は、子どもたちをほとんどみなギムナジウムに進学させることができており、したがって、現状では教育機会の均等を実現すると考えられてきた単線型を主張する声をあげる必要がなくなった。グルーバーによれば、このような現状は、新自由主義の浸透および保護者の権利（両親は子どもの学校を選択する権利があること）と分岐型の教育制度のほうがよいという長年培われてきた推測とが混ざったことによって生まれた（Gruber, 2006, S. 201）。

このようなドイツ語圏諸国が特有に持つ教育文化が、教育スタンダードの全面的導入を阻んでいる一つの要因であると考えられる。しかしながら、テスト文化を持たない歴史と教育に対する歴史的自負を背景にしていたからこそ、ドイツやオーストリアは、PISAのランキングとその内容にどこよりもショックを受けた。そして、それへの一連の対応は、これらの国々にとって、いわば「ショック療法」であった。

テストとは本来、教育の成果を測り、授業者、テスト対象者にフィードバックするものである。その点、PISAの結果は教育の成果とはいえない。個々の教室の中で行われている教育実践、そのよりどころとなる国や地域ごとのカリキュラムを反映していないからである。しかし、テスト文化のないところにおいては、PISAというテスト文化とその産物であるランキングが入り込むことによって、それ自体が基準（スタンダード）を生んでいくことになる。つまり、教育の実態（実践）が問われないままに、PISAがスタンダードの枠組みを先行してつくり、教育現場はその枠組みにこれまでの実践を当てはめていく作業過程が生まれる。

さらに、その作業過程はボーダレスで、それゆえに国や地方が抱える特有の

問題を超えた存在感で，各国の教育政策のあり方に迫る。それは，ドイツにおいてもオーストリアにおいても，スタンダードに対する取り組みが進められ，それはそれぞれの国の教育省と研究所（委員会）とでは異なるものになってはいたものの，その異なりさえも，両国の間にはそれほど大きな違いはないことからもわかるだろう。また，PISAからテスト文化が移入されたことで，今後，ドイツもオーストリアも，国際調査にこれまで通りに参加していくことを表明しており，また国内でもそれらに倣ったスタンダードやテストがより多くの教科で開発され，子ども（と教師）がテストを受ける機会はますます多くなるだろう。しかしながら，教育の現場では，そのような標準化からこぼれていくものは何かということに着目する必要がある。グローバリゼーションがもたらす標準化は，その国や地域の持つ固有の問題から乖離するべきものではないからである。

おわりに

　本章では，ドイツと同様に学力低下が国家問題として浮上し，それへの対応を迫られているオーストリアの現在の学力向上政策を概観した。オーストリアにおいては，またドイツにおいても同様に，特定の学年・教科の教育スタンダードの策定とその成果を測定するスタンダードテストの試行に取り組んできたこれまでの状況を明らかにした。さらに，その状況に対して展開されている批判を検討することで，教育スタンダードの定義の曖昧さや中位のスタンダードが測定しようとするものの不確かさが明らかになった。そして，ドイツ語圏諸国の教育文化，すなわちテスト文化のないことや教育への歴史的自負が教育スタンダード導入の停滞の要因であることを指摘しながら，しかし，それでもなおPISAがこれらの国の教育実践を変容させうるインパクトを持っていると考えられる。

　1990年代以降，ドイツやオーストリアにおいては，学校教育の質改善，各学校の特色や授業の創意工夫などの多様性が求められてきた。その一方で，グ

ローバリゼーションが，結局は一つのモデル，しかも「更新」を常に求められるモデルへと収束していくことをゆるく拘束しているということもまた事実である。グローバリゼーションの流れは，教育分野において今後も拡大していくだろう。本章では，ドイツ語圏におけるPISAショックとそれへの対応からその一端を明らかにした。PISAとそれがもたらしたテスト文化というインパクトが，ドイツ語圏の教育実践の改善たりうるのか，歴史的「教育」概念の再考を迫るものになるのか，今後も着目したい。

〈注〉

(1) *PISA 2006 Internationaler Vergleich von Schülerleistungen Pressinformation*, 04. 12. 2007, S. 4.
(2) http://www.bildung-standards.at/home.php（2008年8月30日取得，なお現在は試行Ⅱは終了しているため，同サイトは確認できない。これらの試験的取り組みは現在ではすべてbifieに集約されている。）
(3) 現在の正式名称は，連邦教育学術文化省（Bundesministerium für Unterricht, Kunst und Kultur）であるが，本章では教育省で統一する。なお教育省については以下のウェブサイトを参照のこと。
http://www.bmukk.gv.at/（2010年4月30日取得）
(4) 以下の比較は，ノイヴェクの論文（Neuweg, 2007）によるところが大きい。
(5) なお，bifieについては以下のウェブサイトを参照のこと。
http://www.bifie.at/（2010年4月30日取得）
(6) http://www.bifie.at/projektliste-bildungsstandards（2010年4月30日取得）
(7) http://derstandard.at/druck/?id=277708（2008年8月30日取得）
(8) ただし，ドイツのいくつかの州では，統一アビトゥア試験を作成するところもあり，また，オーストリアでも，統一マトゥラを作成しようとする動きが見られる。いずれも全国的な普及，具体的な前進は見られないものの，この動きも本文で後述するように，テスト文化の移入による変化であると考えられる。
(9) 例えば，オーストリアでは，2009-2010年度にかけて，第4学年および第8学年の20％に学力実態調査を行うことが決定された。対象教科は，ドイツ語・数学・外国語（第8学年のみ）である。教育スタンダードを導入することによ

る効果を継続的測定するためで,今後3年ごとに行われる。

〈文　献〉

Beer, R. (2007). *Bildungsstandards Einstellungen von Lehrerinnen und Lehrern,* LIT.

ビアルケ千咲（2004）.「ドイツにおける PISA ショックとそのインプリケーション」『ドイツ研究』第37／38号, 43-46.

bm: bwk (2006). *Bildungsstandards für Deutsch 4. Schulstufe Version 2.2 mit Aufgabenbeispiele.*

Bundesministerium für Bildung, Wissenschaft und Kultur (Hrg.) (2008). *Abschlussbericht der Zukunftskomission an Frau Bundesministerin Elisabeth Gehrer.*

Gruber, K. H. (2004). PISA-Durchschnitt und österreichische Mindest-Standards, *Erziehung und Unterricht,* öbvhpt, 7-8/2004, S. 666-677.

Gruber, K. H. (2006). The German 'PISA-Shock': some aspects of the extraordinary impact of the OECD's PISA study on the German educational system. In *Cross-national Attraction in Education accounts from England and Germany,* Symposium Books.

Haider, G. & Schreiner, C. (Hg.) (2006). *Die PISA-Studie Österreichs Schulsystem im internationalen Wettwerb,* Böhlau Verlag, Wien Köln Weima.

近藤孝弘（2009）.「移民受け入れに揺れる社会と教育と教育学の変容」佐藤学他編著『揺れる世界の学力マップ』明石書店, 50-72.

Kubinger , K. D. (2006). *Standard-Tests zu den Bildungsstandards in Österreich,* bm: bwk.

Lucyshyn, J. (2006). *Implementation von Bildungsstandards in österreich Arbeitsbericht,* Bundesinstitut für Bildungsforschung, Innovation und Entwicklung des österreichschen Schulwesens, Salzburg.

Neuweg, G. H. (2007). Chancen und Risiken der Implementation von Bildungsstandards im österreichschen Schulwesen, Hackl, B. & Pecher, H. (Hrg.), *Bildungspolitische Aufklärung Um- und Irrwege der österreichschen Schulreform,* (S. 46-62) Studien Verlag.

第Ⅱ部　新しい教育のオルタナティブを探る

岡部恒治・西村和雄・戸瀬信之（1999）．『分数ができない大学生』東洋経済新報社．

坂野慎二（2004）．「ドイツにおける PISA ショックと教育政策」『ドイツ研究』第37／38号，33-43．

Stein, U. (2006). *PISA II Es Get Aufwärz!*, LAPPAN.

PISA 2006 Internationaler Vergleich von Schülerleistungen Pressinformation, 04. 12. 2007.

東京学芸大学教員養成カリキュラム開発研究センター（2009）．『教師の「専門性・専門職性」を考える』（同センター／教育目標・評価学会共催シンポジウム記録集）．

―ブックガイド―

―海外の教育政策の動向に興味をもった読者へ―

　PISA 調査の結果は，各国の教育政策の在り方に大きく影響を与えている。各国が取り組んでいる学力（向上）政策に注目した教育関係書が盛んに出版されるようになったことからも，PISA の影響の大きさをうかがうことができる。以下にあげる文献では，本書で取り上げられなかった地域の動向をつかむことができる。

　大桃敏行他編著『教育改革の国際比較』（ミネルヴァ書房，2007年）は，学校教育・学力，教員評価，成人教育・生涯学習の3部構成で教育政策の国際比較を試みている。各国で進行している教育改革が世界規模での動向であること，またそのどの領域においても〈新しい能力〉概念の影響を見て取ることができる。

　佐藤学編著『揺れる世界の学力マップ』（明石書店，2009年）では，タイトルが示す通り，世界各国（地域）の学力およびそれにかかわるとりくみの諸相を描いている。特に，学力格差の問題を，各国（地域）の実態からとらえている。本書では取り上げられなかったアジア地域やロシアなどの事例も，簡単な歴史的展開とともに書かれていることで非常に参考になる。

　OECD 編著（斎藤里美監訳）『移民の子どもと学力―社会的背景が学習にどんな影響を与えるのか―』（明石書店，2007年。原書は *"Where immigrant students succeed: A comparative review of performance and engagement in PISA 2003"*　は，OECD による PISA2003調査の結果に基づくテーマ別の報告書の一

つ，移民生徒の国際比較報告書としてまとめられたものである。邦題の副題にもあるように，社会的背景や学校での使用言語が学習にどんな影響を与えるのかという視点から，移民の子どもの学力と移民受入国のネイティヴの子どもの学力とを比較し，両者の学力差とその背景を17カ国（地域）の間で比較・分析している。
　〈新しい能力〉概念は，グローバル社会，知識基盤社会を想定している能力概念であるため，そこからこぼれていく貧困層及び貧困地域を包括するような能力概念を提示することが，これから私たちに残された課題である。　　　（伊藤実歩子）

第7章　スウェーデンの場合
　　　　——数学のグループ・ディスカッションを評価する

本所　　恵

はじめに

　先の章で見てきたように，PISA の結果は2000年代の日本やドイツ語圏諸国に大きな衝撃を与えた。しかし北欧のスウェーデンでは，もっと早くに同様の国際学力調査からショックを受けた経験がある。それは，IEA（International Association for the Evaluation of Educational Achievement：国際教育到達度評価学会）が1964年に行った FIMS（The First International Mathematics Study），および1980年の SIMS（The Second International Mathematics Study）の結果を受けてのことだった。FIMS に参加した10カ国中，スウェーデンは13歳生徒（基礎学校7年生）の数学の成績が最下位だった。この結果を受けて授業改善と教師教育に力が入れられたが，SIMS においても——幾何分野と記述問題においては辛うじて最下位を免れたものの——，計算・代数分野は最下位に残されたのである。

　2度の国際学力テストのこの悪結果を受けて，スウェーデン国内では，数学教育について大きな議論が行われた。それは，「知識（kunskap）とスキル（färdigheter）」という二分法で語られてきた能力観の見直しや，学習指導要領にあたるレーロプランの改訂，授業方法や教師教育の改善につながった。例えば授業について見れば，それまでは大講義室での一斉授業が一般的で，理解を伴わないスキル訓練が多く行われてきていた（Kilborn, 2003, S. 28）。それが，数学的概念の理解や数学的な考え方を強調し，日常生活での利用を重視する方向に

変更されたのである。そして，生徒が数学の課題について自分で考えを組み立て，考えたことを口頭や筆記で説明し議論することが重視されるようになった。

これ以降，このような〈新しい能力〉を評価するための課題が数多く開発され，現在では実際に全国規模で実施されるナショナル・テストなどに積極的に取り入れられている。本章では，その課題の一例として，グループ・ディスカッションを通して行われる数学のテスト課題をとりあげ，背景にある評価観とともに検討してみたい。

1　スウェーデンの学校教育

ナショナル・テストを検討する前に，まずスウェーデンの学校教育について概観しておく。ナショナル・テストが置かれている状況やテストの目的が，日本の場合とは大きく異なるからである。特に，テストの形式やそこで測られる能力が，どのように学校教育全体の目的と結びついているのかということに目を配りながら，整理をしていきたい。

（1）学校制度と生涯学習

スウェーデンは伝統的にドイツを模した分岐型の学校体系が存在したが，1940年代以降，平等を重視する社会民主党のリーダーシップのもとで，「万人のための学校」をキーワードに単線型の学校体系が構築されてきた。その結果現在では，6歳児1年間の就学前教育に続いて，7歳から9年間の義務教育が基礎学校（grundskolan）で行われ，その後約98％の生徒が総合制高校（gymnasieskolan）で3年間の後期中等教育を受けている。日本と年数が等しい学校制度である。そして，総合制高校卒業後3年以内に半数弱の生徒が高等教育を受けている（SCB, 2007, S. 127）。これら青少年のための学校に加えて，公教育として多種多様な成人教育が整備されている。一度職業に就いた成人が再び大学で学習しやすいような条件整備も行われている。このように，生涯学習が公的に推進されているのである。そして実際に，成人教育機関や学習サークルな

どの場で多くの成人が学習を続けている。

(2) 社会生活の準備としての学校教育

　初等・中等教育の包括的な教育目標は全国共通のレーロプラン (läroplan) で定められており、そこには、公教育の基盤にある価値として、民主主義、基本的人権の尊重、万人の平等などが掲げられている。そしてこれらの価値観を子どもに伝えることが、学習を励ますことと並んで学校教育の重要な任務とされる (Skolverket, 1994, S. 5)。学校教育においては、社会生活の準備をし、社会の意思決定過程に参画していく準備として、これら重要な価値観を身につけることが重視されているのである。

　このような価値観の伝達は特定の教科で行われるものではなく、すべての教科、学校教育全体において重視するものとして位置づけられている。例えば民主主義に関わる学習としては、民主主義のしくみや歴史について知ること、コミュニケーションの能力を育むこと、自分の意見を表明すること、他者の意見を理解すること、民主的な社会で活動し社会を発展させていくための能力と知識を持つことなどがあげられており (Mouwitz, Emanuelsson & Johansson, 2003, S. 13)、多様な教科での学習内容につながっていることが読み取れる。

　このようなつながりは、数学科の目標の中にも見られる。数学の教科目標には、「日常の様々な選択場面において根拠を持って意思決定したり、増加する情報を解釈し利用したり、社会の意思決定過程を辿り参加したりする際に必要となる数学の知識を、児童・生徒に与える」(Skolverket, 2000b, S. 26) という目標がある。ここでは、上にあげた民主主義の社会での生活が強く意識されている。

(3) 学習意欲の向上

　公教育全体で重視されていることとしては、上述のように社会で生活し参画していく準備とともに、社会の中で学習を続ける素地を作ることがあげられる。これは、生涯学習の強調と言える。ただしここでいう生涯学習には、生涯に渡

って学習を続けるという意味合いのみでなく，多様な学習環境で学習を行うという意味合いが含まれていることに注意しておきたい。生涯学習の学習環境は，就学前教育から成人教育までの公教育制度の中で行われるフォーマルな教育，様々な職業教育や各種の能力開発・職場教育などのフォーマルでない教育，および，より日常的に家族などの集団内で行われる，明確に計画されていないこともあるインフォーマルな教育という3種類に区別される（Skolverket, 2000a, S. 19）。生涯学習は，これらの様々な人生のステージと状況で行われるものとして捉えられるのである。

多様な人生のステージと状況での学習を重視するとき，学習の素地として重要になるのは，学習への肯定的な姿勢と，学習によって自分は成長していけるという自信である。このような考えから，学校教育においては，学習に対する肯定的な姿勢と自信をつけることが重視される。また，義務教育段階の教育内容については，その知識は子どもが発展的な学習に向かう動機づけになるようなものであり，かつ，その知識自身が発展していくものであるべきだと捉えられている（Mouwitz, Emanuelsson & Johansson, 2003, S. 13）。

（4）教育目標と授業実践

上にあげたような，社会生活で用いられる知識の重視，問題解決とコミュニケーションの能力の強調，学習への肯定的な姿勢の育成といったことは，実際の教育実践においては，具体的にはどのような形であらわれるのだろうか。この問いへの一つの答えとなるのが，ナショナル・テストの課題である。

ナショナル・テストは，授業の学習内容や活動方法を直接的に規定するものではない。また，授業がテストのための学習に偏ることは否定的に捉えられている。それでもなお，テストの課題は授業実践に少なからぬ影響力を持っている。これは，授業を規定するレーロプランとの関連で説明することができる。

スウェーデンでは1980年代まで，各学年，各時期の授業に関して，教科内容，教材，授業時間数が全国共通に詳細に定められていた。しかしながら，1994年のレーロプラン改訂においてこれらの規定がなくなり，授業設計に関する教師

裁量の自由度が大幅に拡大した。各教科には，すべての学年に共通する学習の方向性を示す方向目標と，第9学年および第5学年修了時に到達すべき目標が定められた。例えば数学の到達目標では，5年修了時に「基礎的な面積についての感覚をもち，いくつかの図形の重要な特徴を知っており，記述できる」など6点が，9年修了時には「一般的な図形の重要な特徴を抜き出して記述でき，設計図や地図を解釈して利用できる」など7点が示された。これらの目標に到達するために使用する教材，授業方法，授業時間数は各学校・教師の裁量に任せられたのである。この自由裁量のもとで，問題解決やコミュニケーションを重視し，学習への肯定的な姿勢を育成し，社会生活の準備を行うことが求められた。では，このような大きなねらいと上記の目標とが意図する学習とはどのようなものなのか。ナショナル・テストはこうした疑問に答える一例としての役割を担っているのである。

2　ナショナル・テスト

(1) ナショナル・テストの目的——教育目標と評価との結びつき

　ナショナル・テストの目的の一つは，上述したように，全国共通の教育目標が意図している学習のあり方の一例を，設問という形で具体的に現場に伝えることにある。しかしテストの目的はそれのみではなく，「生徒が目標にどれほど到達しているかを教師に知らせる」，「生徒の長所や短所を把握する一助となる」，「各教師が生徒の評定をつける際の参考になることで，全国レベルでの評定の比較可能性を高める」という複数の目的が掲げられている（Skolverket, 2004, S. 11）。

　これらの目的はどれも教育目標と評価の結びつきを示しており，テスト結果の順位は話題にしていないという点に留意しておきたい。このことは，以下のようなナショナル・テスト誕生の背景において重要な意味を持っているためである。

　1994年のレーロプラン改訂と同時に，学校での評定のつけ方が，五段階相対

評価から教育目標と評価基準に準拠した三段階の評価に変更された。正規分布曲線に基づく五段階相対評価によって各教科の評定がつけられていたときには，全国レベルでの相対的な順位を明らかにするために全国悉皆での標準テストが行われていた。標準テストの結果と各学校でつけられる評定との齟齬を小さくすることによって，各学校での評定が全国的に比較可能であるように維持されていたのである。

94年の改訂では全国共通の評価基準に準拠して評定がつけられることになった。このように目標と評価基準に準拠した評価では全国レベルでの相対的な順位を明らかにする必要がないため，標準テストは必要なくなった。ただし評定の全国的な比較可能性は保持することが望まれ，全国共通の評価基準だけでは各教師に大幅な解釈の余地が残されてしまうと危惧された。そこで，ナショナル・テストが各教師の評価の甘さや厳しさを調整する役割を担うことになった。

つまりナショナル・テストは，全国的に評定の比較を可能にするために，テスト結果の順位を用いるのではなく，テスト課題と評価基準を教育目標と結びつけるという方法を取るものだったといえる。そしてこのことが，ナショナル・テストの目的において教育目標と評価との結びつきが強調されていることに表れている。このように見ると，ナショナル・テストの目的には，過去の相対評価システムを否定するという意義が含まれているのである（Skolverket, 2004, S. 14-19）。

（2）現場の声を生かし，評価研究をリードする課題開発

ナショナル・テストは，国家の定める教育目標との対応を強く意識して作られると同時に，教科教育や評価研究，教育実践と結びついていることが大きな特徴とされる。テスト開発・作成は，各教科教育や教育評価研究の伝統を持つ大学の研究室が担い，現場教師と共に行っている。さらに，毎年テスト実施の後にはアンケート調査による現場教師のフィードバックを受け，現場の声を反映する工夫も行われている。

この背景には，1980年代半ばに，当時中央当局が作成を担当していたテスト

の課題の質が大きく批判されるようになり、これ以後、研究と実践を重視してテストの作成と開発が行われるようになったという事情がある。そしてこのような批判が起こった一因として、スウェーデン国内で大きな影響力をもち、評価と学習との結びつきを人びとに広く認識させた研究をあげることができる。それは、1970年代後半、ヨーテボリ大学の心理学者マルトン（Marton, F.）を中心に始められた現象記述学（Fenomenografi）と呼ばれる研究である（Andersson, 1999, S. 90; Måhl, 1991, S. 120; Marton, 1981）。

マルトンは、なぜ人によって学習成果に差がでるのかという疑問からこの研究を始めた。学習者へのインタビューを逐語的に分析した結果から、その理由は、人が新しい事柄を認識し理解する方法の差異だと考えられた。その方法は、事柄をそのまま記憶しようとする浅いアプローチと、事柄の意味を考え既知の事柄や経験と関連づけて構造化し総合しながら理解しようとする深いアプローチという2種類に区別された。そしてマルトンは、後者の方法での深い学習がより長く永続的であると主張した。

学習の浅いアプローチと深いアプローチという学習方略の決定には、テストの形式が強く影響するということが実験から示された。具体的には例えば、ある本の内容を学習する際に各章の終わりでテストを行うとする。そのテストが詳細な事実の確認だった場合は、学習者は次の章を読むときに統計データなどの詳細を記憶するようになる。これは浅いアプローチの学習であるといえる。一方、内容のまとめや主張を問うテストを行った場合は、学習者はその章の要点を捉え、それまでに読んだ内容と関連づけて整理しようとする。これは、深いアプローチの学習といえる（Måhl, 1991, S. 120-121）。つまり、テストで行ったことがそのまま、その後の学習方略に反映されるのである。このことから、全国規模での学力テストについても、その課題を形式と内容との両面から学習場面と結び付けて吟味し、生徒を深い学習に導くテストを開発することが求められるようになった。

（3）ナショナル・テスト作成の基盤にある評価観

　基礎学校の数学テストの作成・開発は，数学の評価研究を伝統的に行ってきたストックホルム大学のPRIM（P̲rov i̲ M̲atematik）グループが1984年以降担当している（PRIM, 2008）。PRIMは，テストが日々の学習に与えうる影響を，上述した学習方略という点にとどまらず，評価対象や心理的側面からも考慮し，テスト作成・開発の原則として次の2点を強調している（Pettersson, 2007, S. 34）。

①本質的な事柄を評価する

　一点目は，本質的な事柄を評価するという原則である。過去の標準テストは，テスト採点の信頼性を重視して単純な問題を多く用い，その結果，授業内容を単純なスキル訓練に偏らせた。このことを反省し，ナショナル・テストでは，各教科の教育目標を的確に評価対象に据えることが重視される。この原則のもとでテスト課題は，重要な数学的知識を広く含むと同時に，数学科で重視される問題解決やコミュニケーションの能力が表れやすい評価方法を含むのである。

　また，個々の問題については，問題文のスウェーデン語の意味が理解できないために解答できなかったなどということがないように配慮されている。語学の能力に左右されず，数学の能力を適切に測ろうというのである。

②「肯定的な評価」の原則

　第二の原則は，間違いに目を向けるのではなく，出来た部分に目を向けるという「肯定的な評価（positiv bedömning）」の原則である。これはテストを，生徒のつまずきをチェックする機会として捉えるのではなく，生徒の出来ることを表現する機会として捉えるという考え方を示している。この発想は，多くの日本の教師が考えるようにテストによって生徒のつまずきを発見し，その後の学習によってそれを克服するという発想とは大きく異なる。テストは生徒が身につけたものを自分自身で意識できるようにする機会であり，テストを通して，その意識できる部分を増やしていこうという発想である。

　もっともこれでは，つまずきの克服には焦点が当たりにくい。この点に関しては，スウェーデン国内でもつまずきに対する指導法の研究不足を指摘する声

がある (Kilborn, 2003, S. 54)。それでもなお，この肯定的な評価の原則は，生徒の学習意欲を高めるという効果が期待されて広く支持されている。すなわち，自分にできることを意識することで，生徒は自分の能力の現状を肯定的に認識しながら，学習によってさらに向上していけるという自信をもつというのである。

　この原則に基づくと，生徒がそれぞれ得意な方法で自分の能力を表現できるように，多様な方法での評価が必要とされる。その上で，テスト結果が適切に分析され，出来た部分の価値が認められて次の学習に生かされる必要がある。よって実際に，ナショナル・テストには多様な方法での評価が取り入れられており，テストを実施した学校の教師が採点まで行って，そのまま実践に反映できるようになっている。

　以上のように，本質的な事柄を評価するという原則や，生徒が出来た部分に目を向けるという原則からは，テストの結果でなくその課題と評価方法そのものが教育目標と学習活動に対して大きな役割を担っていることが分かるだろう。

（4）ナショナル・テストの構成

　では，ナショナル・テストを具体的に見ていこう。基礎学校9年生の数学のテストには，問題形式，解答方法，使用可能な補助具が異なる，A，B1，B2，Cの4つのパートが用意されている（表7-1）。伝統的に行われてきた筆記テストの形式に近いB1，B2のテストに加えて，新しい特徴といえるのは，グループでのディスカッションを通して行うAパートと，現実世界の一つのテーマに関連する様々な問題が用意されているCパートである。現実文脈の問題解決が重視されていることが，Cパートの配点の大きさに表れている。

　なお採点には，全国共通の評価基準が〈G（Godkänt：合格）〉，〈VG（Väl Godkänt：良い合格）〉，〈MVG（Mycket Väl Godkänt：とても良い合格）〉という三段階で準備されていることに対応して，G点とVG点とMVG点という3種類の点数が用いられている。各設問には，その質的な難易度に応じてG点かVG点，あるいは両方が設定されている。MVG点は，「問題を一般化して発展

第7章　スウェーデンの場合

表7−1　基礎学校9年生数学のナショナル・テストの構成と特徴（2007年度）

	A	B1	B2	C
特　徴	口頭（3〜4人グループ課題）	筆記（短答）	筆記（解答過程記述）電卓使用可	筆記（テーマ・解答過程記述）電卓・定理集使用可
日	春学期中の任意の日	4月19日	4月19日	4月27日
時　間	1グループ20〜30分	B1とB2あわせて80分		100分
評　価	ルーブリック	正答例	ルーブリック	正答例・事例
配　点〈G〉点：〈VG〉点	4：4	11：9	4：6	21：16

（出典）　Skolverket, 2007b, S. 38をもとに筆者が作成

させ，問題解決において一般的な定理や解法を利用する」など5種類の〈MVG〉の質を評価できる設問に配当される。最終的には全パートのG点の合計と，全パートのVG点の合計がそれぞれ計上され，MVG点については5種類の質それぞれについて点数が計上される。その得点を一定の基準に照らして，数学のテスト全体で〈G〉〈VG〉〈MVG〉という3段階の評定がつけられる。

　以下ではAパートのテストを取り上げる。これは，生徒が実際に行うパフォーマンスを直接評価対象とし，数学の課題を解決する際に，口頭で自分の考えを説明したり，議論したりする能力を測るものである（PRIM & Myndigheten för Skolutveckling, 2003b, S. 8）。教師はそれぞれの生徒が能力を遺憾なく発揮できるように，協力し議論しやすい関係を考慮して3〜4人のグループをつくる（Skolverket, 2007a, S. 18）。ただし，グループ・ディスカッションが出来ない生徒に対しては，議論への参加に対する点数はつかないが個人で同じ課題に取り組むことが認められている。

　テストは，春学期（後期）の任意の時間に，1グループ約20〜30分かけて行われる。テストは，授業中に空き教室や教室の隅を利用して行われることが多く，2002年度のアンケートでは，71％の教師が授業中に行っていた（Skolver-

第Ⅱ部　新しい教育のオルタナティブを探る

ket, 2003, S. 22)。テスト時期によって不公平が出ないように，同じ領域から類似した3種の課題が用意され，それぞれに複数の設問が設けられており，教師はこれらの中から適当なものを選んで実施する。

(5) パフォーマンス課題作成上の留意点

　PRIM は，A パートのテスト作成においては，前述した2つの評価の原則に加えて，特に次の2点を考慮している。一点目は，その課題がグループでのディスカッションに適していることである。これはつまり，正答が一つに定まらず，多様な考え方や試行錯誤が出来ること，また，指差しながら説明するなど身体を使って説明する場面があるといったことを意味している。

　二点目は，能力差にかかわりなく全員が課題に取り組めることである。数学が苦手な生徒も取り組めるように，難解な語句や概念を使わないシンプルな問題設定であると同時に，数学が得意な生徒も意欲的に取り組めるように，一般化などの発展的思考を行う場面が含まれる必要がある。多様な問いを用意することによって様々なレベルの生徒に個別に応じるのではなく，様々なレベルの生徒すべてに対応する一つの課題が求められているのである。ただし，生徒一人ひとりの発言機会を確保するために，テストには一人で答える設問とグループで議論する設問が両方含まれる。各生徒が個別に答える設問には難易度の違いがあり，各教師が生徒の能力などを考慮しながら選ぶことになる。

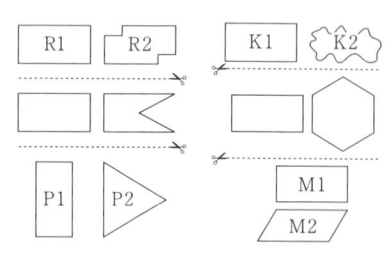

図7-1　生徒に渡される2種類の図形（6人分）

（注）　この6種類から教師が選択。記号は筆者による（本文と対応）
（出典）　PRIM & Myndigheten för Skolutveckling, 2003b, S. 20-21.

3　パフォーマンス評価の実例

　それでは以下に，2000年度のナショナル・テストで使用された設問を取り上げて，パフォーマンス評価の具体例を検討する。

（1）課題の概要

 生徒4人と教師1人が机を囲んで座り，生徒は2種類の図形が書かれた紙（図7-1）を1枚ずつ受け取る。そして，2つの設問が全員に提示され，5分ほど各自で考える時間がとられる（Kjellström & Pettersson, 2005, p. 315）。

> **設問1** 自分の紙に書いてある2種類の図形を比較し，周の長さや面積などに関して，共通点と差異をグループの他のメンバーに説明する。説明を聞いたメンバーは，分からないことや付け加えることがあれば発言する。
> **設問2** 全員が説明を終えたら，すべての図形を机の上で一緒に見比べる。全員で，できるだけ多くの図形について共通点と差異を見つけ，話し合う。

 生徒には，評価に関して次のような注意がなされ，理解，議論への参加，数学用語の使用という3つの評価の観点が明示される。

> 自分の図形について説明する時と，メンバーの説明を聞いて質問する時と，最後の話し合いそれぞれが，あなたに出来ることを表現する機会だと思ってください。答えが合っているか間違っているかということだけが評価されるのではありません。メンバーの意見をよく聞き入れられているか，自分の考えをよく表現できているかといったことも評価されます。できるだけ数学の用語を使いましょう。

 この評価の観点は，教師がAパートの評価に用いるルーブリックの観点に対応している。ルーブリックは，全国共通の教科目標と評価基準を基にPRIMが作成したものであり，生徒のパフォーマンスの質が〈理解〉〈用語〉〈参加〉の3観点について，それぞれ3レベルで判断される（図7-2）。3レベルに分かれてはいるが，これらのレベルは連続体として捉えられるように矢印が書かれており，評価の際に議論を促すものとなっている。テストを行った現場教師が，このようなルーブリックを用いて，生徒一人ひとりの数学的能力を評価する。注記しておくと，グループ全体で一つの成績がつけられるのではなく，あくまでも個人に対して評価が行われる。またこの評価は，あくまでも数学の課題についての議論という限定がなされている。一般的なディスカッションやコ

第Ⅱ部 新しい教育のオルタナティブを探る

評価の観点	質的レベル 低 ←―――――――――→ 高		
理　解 ・どの程度設問を理解していることを表現し，自分の解答を理由づけているか。 ・どの程度関連づけや一般化を行っているか。	複数の図形の周の長さや面積の出し方を書くなど，周の長さと面積という概念について何らかの理解を示す。	周の長さや面積について2つの図形の共通点や差異を説明するなど，周の長さと面積の概念に関するよい理解を示す。	周の長さと面積両方の概念に関するよい理解を示し，一般化して説明し問題を発展させるなどして，両方を関連づける。
用　語 ・説明はどのくらい明確で分かりやすいか。 ・どの程度適切な数学的用語や言い回しを用いているか。	考えを納得して辿れる。	辿りやすく，適切な数学的用語と言い回しを用いている。	よく構造化され，分かりやすく，適切な数学的用語と言い回しを用いている。
参　加 ・数学的な考えを根拠に，どの程度議論に参加しているか。	自分自身の意見についてのみ言及する。	他の生徒の説明や最終的な議論を，自分の考えや証明に役立てる。	他の生徒との話し合いに参加し，議論を進める。

図7-2　2000年度数学Aパートテストのルーブリック
（出典）　PRIM & Myndigheten för Skolutveckling, 2003b, S. 15. より訳出

ミュニケーションの能力を捉えようとしているのではないのである。

　なお，図7-2はこの設問のみに対応したルーブリックだが，この他，口頭テスト一般に用いられるルーブリックも用意されている。生徒には，テスト前に一般的なルーブリックを見せて評価基準を説明することが勧められている。

（2）テスト実施過程

　以下では，教師研修用ビデオ（PRIM & Myndigheten för Skolutveckling, 2003a）からテスト実施過程を取り出しつつ，それを教師がどのように評価しているのかを検討する。評価を行っているのは，生徒のテストに同席した教師（以下「教師1」）の他，その状況を撮影した映像を見た3人の教師（教師2～4）である。テストを受けている生徒は，リッカッド（R），ペーテル（P），マリア（M），カロリーナ（K）の4人で，それぞれに図7-1のR, P, M, Kの図形が与えられている。以下，リッカッドに焦点を当てて，ルーブリックの

評価の観点に沿って事例を検討する。

① 〈理解〉の評価

　まずリッカッドが設問1に答える場面である（実施過程1）。この場面でリッカッドは，「高さ×底辺」という面積の公式を用いて，長方形の周の長さを出そうとしている（下線部）。

〈実施過程1　リッカッドの発表：図形R1・R2に関して〉
教師　でははじめましょう。リッカッド，どうぞ。
R　これ（R1）は普通の長方形，そしてこれ（R2）も同じ長方形，ただ，はしをへこませてる。周りの長さは「高さ×底辺」。(2)面積もだいたい同じことだ。同じ式を使ったらいいんだ。でも…こっち（R2）の方が周りの長さは長い，こっち（R2）の方がたくさん角があるから。…いや，そうすると，こっち（R2）が短いはずだ。どうしてって…こっち（R2）は切り取っているから。

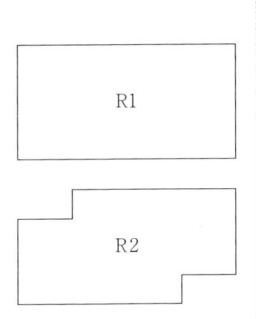

（M　口を挟もうとする）

教師　ちょっとまってね。リッカッドに最後まで説明してもらいましょう。周りの長さは（R2が）短いのね。それで，面積については，何と言ったの？
R　面積も（R2が）小さい。なぜなら，周りの長さが短いから。
教師　はい。
M　いいえ，そうはならないわ。なぜなら，周の長さね，内側に入っているだけで，すべての4辺もついているし。
R　その通り。そう言おうとしていたんだ。
M　OK。
P　そう，周の長さは同じだよ。…もし街で正方形の区画を（一対の対角を指して）ここからここへ行くとき

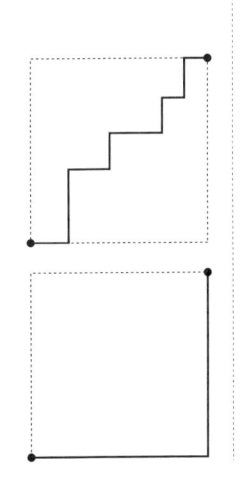

に，ジグザグに行っても，（一度だけ直角に曲がって）真っ直ぐ行っても距離は変わらないだろう．だから同じ周の長さだよ．
教師　賛成する？
R　うん．
教師　（Rに）ほかに言いたいことは？（全員に）追加することはある？
RPMK　ないよ．

　上の議論からリッカッドは，周の長さと面積との違いを理解していないと評価された．そして，「面積については運がよくて正解を言ったようだ．あまり確信はないようだった」（教師2），「とてもまごついている」（教師1）といった否定的な評価がなされ，〈理解〉が全くできていないと判断する教師（教師4）もいた．

　しかしながらその上で，教師1は，リッカッドが「考え方を捉えるのが結構素早い」と肯定的な点も指摘している．それは，リッカッドが議論の中で，ペーテルの用いた解法を把握して，他の場面で利用しようとした次の場面である．ペーテルは自分の図形の面積を比較するときに，片方の図形を切って一部を移動させて比較する方法を用いた．リッカッドはこの手法を真似て他の移動のさせ方を提案した（実施過程2）．またその後，マリアの図形に関する議論の際にも同じ方法を用いた（実施過程3）．

〈実施過程2　ペーテルの図形P1・P2の面積比較〉
P　面積も同じだと思う．これ（長方形P1）は，ここ（二等辺三角形P2の頂角）を押さえたみたいで，こういう風に長方形になり，これ（P1）と同じ大きさになる（右図）．そうしたら，どっちも同じ形になる．
教師　はい…
R　ここで切って（P2の底辺の中点から対角に向かって切る），こうやって（右図）重ねても長方形になるよね．

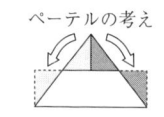

〈実施過程3　マリアの図形 M1・M2 の面積比較〉
R　僕が思うに，ここ（M2の片方の鈍角から対辺に垂線を引く）で切り取ったら，この部分（切り取ってできた三角形）の面積がちょうどこの部分（切り取ってできた四角形の斜辺の外側）に当たるから（M1とM2は）ちょうど同じ面積だよ（右図）。

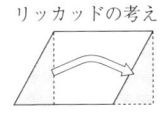

　ここから教師1は，リッカードは「図形を切って移動させれば，ある部分が同じ面積になるのが分かっていた」として，彼が面積の概念を少しは理解していたと分析している。そして，リッカードが議論の中で友人の解き方を理解し，それを次の場面で用いたことを肯定的に評価している。
　ここでは，テスト時点で各生徒が理解している数学の内容のみが評価対象となるのではなく，議論の中で理解し，その考え方を用いて試行する能力も評価対象として捉えられていることが読み取れる。

② 〈参加〉の評価
　ただしリッカードは「参加しているけれど，彼は考え方が間違っているから，議論には参加できていない。」（教師2）と言われる。たしかに，実施過程2でも3でも，リッカードの発言内容は数学的に間違っている。また，この後の設問2の議論ではまったく発言できていない。
　しかしリッカードは，数学的概念の理解が間違っていても，彼なりに考えて「絶えず興味を持って参加し」（教師3）ていると，〈参加〉の観点からは評価された。そして教師1は，リッカードの考えが「議論を少し前進させた」ことを指摘している。それは次の場面である。カロリーナが図形の周囲に糸を乗せ，その糸を伸ばして周の長さを測った（実施過程4）ことを真似て，リッカードがペーテルの図形について比較しようとした（実施過程5）。
　もっとも，実施過程5は図形の面積を比較する場面なので，リッカードが提案した糸を使う方法は適切ではないと却下される。しかしながらリッカードの発言を受けて，カロリーナが周の長さが同じでも面積は異なることに着目し，

ペーテルが「周の長さが一定のとき，面積が最大になる図形は円」という授業での学習内容を思い起こしている。そして周の長さに着目する意見を聞いて，マリアはピタゴラスの定理を用いることを思いついた。このように，リッカッドの着眼点が友人たちの議論を進めたことが評価されたのである。

〈実施過程4　カロリーナの図形K1・K2に関して〉
教師　では，その変わった図形（K2）の周の長さは厳密に測れる？
K　そうね…。糸を上に乗せて，後で真っ直ぐに伸ばして定規で測ればいい…と思う。

〈実施過程5　ペーテルの図形P1・P2に関して〉
R　糸を三角形（P2）の周りにおいて，その糸で長方形を作ったら…。僕は糸を持っていないけど…。
K　それでならいくらでも長く細くはできるけど，面積はなくなっちゃうってこともあるわよ。
P　最大の面積にするのなら円形だよ。これは違うな。
M　でも…，同じことが言えるわね。（P2の）高さがここ。そして例えば，この辺（三角形P2の斜辺）の長さが8だとするでしょう，そしたらここ（底辺の半分）が4。これは正三角形だから。そしたら，ピタゴラスの定理が使えるわ。

マリアの考え
P2

8
高さ
4

③〈用語〉の評価

　もう一つの観点である〈用語〉では，頂点，辺，斜辺など「適切な数学的用語」が用いられることのみでなく，「説明の分かりやすさ」「明確さ」も評価される。その表現には，実施過程1のペーテルのように，指差すことによる説明も含む。リッカッドは長方形の頂点を「はし」と言うなど，数学の用語ではなく日常使用する表現で説明することも多いが，全体として具体的に分かりやすく説明していると評価された。

評価の観点	質的レベル 低 ←―――――――→ 高
理　解	4　2○　1　　　　　　　　　　　　　　3
用　語	2　　1　　　　　　　　　　　3　④
参　加	4○　1　　　　　　2　　3

図7-3　リッカッドについての評価

（注）　数字は4人の教師の番号。○は4人が合意した評価。
（出典）　PRIM & Myndigheten för Skolutveckling, 2003a より訳出

（3）総合評価

　以上のようにAパートのテストでは，設問1と2の過程全体を見渡した上で〈理解〉〈用語〉〈参加〉という3観点での評価が行われている。リッカッドについては，教師4人の議論によって，図7-3のように評価された。4人の教師それぞれが1～4の印をつけ，議論を経て合意した評価が○である。

　テストに同席した教師1は，すべての観点において他の教師より高い評価を与えている。評価の話し合いにおいて教師1は，「彼（リッカッド）は，筆記テストでもかなり大きなミスをする」ため，〈理解〉に大きな問題があり自信がないと思っていたが「思い切って自分の意見を言っている」ことに驚き，「彼は自信のない子ではないのね」と，リッカッドを見る目を変え，それが高い評価になったと説明する。このように，日頃の彼の様子を知っているゆえに評価が高かったことは，教師集団の話し合いの中で修正されている。

　現実には，すべてのテストがこのように複数の教師によって採点されるわけではない。2000年には約7割の教師が一人で評価を行っていた（Kjellström, 2001, S. 46）。しかし判断に迷ったときはこの事例のように同僚と議論するという。この事例からは，評価基準に照らした評価とともに，議論による吟味が重視されていることを読み取ることができる。

　このようにルーブリックを用いた観点別の評価では，その結果がどのように総合され，点数化されるのかが問題になる。これは口頭テスト導入時から論点

の一つとされてきた。テストの強調点が結果の点数ではなく生徒のパフォーマンスを直接解釈し議論を促すことにあるとしても，テスト結果を統計調査などに用いる必要性から総合評定が求められるためである。例にあげた図形の課題が実施された2000年には，ルーブリックに配点は示されず，観点別に〈G〉か〈VG〉かの評定がつけられ，3つの観点別評定をあわせて，改めて全体で〈G〉〈VG〉〈MVG〉のいずれかの評定がつけられていた。観点別の評定は2004年以降行われておらず，現在はルーブリックの中にG点とVG点の配点が示されている。MVG点は，ルーブリックとは別に用意されている5種類の〈MVG〉の質に照らしてつけられる。これら3種類の得点をあわせて，最終的にAパートの総合評定が決められている。

おわりに

　本章では，スウェーデンの数学のナショナル・テストで行われているグループ・ディスカッションのテストについて，教育目標，背後にある評価観，学習との結びつきを検討し，その具体的な姿を明らかにしてきた。
　テスト実施事例では，友人が用いた解法を理解して次に用いたり，たとえ数学的に間違った内容の発言であってもその着眼点が議論を進めていたりすれば評価されていた。これらの点は，独力で解く筆記テストでは評価されない点であったといえる。テスト時点で持っている数学の知識が評価されるのみではなく，自分の持っている範囲の知識を使っていかに思考し議論に参加できるかが測られているのである。それは，問題を解決することやその結果のみに数学の価値があるのではなく，解決に向けた議論のプロセスに価値があるということを示しているといえよう。
　もっとも，このように議論過程に価値をおくというとき，グループメンバーによって成績が左右されるのではないかという疑問が浮かぶ。良く理解できている生徒がグループに居れば，ほんの少し口を挟むだけで発言を受けて議論を進めてくれることが期待でき，他のグループメンバーの評価も高まりやすいと

考えられる。その可能性は否定できない。しかしながらこれは批判の対象になるよりもむしろ，そういったことを考慮して各生徒が議論しやすいようなグループを作ることが教師の重要な仕事として認識されてきた。このテストが評価対象とする「本質的な事柄」は，数学的課題にグループで取り組み，議論の中で自分の能力を表現できることであり，テストではそれをできるだけ満足に表現できるような環境を整えることが重視されているのである。ここには，学習過程の一部として評価を行うという考え方と，個人の能力を最大限に表現させようとする姿勢があらわれているといえよう。そしてそこで発揮することが期待される能力は，そのまま学校教育全体の目標において重視されるものにも結びついているのである。

〈注〉

(1) 以前はストックホルム教育大学（Lärarhögskolan i Stockholm）であった。2007年度に統合されてストックホルム大学教育学部となった。
(2) スウェーデン語では「長さ×幅」という。

〈文　献〉

Andersson, H. (1999). *Varför betyg?: Historiskt och aktuellt om betyg.* Studentlitteratur.

Kilborn, W. (2003). Synen på baskunskaper i ett tidsperspektiv. I Myndigheten för skolutveckling. *Baskunnande i matematik* (S. 28-59). Myndigheten för skolutveckling.
http://www.skolverket.se/publikationer?id=1857（2009年9月22日取得）

Kjellström, K. (2001). Muntlig kommunikation i ett nationellt prov. *Nämnaren, 2,* 41-47.

Kjellström, K. & Pettersson, A. (2005). The curriculum's view of knowledge transferred to National Tests in Mathematics in Sweden. *ZDM, 37*(4), 308-316.

Marton, F. (1981). Phenomenography: Describing conceptions of the world around us. *Institutional Science, 10,* 177-200.

Mouwitz, L., Emanuelsson, G. & Johansson, B. (2003). Vad menas med baskunnande i matematik?. I Myndigheten för skolutveckling. *Baskunnande i matematik* (S. 7-27). Myndigheten för skolutveckling.
   http://www.skolverket.se/publikationer?id=1857（2009年9月22日取得）

Måhl, P. (1991). *BETYG -men på vad? En bok om kunskapssyn och prov.* HLS förlag.

Pettersson, A. (2007). Bedömning: Varför, vad och varthän?. I *Pedagogisk bedömning : om att dokumetera, bedöma och utveckla kunskap.* HLS förlag.

PRIM. (2008). Forskning: Bedömning av kunskap och kompetens.
   http://www.prim.su.se/forskning/pdf/forskning08.pdf（2009年9月22日取得）

PRIM & Myndigheten för Skolutveckling. (2003a). *Tala om Kunskap.* [VHS]

PRIM & Myndigheten för Skolutveckling. (2003b). *Studiehandledning till filmen: Tala om Kunskap.* PRIM & Myndigheten för Skolutveckling.

Skolverket. (1994). *Läroplan för det obligatoriska skolväsendet, förskoleklassen och fritidshemmet* (*Lpo94*).

Skolverket. (2000a). *Det livslånga och livsvida lärandet.*
   http://www.skolverket.se/publikationer?id=588（2009年9月22日取得）

Skolverket. (2000b). *Grundskolan : kursplaner och betygskriterier.*
   http://www.skolverket.se/publikationer?id=745（2009年9月22日取得）

Skolverket. (2003). Ämnesprovet i matematik. I *Ämnesproven skolår 9: 2002.* Skolverket.

Skolverket. (2004). *Prövostenar i praktiken: Grundskolans nationella provsystem i ljuset av användares synpunkter.* Skolverket.

Skolverket. (2007a). *Provhäfte: Delprov A.*
   http://www.prim.su.se/matematik/ap_9/2007/del_A_07.pdf（2009年9月22日取得）

Skolverket. (2007b). *Provhäfte: Delprov B och C.*
   http://www.prim.su.se/matematik/ap_9/2007/Bedomningsanv07.pdf（2009年9月22日取得）

SCB (Statistiska centralbyrån). (2007). *Utbildningsstatistisk årsbok 2008.*
   http://www.scb.se/statistik/_publikationer/UF0524_2007A01_BR_00_

UF0107TAB.pdf（2009年9月22日取得）

---ブックガイド---

---教育評価に興味をもった読者へ---

　生徒が実際に行う行為を直接評価の対象とするパフォーマンス評価は，総合的な学習の時間の導入などによって日本でも広がりを見せてきている。このような広がりを理論的に支えた文献として，**C. V. ギップス（鈴木秀行訳）『新しい評価を求めて―テスト教育の終焉―』（論創社，2001年）**があげられる。本書は，英国で1980年代に飛躍的に進んだ教育評価研究をまとめ，新しいパラダイムの方向を提示するものとして，世界各国で読まれた。評価と学習の関係，テストの信頼性や妥当性，倫理的問題などを検討しながら，基準に照らして評価を行う「クライテリオン準拠評価」と，パフォーマンス評価とが薦められている。

　同様に英国の評価研究に学びながら，日本の教育現場と結びついた形で教育評価の研究・開発を進めているのは，**西岡加名恵『教科と総合に活かすポートフォリオ評価法―新たな評価基準の創出に向けて―』（図書文化社，2003年）**である。子どもの作品や評価の記録を蓄積していく「ポートフォリオ」を用いることによって，子どもの自己評価力を育み，教師も子どもの学習と自分の指導をより幅広く，深く評価できる。こうした考えに立ち，その理論的基盤を丁寧に示しながら，総合学習や教科における具体事例が検討されている。

　また，米国の中等教育段階を中心に，理科のパフォーマンス課題の改善・開発への取り組みを紹介するのは，**R. ドラン・F. チャン・P. タミル・C. レンハード（古谷光一監訳）『理科の先生のための新しい評価方法入門―高次の学力を育てるパフォーマンス課題，その実例集―』（北大路書房，2007年）**である。学習目標，授業方法，評価の調和を目指して，教員養成や教員研修で用いるテキストとして書かれた本書には，全米科学教育スタンダードの状況，評価開発の基礎的な原理と基礎理論とともに，実際に現場で用いられた課題例が多く載っている。

　松下佳代『パフォーマンス評価―子どもの思考と表現を評価する―』（日本標準，2007年）は，日本国内で行われた，パフォーマンス評価を用いた算数・数学の学力調査を取り上げている。著者自身がグループリーダーとしてかかわったその調査について，課題開発，採点事例，ルーブリックの作成の詳細を紹介しながら，背景にある考え方，パフォーマンス評価の特徴，意義，課題が整理されてい

第Ⅱ部　新しい教育のオルタナティブを探る

る。子どもたちの思考プロセスやコミュニケーションを含む算数・数学の学力を多面的・総合的に把握する一例として，日常実践に役立つ評価法の提案にもなっている。

　教育評価に関する基本的な用語や考え方を全般的に学ぶ入門書としては，**田中耕治編『やわらかアカデミズム・〈わかる〉シリーズ　よくわかる教育評価』**（ミネルヴァ書房，2005年）が手に取りやすい。実際に教育現場で用いることができる具体的な方法論を，歴史的な背景も含めて紹介している。さらにくわしい教育評価のテキストとなるのは，**田中耕治『教育評価』**（岩波書店，2008年）である。アメリカと日本における教育評価論の歴史を丁寧に辿ることによって，現在起こっている考え方の転換の意義を確認し，教育実践の改善に結びつく評価の在り方を提起する。そこには，これからの「教育評価」が，子どもたちに学力を保障し，教育実践への参加を促す装置として働く展望を見ることができる。（本所　恵）

第8章 アメリカの場合
―― カリキュラム設計における「工学的アプローチ」の再構築へ

石井　英真

はじめに

　本章では，現代アメリカにおけるカリキュラム設計に関する理論と実践の展開を明らかにすることで，学校教育において〈新しい能力〉を育むカリキュラム設計のあり方について考える。

　アメリカのカリキュラム設計に関する議論においては，タイラー（Tyler, R. W.）によって提唱された，「教育目標（educational objectives）」の明確化と教育活動の評価を重視する考え方が支配的なパラダイムを形成してきた。1940年代にタイラーは，教育目標の設定がカリキュラムの計画の最初になされ，教材や学習経験の選択と組織化の規準として，また実践されたカリキュラムの評価の規準として機能するものと位置づけた。

　またタイラーは，カリキュラムの計画・実施・評価の規準として役立つような効果的な目標の叙述形式として，「行動目標（behavioral objectives）」という方法を提起した。例えば，「三平方の定理（内容的局面）を現実場面に応用することができる（行動的局面）」という具合に，何を教えるのかを示す内容的局面と，教えた内容を子どもがどう学んだかを示す行動的局面を含む形で教育目標を叙述するわけである。タイラーの行動目標論は，1956年，彼の教え子のブルーム（Bloom, B. S.）らの「教育目標の分類学（taxonomy of educational objectives）」（「ブルーム・タキソノミー（Bloom's Taxonomy）」）の開発に結実し，1950〜60年代の科学的・合理的なカリキュラム開発の展開を支えた。

第Ⅱ部　新しい教育のオルタナティブを探る

　1960年代末から1970年代にかけては，行動目標論批判が起こり，カリキュラム研究では，教育活動の計画よりも学習経験の記述・解釈に重点が置かれるようになっていった。そして，カリキュラム設計の伝統的なパラダイムは「工学的アプローチ（technological approach）」（目標の特殊性，教材や教授・学習過程の合理的・計画的組織化，目標に準拠した評価を志向）と概括され，「羅生門的アプローチ（rashomon approach）」（目標の一般性，教授・学習過程の創造性と教師の即興性，多面的視点からの目標にとらわれない評価を志向）など，「工学的アプローチ」に代わるカリキュラム設計の方法論の確立が模索された。

　だが，1980年代以降の全米的な学力向上政策の展開に伴って，いわゆる「工学的アプローチ」が新たな展開を見せている。1980年代以降，アメリカでは，州レベルで共通教育目標（「スタンダード（standards）」）を設定する動きが広まった（スタンダード運動）。その際，州のスタンダード開発を支援すべく，民間の各教科の専門団体からもスタンダードが提案された。このスタンダード運動は，州による上からの標準テストの使用とセットになって展開し，各学区，学校の学業達成が標準テストで点検されるようにもなった。

　連邦，州政府主導のスタンダード運動に対しては，各地域，各教師の実践の自律性と創造性を阻害するものとの批判もなされた。その一方で，アメリカでは，連邦・州政府主導の改革と学校や教室の教育実践とをつなぐべく，スタンダードの設定やそれに基づく評価を，学校改革や日々の授業改善に積極的に活かしていこうとするローカルな取り組みも進められてきた[1]。そして，その中から，知識・技能を活用する力といった，〈新しい能力〉の評価を志向する「パフォーマンス評価（performance assessment）」などの新しい評価の考え方や技術が誕生した。パフォーマンス評価とは，現実的で学習者にとって真実味のある文脈において，知識・技能などを総合的に活用しながら展開される振る舞いやその結果生み出される作品を，直接的に質的に評価する方法である。また，パフォーマンス評価を中軸に据えながら，スタンダードに盛り込まれた〈新しい能力〉の育成を目指す取り組みも進展した。

　上記のような評価論の発展や，スタンダードに基づく教育の展開は，行動目

標論に代表される「工学的アプローチ」の再来を思わせる。しかし，パフォーマンス評価論の誕生を契機に，行動目標論をベースとした従来の「工学的アプローチ」の基本的枠組みが問い直され，「工学的アプローチ」の新たな形が提案されてきている。そして，そうした「工学的アプローチ」の新たな形は，〈新しい能力〉を育むカリキュラム設計の方法論を示すものでもある。

　そこで本章では，パフォーマンス評価論，および，パフォーマンス評価論を中軸としたスタンダードに基づく教育に検討を加え，現代アメリカにおいて「工学的アプローチ」がどのように再構築されようとしているのかを明らかにする。

1　パフォーマンス評価論の基本的な考え方と方法

（1）標準テスト批判とパフォーマンス評価論の誕生

　連邦政府，州政府主導のスタンダード運動，特にハイステイクスな標準テストの使用に対する批判は，多肢選択式をはじめとする伝統的な評価のあり方を問い直す議論へと発展した。一般に各教科の専門団体や州が開発したスタンダードには，知識・技能のみならず思考力も明示されている。だが，標準テストが測っている内容は，断片的な知識・技能の有無という評価しやすい部分に限定されがちであった。そこで，創造的な教育実践が生み出す価値ある成果の内実をより広く捉えるべく，パフォーマンス評価などの新しい評価の方法が生まれてきたのである。パフォーマンス評価は，「代替的評価（alternative assessment）」や「真正の評価（authentic assessment）」とも呼ばれるが，「代替的評価」という言い方は，伝統的な評価方法に代わる新しい評価方法というニュアンスを，また，「真正の評価」という言い方は，学校学習の文脈を現実生活のリアルな文脈に近づけようとする志向性をそれぞれ表現している。

　パフォーマンス評価論の提唱者の中には，標準テストへの批判意識ゆえに，子どもの学習経験の質を目標にとらわれずに多面的・全体的に評価する点を重視し，スタンダード設定や目標の明確化に対して否定的なスタンスをとる者も

多い。例えば、ベルラック (Berlak, 1992) は、標準テストの背後にある旧来の教育評価の考え方を「精神測定パラダイム (psychometric paradigm)」と一括し、新しい教育評価の考え方として、「文脈的パラダイム (contextual paradigm)」を提唱する。精神測定パラダイムは、意味の普遍性、評価実践の価値中立性、認知と情意の分離、中央からの統制によって特徴づけられる。それに対して、文脈的パラダイムは、意味の複数性や論争的性格、評価実践の価値的・倫理的性格、認知的・情意的・能動的学習の不可分性、民主的経営と分散的統制によって特徴づけられる。

これに対し、「真正の評価」の提唱者であるウィギンズ (Wiggins, 1991) は、スタンダードの設定と、「標準化 (standardization)」とを区別する。そして、スタンダードの設定と内在的に結びつけながら、パフォーマンス評価論を展開している。パフォーマンス評価による価値ある学習成果の新たな可視化により、教育研究や実践の関心は、そうした学習成果のカリキュラムにおける明示的な位置づけや、その計画的な実現に向けた働きかけの方法論の確立へと向かっていったのである。以下の部分では、ウィギンズの「真正の評価」論を紹介しながら、パフォーマンス評価の要点を整理するとともに、パフォーマンス評価を軸としたスタンダードに基づく単元設計の一般的な方法論を確認する。

(2) パフォーマンス評価の基本的な考え方

ウィギンズは、真正の評価を、「大人が仕事場、市民生活、私生活の場で『試されている』、その文脈を模写したりシミュレートしたりする」(Wiggins, 1998, p. 24) 課題に取り組ませる中で子どもの学びを評価する考え方と規定するとともに、真正の評価が求められる理由をスポーツの例を挙げながら説明している (Wiggins, 1993, pp. 209-210)。サッカーのルールや歴史をよく知っているからといって、サッカーが上手とは限らない。また、スリー・オン・ツーなどの練習（ドリル）でうまくプレーできることが、本番の試合で活躍できることを意味するわけでもない。試合で活躍できるかどうかは、刻々と変化する試合の流れ（本物の状況）の中でチャンスをものにできるかどうかにかかってい

る。しかし，従来の学校において，子どもたちはドリルばかりして，将来遭遇する本物の学習を知らずに学校を去ることになってしまっているというのである。

　こうして「試合」で活躍する力を育もうとするウィギンズは，パフォーマンスを直接的に評価するパフォーマンス評価の方法に着目する。ここでいう「パフォーマンス」は，知識・技能を用い特定の課題や文脈に対応しながら作品を生み出すことを意味する。自動車の運転技能を評価するには，ペーパーテストで道路標識や運転の手順についての知識を調べるのでは十分でなく，実際に運転するというパフォーマンスをさせてその様子を見ていく必要がある。このようにパフォーマンス評価では，「知っていること」ではなく「できること」から子どもの知的有能さを捉えようとする。

　パフォーマンスを引き出す課題（「パフォーマンス課題（performance task）」）の例としては，デパートの商品包装の担当者になったつもりで，ズボン，シャツ，帽子について，包装しやすく包装用紙の量も少ない箱の形を考え，必要な包装用紙のロール数を仕入れ部長に文書で知らせる課題などが挙げられる。パフォーマンス課題とは，知識が実生活で生かされている場面や，その領域の専門家が知を探究する過程を追体験するものと言える。いわば，「教科について学ぶ（learn about a subject）」ことではなく，「教科する（do a subject）」ことが重視されているのである。

　こうしたパフォーマンス課題については，伝統的なテストのように，目標の達成・未達成の二分法で評価することは困難である。パフォーマンス課題では，子どもの反応に多様性と幅が生じるため，教師による質的な判断が求められる。そこで，パフォーマンス課題の評価では，「ルーブリック（rubric）」と呼ばれる採点指針を用いることが有効となる。表8-1に示すように，ルーブリックとは，成功の度合いを示す数値的な尺度と，それぞれの尺度に見られる認識や行為の特徴を示した記述語から成る評価基準表のことをいう。また一般的に，ルーブリックには各点数の特徴を示す典型的な作品事例も添付される。

　ルーブリックは，実際の子どもの作品群をもとに，複数の採点者の点数とそ

第Ⅱ部　新しい教育のオルタナティブを探る

表8-1　科学実験に関するルーブリックの例

	実験計画
4	児童が問題を分析し，思慮深い実験を独力で計画し実施したことを，実験計画は示す。
3	児童は明らかな変数を統制した実験を実施しており，科学的な過程の基本的な考え方を把握していることを，実験計画は示す。
2	児童は，科学的な過程の基本的な考えを把握しているが，明らかな変数を統制するのに，いくらか助けを必要とすることを，実験計画は示す。
1	児童は，教師からかなりの援助を与えられたときに実験を実施することができることを，実験計画は示す。

（出典）　Wiggins, 1998, p. 167.

の根拠のすり合わせを通して作成される。また，完成したルーブリックは，実践の中でより多くの作品が集まるにつれて再検討され，絶えず改訂され続けていくことが必要である。その際，学級間，学校間で同じ課題を用い，それぞれの実践から生まれてきたルーブリックと子どもの作品を持ち寄って互いに検討する作業（「モデレーション（moderation）」）は，ルーブリックの信頼性（比較可能性）を高める上で必須である。

（3）パフォーマンス評価を生かした単元設計

　パフォーマンス課題は，しばしば単元開始時にルーブリックと一緒に提示され，長い時間をかけて繰り返し取り組まれる。ウィギンズは，パフォーマンス課題に取り組む際の学習の道筋を，「単純な論理上の要素から複雑な全体へ」ではなく，「粗い全体の把握から洗練された全体の把握へ」と表現している（Wiggins, 1993, p. 210）。まさに，パフォーマンスは，子どもの学習成果を示す証拠であると同時に，それ自体が学習活動の中心であり，また単元の最終的な目標を示すものでもある。こうして，真正の評価を導入することにより，単元全体がパフォーマンスの遂行を軸に展開することになる。

　このように，パフォーマンス評価が単元全体を組織化するものである点を生かして，ウィギンズらは，パフォーマンス評価とスタンダードに基づく教育とを積極的に結び付けた，単元設計の方法を提唱するに至っている（Wiggins &

第8章 アメリカの場合

表8-2 真正の学習と標準的な学校学習の比較

側　面	標準的な学校学習	真正の学習
学習の目的	試験に通ること	理解（understanding）を深め，問題を解決すること
知識へのアプローチ	学習を示すのに知識を再生する	問題解決のために知識を生産する
学習する内容	事実，データ，アルゴリズム，公式	鍵となる概念，方略
強調されている思考過程	再現，理解（comprehension）	分析，総合，評価
学習の深さ	浅い，網羅を達成する	深い，理解を達成する
提示される問題のタイプ	人工的で文脈に埋め込まれていない	有意味で文脈に埋め込まれている
反応のタイプ	短い答え	精緻で広範なコミュニケーション
メタ認知の重要性	限定的	決定的
評価のタイプ	正誤，多肢選択	パフォーマンス評価
情意と認知への関心	認知にのみ焦点化	学習の情意的要素に自覚的

（出典）　Glatthorn, 1998, p. 12.

McTighe, 1998; 西岡，2005）。すなわち，スタンダードの内容を分析しそれが要求している本質的な知識内容を明らかにした上で，知識を活用する力を評価するパフォーマンス課題を設計し，その課題を組み込んだ活動的で探究的な学習活動を組織するわけである。

　グラットホーン（Glatthorn, 1998）は，〈「スタンダードに基づくカリキュラム（standards-based curriculum）」→「パフォーマンス評価（performance assessment）」→「評価に牽引された授業（assessment-driven instruction）」〉のサイクル（「学業達成のサイクル（achievement cycle）」）を通して，表8-2のような「真正の学習（authentic learning）」の実現を目指すという形で，パフォーマンス課題を軸としたスタンダードに基づく単元設計の方法論を定式化している。こうしたスタンダードに基づく単元設計において，教育目標・内容はパフォーマンス課題とルーブリックへと具体化される。そして，パフォーマンス評価論に内在する教育目標・評価関係（スタンダードとしてのルーブリックに基づく指導と評価）を媒介として，〈新しい能力〉が育成される。

　では，このような，パフォーマンス評価を軸としたスタンダードに基づく単

元設計は，従来の「工学的アプローチ」をどのように問い直すものなのか。この点を明らかにするために，次節では行動目標論との比較を試みる。

2　パフォーマンス評価における教育目標・評価関係の構造

(1) 行動目標論の2つの系譜と行動目標論批判
①教授工学論者の行動目標論

　行動目標論について検討する際，最初に確認しておきたいのは，教授工学論者らとブルームらの立場の違いである。まず，教授工学論者は，客観的に観察可能な外的行動で目標を叙述しようとする。例えば，ガニエ（Gagné, R. M.）らは，最終行動のみならず，「注文品の船積みについての問い合わせの受信文が与えられた時，返信のために，電動タイプライターを用いて，1ページ分の手紙とカーボン紙による写しを作る」というように，行動の目的，状況，道具や他の制約をも具体的に規定すべきだとしている（ガニエ・ブリッグズ，1986）。

　また，教授工学においては，そうした目標の操作的定義とともに，目標の分析（「課題分析（task analysis）」）が重視されている。目標となる行動に含まれる決定や構成要素の系列を明らかにして，情報処理過程のフローチャートを作成したり，最終目標を達成する前提条件を明らかにしたりする。こうして，ほとんどの子どもが容易に達成できるレベルにまで，目標を単純な下位目標に分析し，その段階的な達成の系列を示すのである。その上で，一つひとつの下位目標を，つまり，単純で断片的な行動を順に訓練していくことで，より複雑で統合的な行動である最終目標も達成できると考えられている（プログラム学習）。

②ブルームらの行動目標論

　これに対して，ブルームらは，「手紙をタイプできる」や「オームの法則を理解する」といった，より一般的で内面的な心理過程に着目して目標を叙述しようとする。教育目標の「明確さの基準は伝達における有効性にある」（ブルーム他，1973, p. 52）のであって，必ずしも外的に観察可能な行動ですべての目標を記述する必要はない。そもそも行動目標論の提唱者であるタイラーに

第8章　アメリカの場合

表8-3　中学2年生，化学コースにおける教科目標を分析した表

		考えられる知的操作			
		知る	理解する	応用する	
教科内容領域	1. 歴史的発展	×			…省略…
	2. 科学の性質と構造	×			
	3. 科学的探究の性質	×			
	4. 科学者の伝記	×			
	5. 測定	×	×		
	6. 化学物質	×	×	×	
…省略…					

(注)　×印は，各教科内容において発揮することが期待されている知的操作を示している。
(出典)　ブロック・アンダーソン，1982, p. 23.

おいて，「行動（behavior）」概念は，観察可能な外的行動のみならず，思考や感情といった内面的なものを含む広い意味で用いられていた（タイラー，1978, pp. 53-54）。タイラーのよって立つ心理学上の立場は，刺激と反応の連合の積み重ねで学習が生じると考える行動主義よりは，学習の一般化や転移を重視したジャッド（Judd, C. H.）のそれに近い。ゆえに彼は，高次の精神過程や情意領域など測定困難ではあるが教育的に価値ある成果を評価対象にすることを目指すとともに，より一般的な目標叙述を志向していた。

　ブルームらは，そうした一般的で内面的な心理過程を分析的かつ構造的に捉える枠組みとして，ブルーム・タキソノミーを開発した（Bloom et al., 1956）。「オームの法則を理解する」とは，「公式を覚えている」ということなのか，「電流，電圧，抵抗の相互関係を説明できる」ということなのか，あるいは，「オームの法則を生活場面で生かせる」ということなのか。それぞれの学びの深さに「知識」「理解」「応用」といったカテゴリーを当て，カテゴリー間の関係を階層構造（低次のカテゴリーはより高次のカテゴリーの必要条件になっている）として描いたのである。さらに行動目標は，表8-3のような二次元マトリックスで整理され，チェックされたセルごとに，授業活動や評価課題が考案される。しかし，二次元マトリックスに示された個別の目標を，プログラム学

習のような形で順序立てたりはしない。

　ブルームらの行動目標論では，教育目標への理解と合意を深めることが目指されており，ある程度包括的で一般的な学習成果の中身を教師集団で共有した上で，個々の教室では，多様に授業方法や評価方法を選択し組織化する可能性に開かれている。例えば，「乗法の交換法則を理解する」という目標を達成する手段としては，講義形式で教える方法も考えられるだろうし，操作活動を通して教える方法も考えられるだろう。さらに，必ずしも低次の目標の達成から高次の目標の達成に進む道筋をたどる必要はなく逆の順序も考えうる。

③教育目標の明確化の2つのアプローチ

　以上のように，教授工学論者には行動主義の学習観が強く影響しており，教育目標の明確化は，全体的な行動を部分的な行動に分解し，その達成の直線的順序（プログラム）を明らかにする作業として遂行されることとなる。そして，そこでは，個々の部分的行動は，子どもの学習成果を示す証拠であると同時に，その行動自体が授業活動の中心であり，また授業の目標を示すものでもある。

　他方，ブルームらの立場による教育目標の明確化においては，教師間の理論的共通言語としてのタキソノミーを用いることで，目指す包括的な学習成果の本質的意味を損なわないレベルで一般的に目標を記述することが促されている。また，それは二次元マトリックスという形で，目標達成への平面的見取り図を得る過程と見ることができる。ブルームらにおいて，教育目標は，授業活動や評価課題を一義的に決定するものではなく，教育目標，授業活動，評価課題という3つのレベルの一貫性を常に問いつつ，それぞれのレベルにおいて，教師の自律的判断に基づく選択を促す構造となっている。タイラーの言葉を借りるなら，教授工学の立場は教育目標の「明細化（specification）」と表現すべきものであり，教育目標の「明確化（clarification）」は教育目標の明細化に解消されるものではない（Tyler, 1973）。

④行動目標論批判をめぐって

　これまで，行動目標論に対しては，高次の目標を叙述できない，授業の硬直化につながる，量的に測定困難な質的成果を捉えきれないといった批判がなさ

れてきた（Eisner, 1967）。だが，行動目標論の2つの系譜をふまえるなら，高次の目標を叙述できない，授業の硬直化につながるといった批判を，ブルームらの行動目標論に機械的に当てはめることはできない。行動目標論批判へのブルームの反論にあるように，「私たちを手引きしてくれるある一連の目標をもたないで，一定期間教育行為にたずさわることは，実質的には不可能」（ブルーム，1986, p. 260）であって，問うべきは，どのような場合に，教育目標の明確化が教育実践の硬直化に結果し，逆に，どのような場合に，そうした危険性を回避できるのかという点であろう。

　また，量的に測定困難であり，事前に設定された目標からはみ出すような質的成果を捉えきれないのではないかという批判に対しても，ブルームは，「評価の極意は特定の試験官や評価者の技術や習慣をこえたはるかに複雑なものである。しかし，目標分析をすれば，適切な技術さえ持ち合わせておれば，普通の教師や評価者が評価する以上にすぐれた評価をすることができるようになる」（p. 269）と反論する。確かに，様々な評価法（道具）もそれを用いる主体である教師の技量なくしては十分に生かすことはできない。だが，「教育目標の分類学」など，教師の判断力に働きかける道具によって，評価の広さと深さを名人芸的な教師の力量に還元することなく，だれもが比較的容易に子どもの学習成果を捉えることができるようになる点も見逃してはならない。

　実際には，当時の科学性・客観性志向の評価研究の風潮もあって，一般的に記述された目標に対する評価方法の選択の多様性は，高次目標を良質の多肢選択式問題によって評価する可能性の追求と結びついた。また，ブルームらが提唱したマスタリー・ラーニングは，二次元マトリックスで印のついた目標ごとに達成か未達成かを判定する傾向にあった。その結果，ブルームらの行動目標論も目標つぶしの授業に陥りがちであり，その意図と理論に内在する可能性を十分に展開しえたとはいえない。教育実践の個性的で創造的な展開を導きうる教育目標叙述のあり方や教育目標と授業過程との関係性の解明，および，目標の明確化と判断力の錬磨との内在的な関係の追求といった課題が，行動目標論には残されることとなった。

（2）パフォーマンス評価論の論理

　先述のように，パフォーマンス評価においては，知識・技能の習得よりも，それを実生活において活用する力の育成と評価が目指されている。この点において，パフォーマンス評価論は，高次の認知目標を重視するブルームらの行動目標論と問題意識を共有している。その一方で，パフォーマンス評価においては，真正の文脈（パフォーマンス課題）への取り組みにおいて表出された外的パフォーマンスのレベルで目標は明確化される。しかも，そうしたパフォーマンスは，教育目標であり，授業活動や評価課題そのものでもある。この点において，パフォーマンス評価論は，教授工学の行動目標論と方法を共有している。

　上記の点をふまえた時，パフォーマンス評価論と行動目標論の2つの系譜との異同，および，パフォーマンス評価論の独自性をどのように考えればよいのか。結論を先取りして言えば，パフォーマンス評価論は，高次の認知過程の発達を伴う文化的実践（真正のパフォーマンス）を軸に教育目標・評価論を構想する点において独自性を持つ。

　パフォーマンス評価論においては，真正の文脈において知識・技能を総合的に活用することを求めるパフォーマンス課題と，課題に対するパフォーマンスの質を判断する指標であるルーブリックにより，目標内容は明確化される。そして，ルーブリックは，子どもの作品や振る舞いなど，実際のパフォーマンスの事例と，事例分析から導き出されたパフォーマンスの質的水準，いわば熟達度の言語的記述により構成されている。

　「行動」とは異なる「パフォーマンス」の本質的特徴を考える上で，ライル（Ryle, G.）の「習慣（habit）」と「理知的能力（intelligent capacity）」の区別が示唆的である。例えば，日常生活で私たちが反射的に特に注意を払うこともなく歩いているように，習慣は，以前の行為の単なる反復である。一方，強風の吹く暗がりの中で氷に覆われた岩の上を歩く登山家は，自分の行為について注意深く考え，誤りを犯したらそれを繰り返さないように行為を修正するという具合に，理知的能力は，現在の行為が以前の行為によって何らかの修正を受ける点に特徴がある。前者は，「反復練習（drill）」によって形成されるが，後者

は，「訓練（training）」によって形成される。

> 訓練は，その中に多くのたんなる反復練習を含んでいることはたしかであるが，反復練習のみから成るものではない。そこには，生徒自身に判断させたり生徒の判断を批判したりすることによって生徒を刺激する過程が含まれている。生徒は自分が何をしているのかということを考えながら物事を遂行する方法を学ぶのである。したがって，彼にとってはそこで遂行される作業のひとつひとつがより上手に遂行する方法を習得するための新たな授業(レッスン)という性格をもっているのである。（ライル，1987，p. 49）

　行動は習慣に対応し，パフォーマンスは理知的能力に対応するものといえよう。そして，理知的能力を育てる「訓練」の過程は，より上手により善くできることを目指した文化的実践と見ることができる(3)。目標としてのパフォーマンス，すなわち，熟達者による洗練されたパフォーマンスは，文化的実践を導くモデルであり，学習者はそれを創造的に模倣し，反省的に繰り返し活動することで，素朴なパフォーマンスを螺旋的に発達させていく。そして，評価基準であるルーブリックは，教師集団や教科専門家集団において間主観的に共有されている実践の卓越性の判断規準を可視化・共有化するものである。

　ブルームらの行動目標論は，高次の認知過程という内面的で一般的なプロセスそのものを，抽象的で分析的な理論的言語で明らかにしようとした。これに対して，パフォーマンス評価論は，高次の認知過程が自然と生起するような，文脈と目的意識を伴った全体的かつ具体的な学習活動への学習者の取り組みの様態，すなわち，実際に思慮深く行為する子どもの姿において教育目標を明確化しようとするのである。

　一方，最終的に目指すべきパフォーマンスの全体性を堅持する姿勢は，部分的で単純な行動に目標を還元する教授工学論者の行動目標論とも対照をなす。教授工学論者の行動目標論は，目標をパフォーマンスの層において明確化しようとした姿勢自体は否定されるべきものではなかったが，全体的な目標を構成要素へと分解する方法を採用した点に問題があった。パフォーマンス評価論は，

文化的実践に向かう具体的な学びの事実において目標を捉えるとともに，その熟達化の水準を示すことで，目標を立体的に記述する方法論を提起している。[(4)]

（3）行動目標論批判とパフォーマンス評価論

　以上のような独自性を持つパフォーマンス評価論は，行動目標論の課題を克服する視点を含んでいる。まず，パフォーマンス評価は，より高次の学習成果を教育目標として設定する際，学習者の振る舞いのレベルにおいてその思慮深さを問うという方法を提起することで，外的行動（細分化された低次目標）か内的能力（一般的に記述された高次目標）かといった二元論を乗り越える視点を提示している。こうして，具体的な子どもの姿において教育目標を問う方法は，教師の想像力を喚起することで，授業過程での応答性につながる指導の見通しを提供しうると考えられる。さらに，各教科の技能や，批判的に考えたり問題解決をしたりする力の学習において，目標としてのパフォーマンスは，実践に内在する善さを体現するものであるから，学習者の自己学習・自己評価のモデルとしても機能するだろう。特に，ルーブリックに添付された作品事例は，文化的実践の善さにかかわって，教師の意図や指導可能性の観点からは言語化しきれず，暗黙的にしか知覚できない質を保持しており，それゆえ，教師の意識的・系統的指導の枠を超えて，学習者自身が文化的実践に直接的にアクセスしていく可能性も期待できる。

　また，子どもの学びの事実をもとにルーブリックを作成し再構成する過程は，教師による「教育批評（educational criticism）」（Eisner, 1985）の一種と見ることができる。子どもの学びの経験の意味を，目標にとらわれずに様々な視点から解釈しようとする「羅生門的アプローチ」をはじめ，行動目標論批判において，教師の質的判断の重要性が指摘されるとき，結果に対して過程が，そして，共通性に対して個性・多様性が一面的に強調されがちであった。これに対して，ルーブリック作成は，文化的実践を通して発達した子どものパフォーマンスの熟達度（水準）を質的に記述する作業である。それは結果にかかわる質的判断であり，意味の多様性よりも，その実践の文化領域の専門性に根ざした評価基

準の間主観的理解と合意形成が重視される。

3 「工学的アプローチ」の再構築へ

　パフォーマンス評価論，特に真正の評価論に対しては，ブルームらの行動目標論の立場を継承するアンダーソン（Anderson, 2003）からの批判がある。アンダーソンによると，真正の評価は，授業活動や評価課題に解消されない教育目標（学習者に生じる内的で一般的な変化）への問いをあいまいにするものだという。そして，「真正の評価」という言葉は，「真正の学習の評価（assessment of authentic learning）」と書き換えられるべきであり，「真正の学習」はどのような内的変化をもたらすのかを明らかにすることが重要だと説く。

　ここまでパフォーマンス評価論は，文化的実践に向かう具体的な学びの事実において教育目標を捉える，と述べてきた。しかし，学校学習は，大人の真正の活動に近い，もしくは，それとのつながりを実感できる学習活動として組織できても，真正の活動そのものとはなりえない。実社会のシミュレーションとしての学校教育においては，大人の真正の活動への接続を目指し，その卓越したパフォーマンスの具体的な全体像を子どもたちに提示しながらも，限られた時間の中で意識的・系統的に指導可能なもの，しかも，特定の専門領域や文脈に閉じない一般性を持った内的変化に，直接的な指導と評価の焦点を絞ることが必要となる。

　それゆえ，文化的実践としてのパフォーマンスの発達をどのような内的能力の発達として捉えるのか，パフォーマンスのどの側面についてルーブリックを作成し，意識的・系統的に指導し評価していくのか，さらに，そうした内的能力は学校教育で育成すべき学習成果の全体像の中でどう位置づくのか。こうした問いに答え目標を構造化するタキソノミー（〈新しい能力〉の概念化の枠組み）を明らかにすることが，学校教育におけるパフォーマンス評価論の課題といえる。そこで以下の部分では，パフォーマンス評価が育てる〈新しい能力〉の概念化を試みている代表的な枠組みを複数取り上げ検討を加える。

第Ⅱ部　新しい教育のオルタナティブを探る

表8-4　タキソノミー・テーブルによる教育目標の分類

知識次元	認知過程次元					
	1. 記憶する	2. 理解する	3. 応用する	4. 分析する	5. 評価する	6. 創造する
A. 事実的知識						
B. 概念的知識						
C. 手続的知識						
D. メタ認知的知識						

（出典）　Anderson & Krathwohl, 2001, p. 28.

（1）パフォーマンス評価が育てる内的資質の概念化

①認知カテゴリー中心の概念化

　ブルーム・タキソノミーの改訂版としてアンダーソンらの開発した「改訂版タキソノミー（Revised Taxonomy）」（「改訂版」）は，認知過程次元に，内容的局面を構成する知識を類型化した知識次元を加えて二次元で構成されており（表8-4），パフォーマンス評価は，「事実的知識の記憶」，「概念的知識の理解」，「手続的知識の応用」ではなく，様々なタイプの知識の複合体に支えられた「高次の認知過程（higher order cognitive processes）」（「分析」「評価」「創造」）にこそ適した評価方法として位置づけられている。そこでは，真正のパフォーマンスの発達に即したカテゴリーの構造化というより，既存のタキソノミーのカテゴリーによるパフォーマンス評価の認知過程の解釈が行われている。

　高次の思考力に焦点化してさまざまなタキソノミーを開発してきたマルザーノ（Marzano, R. J.）らは，「学習の次元（Dimensions of Learning）」（DoL）という枠組みを開発し，5つの思考のレベル（次

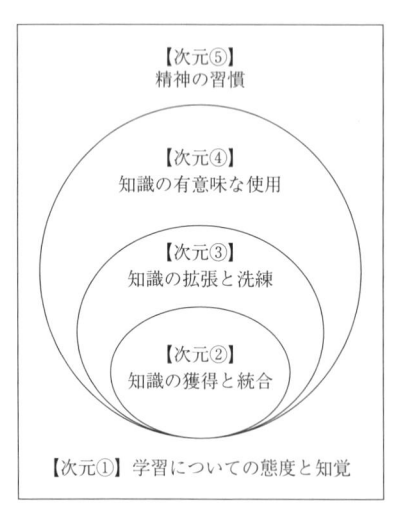

図8-1　「学習の次元」の枠組み

【次元⑤】精神の習慣
【次元④】知識の有意味な使用
【次元③】知識の拡張と洗練
【次元②】知識の獲得と統合
【次元①】学習についての態度と知覚

（出典）　Marzano, 1992, p. 16. 番号は筆者

元)とその相互関係を図8-1のように表現している。パフォーマンス評価は，主に次元④に適した評価法として位置づけられ，学校教育で育成すべき学習成果の全体像との関連においてその認知レベルの独自性が示されている。

さらにDoLでは，次元④の下位カテゴリーとして，パフォーマンス課題を遂行する前提でありかつそれを通して育むべき応用志向的な思考スキル（例：意思決定，実験に基づく探究，システム分析など）が挙げられている。そしてこれらの思考スキルは，教科横断的かつ継続的に育てるべき知的・社会的能力として，情報処理能力，コミュニケーション能力などとともに，教科内容とは別に州や学区のスタンダードの中身に盛り込まれるべきだとされている（Marzano et al., 1993）。ゆえに，例えば，「歴史は影響力のある人々の価値や信念体系によって影響されてきたということを理解する」という社会科の教科内容（概念）と，意志決定，情報処理，コミュニケーション能力という知的・社会的能力とを結合させる形で，15世紀から16世紀に重大な歴史上の結果をもたらした人物の行動の背景や他の選択肢などについて吟味し，自分なら同じ選択をするかを考え，その理由も含めて口頭か文書でまとめるパフォーマンス課題が設計される。そして，教科内容と知的・社会的能力それぞれについてルーブリックが作成される。

上記2つのタキソノミーは，ともに認知カテゴリーに主眼を置くことで，パフォーマンス評価だからこそ対象化できる認知レベル（事実の記憶はもちろん概念の意味理解にも解消されない知識の総合や活用）を明らかにしている。また，マルザーノらのDoLでは，認知カテゴリーが，パフォーマンス課題への取り組みを通して教科横断的に指導すべき思考スキルとして捉えられている。認知カテゴリーは，暗記でない高次の行動様式を教室に実現する単なるツールではなく，それ自体系統的に指導すべき目標内容として構成されているのである。

②知識カテゴリー中心の概念化

これに対して，ウィギンズらは，パフォーマンス評価を中心に据えたカリキュラム設計の方法（「理解をもたらすカリキュラム設計（Understanding by Design）」（UbD））を開発し，「知識の構造（structure of knowledge）」という知識

第Ⅱ部　新しい教育のオルタナティブを探る

事実的知識 Knowledge	個別的スキル Skills
転移可能な概念	複雑なプロセス
原理と一般化 Understanding	

図8-2　「知識の構造」の枠組み

（出典）　McTighe & Wiggins, 2004, p. 65の図からそれぞれの知識のタイプに関する定義や説明を省いて簡略化した

　を類型化した枠組みによって，パフォーマンス評価がもたらす内的変化の質を説明している（図8-2）。そこでは，内容に関する知識（knowledge）とスキル（skills）の2種類で知識が整理されるとともに，両者を統合する位置に「原理と一般化」が位置づけられている。「原理と一般化」は，パフォーマンス課題の遂行を通して深く理解する対象であり，「生徒が『内面化』し細かい知識の大部分を忘れてしまった後も残ってほしいと教師が願う重大な観念，すなわち重要な理解」（Wiggins & McTighe, 1998, p. 10）を意味する（「永続的理解（enduring understanding）」）。

　UbDは，永続的理解を明確にする際に，重要概念に即して「本質的な問い（essential questions）」を考え，その問いへの答えを複数の概念をつないだ文章で記述する方法を提起している。例えば，「なぜ人々は移動するのか？　なぜ開拓者たちは，故郷を出て，西部に向かったのか？」という問いに対して，「多くの開拓者が，西部への移動の機会と困難について単純な考え方を持っていた。人々は，様々な理由（新しい経済的機会，より大きな自由，何かからの逃避）のために移動した。」という認識内容を記述するわけである。

　また，UbDでは，そうした「理解」の表れとしてのパフォーマンスの活動様式が，「説明」，「解釈」，「応用」，「釣り合いの取れた見方」，「共感」，「自己認識」の6つに分類されている（理解の6側面）。理解の6側面は，パフォーマンス課題の形式を類型化したものであり，それ自体が目標ではなく，あくまでパフォーマンス課題を設計するための実践的ヒントとしてのみ位置づけられている。

（2）行動目標論に代わる教育目標設定の方法論

　パフォーマンス評価に対応する教育目標の概念化の試み，特に，マルザーノらとウィギンズらの試みは，認知カテゴリー重視か知識カテゴリー重視かという力点の違いがあるものの，行動目標論の基本的な枠組みを問い直す視点を内包している。タイラーからブルームに至る行動目標論の核となる発想は，目標設定のレベルで教科内容と行動動詞とをクロスさせる二次元マトリックスの発想である。行動動詞は，機械的な暗記学習に陥らないための安全装置であり，学んだことについて例を挙げたり応用したりする行動が見られることが，知識の習得の深さを示すとされていた。また，行動動詞は必ず教科内容とセットにされ，その指導と評価の単位は，授業・単元レベルで完結するものであった。

　これに対して，マルザーノらは，行動動詞をそれ自体系統的に指導されるべき思考スキルとして概念化し，スタンダード設定において，思考スキルを含む教科横断的な知的・社会的能力と教科内容とを並置する枠組みを提唱している。他方，ウィギンズらは，行動動詞とは切り離して教科内容の理解の質を文章記述することを提唱している。そして，両者に共通して，教科内容の理解や思考スキルの発達を，単元や学年をまたぐ中長期的なスパンで捉えており，また，教科内容と思考スキルもしくは行動動詞とは，具体的な授業活動や評価課題の設計の際に結合させられるとしている。なお，各教科の専門団体が開発したスタンダードも，教科内容と教科固有の知的・社会的能力とを別立てとし，それぞれについて数年単位で螺旋的発達の様態を記述する方法が一般的である。[5]

　この点に関して，エリクソン（Erickson, 2007）は，トピック的な教科内容に行動動詞をくっつけるだけでは，理解の深まりや高次の思考力の発達は期待できないと行動目標論の限界性を指摘している。そして，例えば，「スーダンにおける貧困や災害について分析したり評価したりできる」のように，「スーダンにおける貧困と災害」というトピックに，ブルーム・タキソノミーの高次の認知カテゴリーをくっつけて目標への問いかけを終えるのではなく，スーダンを例にとって分析や評価を行うことで，子どもたちにどういう認識内容を形成したいのかを問い，「知識や理解の記述（statement of knowledge or understanding)」(例:「限られた資源しか持たない文化的グループは,より権力のあるグループからの抑圧や支配を受けやすい」)にまで目標を具体化する必要性を説く。

　こうした認識内容に至るためには自ずと具体と抽象とを往復したり概念同士を結び付けたりする思考が働くのであって,目標記述自体に行動動詞は必要ない。だが,深い認識に至る過程においては,内容面の指導とは相対的に独自に,教科固有もしくは教科横断的な思考スキルの系統的指導が必要となってくる。よってエリクソンは,例えば,「分析する」といった一般的な認知カテゴリーは,「歴史的見方を比較するために,一次史料と二次史料を分析する」という,トピックを超えて適用可能な歴史学の認識方法(スキル)として定位され,その形成の質的段階が具体的に記述されねばならないと主張する。

　以上のように,パフォーマンス評価論は,教授工学論者のように,教育目標を部分的で単純な下位目標へと分解すること(教育目標の細分化)でもなく,また,ブルームらのように,分析的で抽象的な理論的言語により学習者の内的能力の概念的理解を図ること(教育目標の概念化)でもなく,実際に思慮深く行為する子どもの姿の質的特徴を具体的に想像し記述すること(教育目標の具体化)が,教育目標の明確化の核であることを改めて提起している。

　パフォーマンス評価をカリキュラム上に位置づけ,カリキュラム全体を「真正の学習」の実現に向けて構造化する上で,〈新しい能力〉を含めた,教育目標の概念化は必要である。しかし,そうして概念化されたカテゴリーは,具体的で全体的な子どもの学習活動(パフォーマンス)の指導のポイントを示すものとして,パフォーマンスの価値を解釈する枠組みとして有効かどうか,という観点からそのあり方が問われるものであろう。目標の細分化や概念化の方法は,目標記述の具体性の追究を促す形で,また,パフォーマンスの発達に伴う内的能力の発達を構造化するという方向性のもとで,教育目標設定の全体プロセスの中に位置づけ直される必要があるのである。

第8章　アメリカの場合

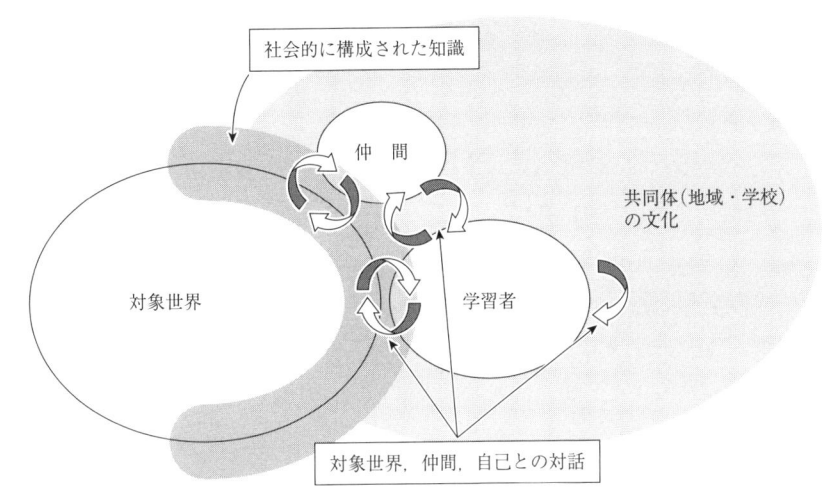

図8-3　文化的実践としての「真正の学習」の構造

（出典）　石井，2007，p.54.

（3）「真正の学習と学力」をもたらすカリキュラム設計論

①「真正の学習」のモデル化

　このように，現代アメリカにおいては，日本の観点別評価の原型でもある，二次元マトリックスによる行動目標論に代わって，文化的実践としてのパフォーマンス，つまり，「真正の学習」の質的高度化を軸にしたカリキュラム設計論が構築されつつある。「真正の学習」をもたらすカリキュラム設計論において，パフォーマンスの発達は，知識と思考力の関係という形で一般的に議論されるのではなく，課題に対する認識内容（教科内容の知識と理解）と認識方法（知的・社会的能力としてのスキル）が相対的に独立して発達していく過程として捉えられ，その両者について中長期的な発達段階が質的に具体的に記述される。こうした教育目標設定の基本的な方法論の意味は，図8-3のような，文化的実践としての「真正の学習」の構造を念頭に置いて考えるとより明確化できる。

　学習者が仲間（他者）と協同して対象世界と対話するというのが，このモデルの基本構造である。学習者は，自分の持てる知識（認識枠組み）を総動員し，

特定の認識・行動様式に基づきながら、目的意識的に対象世界に働きかける。この対象志向的活動の過程で、学習者は他者と相互交渉を行うとともに、自己の行動の調整や既有知識・信念体系の組み替えなどの自己内対話を誘発される。そして、活動の目的、学習者の対象世界、仲間、自己への向かい方、知識や認識・行動様式の発達の方向性は、学習活動が埋め込まれている文脈、特に、学習者たちが属している地域・学校共同体の文化に規定されている。

こうした仲間や自己との対話を伴う対象志向的活動を通じて、学習者は、活動の直接的な目的を達成するとともに、知識を社会的に再構成し、仲間との間で間主観的に共有する。また、対象世界、仲間、自己それぞれとの対話にかかわる認識・行動様式も、より洗練されたものへと高まっていく。認識枠組みとしての知識と認識・行動様式は、一方の高度化が他方の高度化を促すという相互媒介的な関係にあり、それぞれが深まったり、高まったりすることで、学習者は対象世界と出会い直すこととなる。対象世界との出会い直しは新たな目的意識的な活動を促し、こうして、知識と認識・行動様式は螺旋的に発達していく。その際、認識枠組みとしての知識は、基本的には単元ごとに集中的に再構成が図られるのに対し、認識・行動様式は、さまざまな内容領域を対象に、さまざまな文脈において、実際に繰り返し活動する中で長期的に内面化や螺旋的発達が実現される。

なお、このモデルに教師の位置づけは明示されていないが、「真正の学習」に取り組む際に、教師と学習者は、同じ対象を共有し、協同して活動している点で対等な関係にある。一方で、教師は、学習者の学習活動を見通し導きうる位置にある。ゆえに教師は、学習者の対象世界との対話を深めるべく直接的な指導を行ったり、教師自身も含めた教室の関係と文化のあり方を民主的で知的な学習を促すものへと再構成する間接的な指導性を発揮したりするのである。

② 「真正の学習と学力」をもたらす学校カリキュラムの構造

図8-3のモデルに照らして考えると、パフォーマンスの意識的・系統的指導の見通しを与える教育目標設定の枠組みが、教科内容の習得・理解と、知的・社会的能力の育成の並行構造として概念化される必然性がより明らかにな

る。このモデルでいえば，教科内容は，認識枠組みとしての知識に，そして，教科固有，あるいは，教科横断的な知的・社会的能力は，認識・行動様式にそれぞれ対応する。各教科のスタンダードに多く見られる，教科内容の習得・理解と，知的・社会的能力の育成の並行構造は，「真正の学習」における，知識の発達と認識・行動様式の発達との間の相互媒介的な関係を背景としているのである。

　また，図8-3のモデルは，教科内容と相対的に独立した知的・社会的能力が，対象世界，仲間，自己との対話構造に即して構造化されることを示している。しかも，対象世界との対話が学習活動の主軸であることと，知識と認識・行動様式とが相互媒介的な関係であることを表現することで，このモデルは，教科横断的で一般的な知的・社会的能力の教育目標化の制約も示している。すなわち，対人的コミュニケーション能力やメタ認知的な自己調整能力といった〈新しい能力〉の教育目標化は，対象世界との対話に伴って要求される部分に限定して，また，何らかの専門的知識の創出にかかわる部分に限定してなされる必要がある。

　さらに，図8-3が示すように，文化的実践としての「真正の学習」は，ある善さを内在させた対象志向的活動であり，学習活動の埋め込まれている共同体の文化と密接なかかわりを持っている。ここからは，教室や学校の共同体の関係構造や文化の質，および，その個々人における表れとしての知的「性向（disposition）」や「精神の習慣（habits of mind）」（学習や問題解決の場面において特定の知的行動を取ろうとする態度や傾向性）のあり方を，「真正の学習」を促すものへと編み直す課題の重要性が見えてくる。

　批判的思考に関する研究などにおいて，認識と行動のギャップを乗り越える志向性を持って成立した「性向」概念は，文化的実践への参加として学習を捉える状況論の考え方と結びつき，現在では，教室や学校のシステムと文化の組み替えを導くカテゴリーとして展開している。ただ，「性向」は，知識や思考スキルのように，学力評価の対象としてすべての子どもたちに一律に保障すべき性格のものでは必ずしもない。それは，ヴィジョンやミッション（学校・地

第Ⅱ部 新しい教育のオルタナティブを探る

表8-5 「真正の学習と学力」をもたらす学校カリキュラムの構造

目標のレベル	「目標（objectives）」				「ゴール（goals）」
	授業・単元目標		教科・年間目標		学校教育目標
明文化された カリキュラム （インプット）	各教科の内容スタンダードに記された，個別の事実的・手続的知識	各教科の内容スタンダードに記された，領域ごとの重要概念，原理と一般化（ミクロコンセプト）	内容スタンダードに記された，領域や教科を超えた重要概念，原理と一般化（マクロコンセプト）	内容スタンダードに記された教科固有・教科横断的なスキルやプロセス	各州，学区，団体，学校などによる，目指す子ども像や学校改革の方針（ヴィジョン・ミッション）の記述
目標内容 （アウトプット）	知識・技能の習得・定着	概念の意味理解 論点に対する理解の深化		知的・社会的能力の育成	価値観・信念の形成 性向・精神の習慣の形成
育成方法	各教科の本質的な内容に関する，子どもの素朴概念を把握し，その科学的概念への組み換えを目指して，教材や学習活動を工夫する。（知識に焦点を合わせた単元設計）		真正のパフォーマンス課題に取り組ませ，内容や論点に対する認識を深めさせるとともに，その過程で課題を超えて繰り返す認識・行動様式を，中長期的に指導する。（論点／生徒の探究に焦点を合わせた単元設計）		子ども，教師，さらに保護者もが，同じ価値や行動様式を追求することにより，学校文化として定着させる。
育ち具合の確かめ方	単元末に，客観テストを実施したり，描画法や概念地図法によって知識表象を表現させたりして，個々の子どもについて，教科内容の理解の深さと習得の有無を評価する。		単元，あるいは，領域や教科を超えて，類似のパフォーマンス課題を実施し，認識内容と認識方法のそれぞれについて，その洗練度を継続的に評価し，学期末や学年末といった区切りで総括する。		1年か数年ごとのカリキュラム評価・学校評価の一環として，子どもや教師へのアンケートなどをもとに学校全体の傾向を把握する。

（出典） 石井，2006，p.117の表を精緻化

域の目指す子ども像や学校改革の方針といった包括的価値）として，学校のあらゆる教育活動において絶えず追求されるべきものであり，カリキュラム評価の対象として，個々の子どもではなく，子どもたちに提供されている教育環境・条件の質を評定する指標として用いるのが妥当であろう（石井，2009a）。

　以上の論述をふまえると，「真正の学習」，および，それが育む「真正の学力」（「真正の学習と学力」）をもたらす学校カリキュラムの構造を，表8-5のように整理することができる。この表が示すように，「真正の学習と学力」をもたらす学校カリキュラムは，パフォーマンス課題を軸とした単元設計を中心

に据えながらも，学校教育目標（ゴール）レベルで明確化されるヴィジョンに基づくマクロな学校経営の基盤や，各教科の基本的で科学的な知識の系統的教授などとのバランスの上に成り立つものなのである。そして，「工学的アプローチ」の再構築としての，「真正の学習と学力」をもたらすカリキュラム設計論は，〈新しい能力〉をすべての子どもに保障する，ポスト近代社会の新たな学校像に関して，一つの具体的かつ有効な選択肢を提起するものとなろう。

〈注〉
(1) 競争原理に埋め込まれたスタンダードに基づく教育改革を，持続的な学校改革と学力保障の装置として位置づけ直していくための，制度設計レベルのヴィジョンとその具体化の方策については，石井（2009c）を参照。
(2) アメリカのポートフォリオ実践に広く影響を与えているガードナー（Gardner, H.）の「多元的知能（multiple intelligences）」の理論は，学習過程での質的で多面的な評価を強調するものである（ガードナー，2003などを参照）。また，ジャネシック（Janesick, 2006）は，真正の評価とスタンダード運動を対立的に捉え，真正の評価を，進歩主義の系譜に位置づくボトムアップの改革として特徴づけている。
(3) 松下良平は，実践を「各々の実践に内在するそれぞれ固有の善さ（内的善）の達成をめざして行われる，あるいはその内的善に照らして判定される『卓越性』（よりよき・よりすぐれた達成）をめざして行われる，目的的・意図的活動」と定義する（松下，2000, p. 240）。本章で「文化的」実践としたのは，「実践」一般ではなく，文化遺産の獲得と再創造にかかわる実践に限定するためである。
(4) オーストラリアの評価研究者のサドラー（Sadler, 1987）による，ドメイン準拠評価とスタンダード準拠評価の区別は，筆者によるパフォーマンス評価論の独自性の指摘と重なるものである。
(5) 例えば，数学科のスタンダードでは，教科内容とは別立てで推論力やコミュニケーション力の中身が具体的に示されている（NCTM, 2000；石井, 2007）。
(6) OECDのDeSeCoのキー・コンピテンシーも，「道具を相互作用的に用いる」，「異質な人々からなる集団で相互に関わりあう」，「自律的に行動する」の3つで構成されている（ライチェン・サルガニク，2006）（序章参照）。また，

日本の教育政策のキーワードとして提起された「人間力」も，よく似たカテゴリー構成になっている。ただ，両者は，目指す社会像や人間像において異なっている（松下，2006）。

(7) ここが，佐藤学による学びの三位一体論との違いである。三位一体論は学びの意味を解読するための記述的な枠組みであるが，他者との対話を重視する傾向にある。また，そこに知識（学びの結果）は位置づけられていない（佐藤，1995）。

〈文　献〉

Anderson, L. W. (2003). *Classroom assessment: Enhancing the quality of teacher decision making.* Lawrence Erlbaum Associates.

Anderson, L. W. & Krathwohl, D. R. (Eds.) (2001). *A taxonomy for learning, teaching, and assessing: A revision of Bloom's taxonomy of educational objectives.* Longman.

Berlak, H. (1992). The need for a new science of assessment. In H. Berlak et al., *Toward a new science of educational testing and assessment.* State University of New York, 1-21.

ブロック，J. H.・アンダーソン，L. W.（1982）．『教科指導における完全習得学習』（稲葉宏雄・大西匡哉監訳）明治図書（原著1975年）．

ブルーム，B. S.（1986）．『すべての子どもにたしかな学力を』（稲葉宏雄・大西匡哉監訳）明治図書（原著1981年）．

Bloom, B. S., Krathwohl, D. R. & Masia, B. B. (1956). *Taxonomy of educational objectives. Handbook 1: Cognitive domain.* David Mckay.

ブルーム，B. S. 他（1973）．『教育評価法ハンドブック―教科学習の形成的評価と総括的評価―』（梶田叡一他訳）第一法規（原著1971年）．

Eisner, E. W. (1967). Educational objectives help or hindrance? *The School Review, 75*(3), 250-260.

Eisner, E. W. (1985). *The art of educational evaluation.* The Falmer.

Erickson, H. L. (2007). *Concept-based curriculum and instruction for the thinking classroom.* Corwin Press.

ガニエ，R. M.・ブリッグズ，L. J.（1986）．『カリキュラムと授業の構成』（持留

英世・持留初野共訳）北大路書房（原著1979年）.

ガードナー，H.（2003）．『多元的知能の世界―MI理論の活用と可能性―』（黒上晴夫監訳）日本文教出版（原著1993年）.

Glatthorn, A. A. (1998). *Performance assessment and standards-based curricula: The achievement cycle*. Eye On Education.

石井英真（2006）．「学校文化をどう創るか」田中耕治編『カリキュラムをつくる教師の力量形成』教育開発研究所，114-117.

石井英真（2007）．「アメリカにおけるスタンダード設定論の検討―McRELデータベースに焦点を当てて―」『教育目標・評価学会紀要』第17号，46-56.

石井英真（2009a）．「アメリカの思考教授研究における情意目標論の展開―『性向』概念に焦点を当てて―」『教育方法学研究』第34巻，25-36.

石井英真（2009b）．「アメリカにおける教育目標論の展開―パフォーマンス評価論による行動目標論の問い直し―」『カリキュラム研究』第18号，59-71.

石井英真（2009c）．「『スタンダードに基づく教育改革』の再定義に向けて―NCLB法制定後のアカウンタビリティ強化の観点から―」北野秋男編著『現代アメリカの教育アセスメント行政の展開―マサチューセッツ州（MCASテスト）を中心に―』東信堂，324-344.

Janesick, V. J. (2006). *Authentic assessment*. Peter Lang.

Marzano, R. J. (1992). *A different kind of classroom: Teaching with dimensions of learning*. ASCD.

Marzano, R. J., Pickering, D. J. & McTighe, J. (1993). *Assessing student outcomes: Performance assessment using the dimensions of learning model*. ASCD.

松下佳代（2006）．「リテラシーと学力―フィンランドと日本―」『教育』第56巻第10号，4-10.

松下佳代（2007）．『パフォーマンス評価―子どもの思考と表現を評価する―』日本標準.

松下良平（2000）．「自生する学び―動機づけを必要としないカリキュラム―」グループ・ディダクティカ編『学びのためのカリキュラム論』勁草書房，236-255.

McTighe, J. & Wiggins, G. (2004). *Understanding by design professional development workbook*. ASCD.

文部省（1975）.『カリキュラム開発の課題―カリキュラム開発に関する国際セミナー報告書―』文部省大臣官房調査統計課.

NCTM (National Council of Teachers of Mathematics) (2000). *Principles and standards for school mathematics*. NCTM.

西岡加名恵（2003）.『教科と総合に活かすポートフォリオ評価法―新たな評価基準の創出に向けて―』図書文化.

西岡加名恵（2005）.「ウィギンズとマクタイによる『逆向き設計』論の意義と課題」『カリキュラム研究』第14号，15-29.

ライチェン，D. S.・サルガニク，L. H.（2006）.『キー・コンピテンシー―国際標準の学力をめざして―』（立田慶裕監訳）明石書店.

ライル，G.（1987）.『心の概念』（坂本百大他訳）みすず書房.

Sadler, D. R. (1987). Specifying and promulgating achievement standards. *Oxford Review of Education, 13*(2), 191-209.

佐藤学（1995）.「学びの対話的実践へ」佐伯胖他編『学びへの誘い』東京大学出版会，49-91.

田中耕治（2008）.『教育評価』岩波書店.

Tyler, R. W. (1973). The father of behavioral objectives criticizes them: An interview with Ralph Tyler. *Phi Delta Kappan, 55*(1), 55-57.

タイラー，R. W.（1978）.『現代カリキュラム研究の基礎』（金子孫市監訳）日本教育経営協会（原著1949年）.

Wiggins, G. (1991). Standards, not standardization: Evoking quality student work. *Educational Leadership, 48*(5), 18-25.

Wiggins, G. (1993). *Assessing student performance: Exploring the purpose and limits of testing*. Jossey-Bass.

Wiggins, G. (1998). *Educative assessment: Designing assessments to inform and improve student performance*. Jossey-Bass.

Wiggins, G. & McTighe, J. (1998). *Understanding by design*. ASCD.

第8章 アメリカの場合

┌─ ブックガイド ─────────────────────
―新自由主義的な教育改革の展開に興味をもった読者に―

　多くの先進諸国において，〈新しい能力〉を目指す教育は，学力テストを用いて学校教育における成果主義と競争主義を強化する新自由主義的な教育改革とパラレルに進行している。日本においても，1990年代以降，学校評価，学校選択制，義務教育負担金の一般財源化，「ゆとり教育」など，新自由主義と親和的な改革が進められてきた。**藤田英典『義務教育を問いなおす』（筑摩書房，2005年）**は，日本における一連の教育改革の問題点（「改革至上主義」がもたらす教育の公共性の崩壊）を批判し，戦後日本の公教育制度を肯定的に評価しながら，公の営みとしての義務教育制度改革のあり方を提起している。

　また，**佐貫浩・世取山洋介編『新自由主義教育改革―その理論・実態と対抗軸―』（大月書店，2008年）**は，日本，アメリカ，イギリス，ニュージーランドにおける教育改革の実態を紹介するのみならず，新自由主義的な教育改革を基礎づける経済・教育理論の歴史的展開とその全体像も明らかにしている。そして，そうした国内外の理論と実践に基づいて新自由主義的な教育改革に対する対抗軸を示している。さらに，新自由主義的な教育改革の発信元である英米の実態に関しては，下記の2冊に詳しい。**阿部菜穂子『イギリス「教育改革」の教訓―「教育の市場化」は子どものためにはならない―』（岩波書店，2007年）**では，イギリスにおけるナショナル・テストを軸とした教育改革の実態について，導入の経緯，もたらした弊害，そして，制度の見直しの動きが紹介されている。**北野秋男編『現代アメリカの教育アセスメント行政の展開―マサチューセッツ州（MCASテスト）を中心に―』（東信堂，2009年）**は，連邦や全米の動向を広く見渡しつつも，マサチューセッツ州を中心にしながら，学区レベルに踏み込んでその実態を明らかにしている。そして，スタンダードとアカウンタビリティを軸にした教育改革の功罪，さらにはその再設計への展望が実証的かつ理論的に示されている。

　新自由主義的な教育改革の内実を構成している諸制度（スタンダード，アカウンタビリティ，チャーター・スクールなど）を，学校に民主主義を実現するとともに，教師の自律性を尊重する方向で再設計する方策を考える上で，**M.アップル（大田直子訳）『右派の／正しい教育―市場，水準，神，そして不平等―』（世織書房，2008年）**も興味深い知見を提供している。同書は，アメリカにおける政治的「右派」による改革が，新自由主義，新保守主義といった改革理念における

対立，葛藤を含みながらも，矛盾する諸力が連合し右派のアジェンダを前進させている政治過程を詳細に分析している。そして，「私達は公立学校を守らなければならない。しかも，批判しつつ守らなければならない」と批判的教育学の課題をまとめ，左派の中の改革理念の異なる諸力の間に戦術的同盟を確立していく必要性を説いている。また，**R. F. エルモア（神山正弘訳）『現代アメリカの学校改革―教育政策・教育実践・学力―』（同時代社，2006年）**は，現代アメリカにおける教育の自由化，市場化，民営化の現状を批判するとともに，学校の内から外へ，社会的公共性の実現へと向かう教育実践・教育制度改革のあり方を示している。そして，学校や制度の全体規模の改善を進めるには，教育行政だけでなく，教師，管理職，父母，子どもといった関係者間の協同・連携が不可欠である，とのアメリカ教育史の総括の上に，関係者間の協同・連携を全体として連結する制度としてアカウンタビリティ・システムを構想しようとしている。（石井英真）

第9章　フィンランドの教育制度における教師の能力形成への挑戦

ペンティ・ハッカライネン

（松下佳代・伊藤実歩子訳）

要　旨

　フィンランドの総合制学校改革は，1970年代に始まった[1]。それは，第9学年までは同一年齢集団を一緒に教えることを課題とするものであった。新しい教育内容や指導方法，学習評価もまた教師の能力形成の課題とされた。この新しい総合制学校制度は，PISA調査での成功の要因の一つとされている。しかし，PISAでは，指導の質や教師の能力が評価されているわけではない。学校改善の焦点は，認知的な学習の成果におかれていて，広範な教師の能力や学習のプロセスにおかれてはいないのだ。本章では，学習活動とナラティブ的学習（narrative learning）[2]を開発するという目標が，どのように教師の能力を変化させ，拡張しうるのかを検討する。最後に，2年間の教員養成プロジェクトをベースにしながら，教師のナラティブ的能力（narrative teacher competences）の諸側面について述べることにしたい。

1　フィンランドのカリキュラム改革と教師の能力

　フィンランドで新しい総合制学校制度が始まったのは，1970年代初頭であった。それと同時に，教師の能力についての理解も変化した。旧制度においては，生徒集団は，第4学年終了後に，進学をめざすトラックと職業訓練をめざすトラックに分けられていた。それが，新しい総合制学校制度では，すべての生徒が9年間，一緒に勉強することになったのである。そこでは，行動的学習目標の達成に重きをおいた新しい教師の能力が要請されることになった。とりわけ，

進学をめざす子どもと職業訓練をめざす子どもとが一緒に学習する混成的な教室で，指導をどう分化するのかということが課題となった。

　総合制学校のカリキュラムは，すべての学校で実施される国家基準的な文書として提供されていた（POPS, 1970）。この文書は2つのパートからなり，①一般的な教育カリキュラムのガイドライン，②指導の目標・内容・方法を述べた教科のカリキュラムの2分冊になっている。一般的な教育目標と教科の教授目標を分けたことによって，あるジレンマが生まれた。学校の時間は教科の授業に分割され，一般的な教育活動には正規の時間が充てられていなかった。教師に投げかけられた新しい課題は，教科内容の指導と一般的な教育目標を統合させることであった。そこで，「浸透原理（permeation principle）」という新しい言葉が，クロスカリキュラムのテーマに対して導入されることになった。それは，クロスカリキュラムのテーマ（例えば，文化的アイデンティティと国際性，パーソナリティの成長，メディアの技能など）を，教科内容の指導の状況の中で適宜思い起こしながら指導するように，という「ソフトな」義務であった。

　1970年代初頭以降，幾度かにわたって行われてきた改革は，21世紀に向けた新しいカリキュラムのモデルと実践につながるものであった。先に述べた国家基準的なカリキュラム文書に代わって，フィンランドの教育制度のさまざまな段階に対するカリキュラム・ガイドラインが導入された。ガイドラインは，自治体レベルのカリキュラムの構造を設定するだけである。いいかえれば，ガイドラインは，各段階（幼児教育・保育，準備教育0学年，学校カリキュラム）において，自治体レベルのカリキュラムの中にどんな要素を含まなければならないかを示したものである。各自治体の教育組織（保育園や学校）は自治体のカリキュラムに具体的な方向性や重点を加え，それぞれの組織レベルのカリキュラムを作成するが，基本構造は守らなければならない[3]。

　分権化した「民主的な」カリキュラムのプロセスが，どのようにして主要教科におけるPISAの好結果をもたらしたのか，不思議に思われるかもしれない。教科内容志向という性格は，70年代の国家基準的カリキュラムの第2部において教科内容の学習目標を重視したことにすでに現れていた。厳しい基準は，各

学年，各教科の週あたり授業時数を定めた法律を通して，今日の学校にも持ち込まれている。教科内容志向は，自治体レベルのカリキュラムでは，テーマと内容に形を変える。いいかえれば，生徒の能力（competences）に代わって，テーマと内容のリストが目標となるのである。勤勉な教師は，授業期間内に各テーマを取り扱う時間を十分確保しなければならないというプレッシャーにさらされている。出版されている詳細な教師用ガイド，教科書やアサインメント[4]つきの教材は，何の変更もなくそのまま利用されることが多く，それによって教師の授業計画の仕事は省略されてしまうことになる。

　新しいカリキュラムのプロセスによって，地方カリキュラム委員会における自治体レベルのカリキュラム編成への教師の参加は拡大することになった。しかし，それにかかわってカリキュラムを計画する能力は，教員養成では高められていない。教員養成は，主に，直線的なカリキュラム・モデルの論理に従った実施計画と設計技能に焦点化されている。「教育目標は，教材を選択し，内容のアウトラインを示し，指導の手順を開発し，そしてテストと試験を準備する基準になる」（Tyler, 1949, p. 3）というタイラーの直線的アプローチを，いまだに教授学的原理として繰り返すばかりである。

　地方カリキュラムは，教師の日々の仕事の道具にはなりえていない。なぜなら，教師用のガイドや本，生徒向けのアサインメントなどが，各授業で何を行うかを詳細に規定しているからである。そこで重要とされるのは，あらかじめ決められた教科内容に密接に関連した，出来あいの学習教材や問題解決と生徒との相互作用である。これは，カリキュラム・ガイドラインや地方カリキュラムにみられる構成主義的な学習概念にそった子どものイニシアティブとは，全く正反対のものである。

　カリキュラム・ガイドラインに示されている構成主義的学習について，フィンランドでは，子ども自身の知識形成に重きをおき，出来あいの知識の伝達を批判するものであると解釈されている。しかし，指導にみられる一般的アプローチは，知識の伝達をベースにした教科内容志向である。知識の伝達は，ガイドラインのレベルでは否定されているが，日常の指導の中では行われている

のだ。子ども中心の構成主義的実践は，指導教材の中のあらかじめ定められたアサインメントによって制限されてしまう。教師の個人指導（チュートリアル）についての詳細な指示，読解のテキストを習得するためのアサインメントや課題といったものは，知識や技能を能動的に形成することを強調しているナショナル・コアカリキュラム（National Core Curriculum）のガイドラインで定められた，一般的な社会構成主義的学習概念――「学習は，児童が，自分のもつ知識構造をもとに，学習されるべき教材を処理し，解釈するという，児童の能動的で目的的な活動の結果として生まれる。相互的な協同を通して生じる学習が，個人の学習を促進する」（NCC, 2004, p. 16）という学習概念――とは対立している。実際の教育実践において，規定が細かく遵守されると，「学習されるべき教材」の方が支配的となり，「非直線的な学習プロセス」の構成を排除してしまうのだ。

2　PISA調査後になされた教師の能力をめぐる議論

　フィンランド教育評価評議会（Finnish Education Evaluation Council）[5]は，2000年，2003年，2006年に行われたOECDのPISA調査におけるフィンランドの結果を解明するために，入手可能なあらゆるデータを組織的に収集し活用してきた（Kupari et al., 2004; Arinen & Karjalainen, 2007; Lyytinen, 2009）。読解リテラシーに関する結果は，3回の調査の間に相対的に下降し，科学的リテラシーに関する結果は改善された。しかしながら，統計的分析において，学校間の差異を説明できるような，決定的な背景情報を見つけ出すことはできなかった。学校教育に一般的にみられる傾向は，子どもたちの問題解決から誤りやまちがいを取り除き，正答（たいていの課題には正答がたった一つしかないのであるが）を示してやることである（Hakkarainen, 2007）。教師による学習のコントロールが，支援や正の強化よりも強調されるのだ（Tharp et al., 1998, 2000）。
　しかし，いくつかの興味深い論争や傾向が，国際比較の統計的分析や教師のインタビューから明らかになってきている。確かな統計的エビデンスは欠けて

いるものの，いくつかの仮説は提示することができる。第一に，他の国のデータと比べてフィンランドのデータのばらつきが小さいことから，下位の生徒への効果的な支援のシステムがフィンランドの結果の統計的平均値を上げているということができる。だが，上位4分の1の生徒を比較すれば，フィンランドはもはやトップではない。

　もう一つできそうな説明は，「二重の仮説」である。いいかえれば，同一の要因によって，3つの教科に見られた好結果と動機づけの低さの両方が説明できるのである。つまり，指導（教師の個人指導，教科書や教材）における厳しいコントロールや大量のアサインメントが，PISA調査の課題を解く準備になり，しかしまた，教師の厳しいコントロールが学校の勉強を楽しく学ぶという純粋な動機づけを奪ってしまっているということである。動機づけの欠如は，義務教育の第9学年終了後，教育からのドロップアウトという形で現れる。「アサインメントによるトレーニング」は高校で続けられ，そこでは過去の大学入学資格試験から取ったアサインメントがトレーニングのために使われている。

　このように，フィンランドの結果は，カリキュラム・ガイドラインの目標よりもむしろ，学習教材や学校での課業の編成の方を反映している。ここから次のような問いが浮かんでくる。学校の評価の目標は何か。私たちは指導の結果を測定すべきか，それとも将来的な可能性を評価すべきか。入手可能なデータから得られた一般的な結論は，多くの教師はよい授業者ではあるが，おそらく創造的な才能の促進者ではないということである（Lyytinen, 2009）。このような評価と，フィンランド議会の研究革新評議会（Research and Innovation Council）が設定した，国際競争力としての創造性と革新性を育成するという目標との間には，矛盾がある。一方，教師のインタビュー・データは，教師の自己評価についてよくある議論をうきぼりにしている。教師は往々にして，自分たちは，柔軟性にとみ，子どものニーズや興味を大切にする，子ども中心的に行動できる専門職であると考えている。しかし，多くの教師たちは，厳格な教科内容志向がどれだけ子どもたちの柔軟性や純粋な子ども中心的な考えを制限しているのかに気づいていない。子ども中心性を制限しているのは教師たち自身な

のである。

　過去十年の間に，特別支援学校や特別支援学級に移動する児童数は倍になった。同じ傾向は，一時的に特別支援を受ける児童の数にも表れている。こうした推移の原因は，多くの場合，特定の学習上の困難ではなく，社会適応あるいは文化化の問題にある。前述のように，各教科の国際比較の結果はすばらしいにもかかわらず，学習の動機づけや勉強への興味は他の国々と比べて全般的に低い。例えば，フィンランドの生徒は他の国と比べてアサインメントに割く時間が最も少ない（まったくしないという生徒は8％）。評価材料全体から導かれる総括的な結論は，これからの評価研究においては，指導の質を重視しなければならないということである。集中的に研究すべき新しいテーマは，生徒にとっての学習の意義（意味生成）を果たしてどのように押し広げていくか，という点にある（Lyytinen, 2009）。

　指導の質の研究の必要性が，教師の能力と結びつけてきちんと論じられることはこれまでなかった。しかしそれは，指導の質における差異を明らかにしたあかつきには探究されるべきテーマである。答えるべき問いとは，どのような教師の能力が指導の質を説明するのか，そうした能力はどのようにして獲得されるのか，といったことになるだろう。フィンランド教育評価評議会が，フィンランドの学校における指導の質の現状について実証的な研究を始める前に，私たちの方で，発達的・ナラティブ的な教育に関する理論的・実証的研究から得られた経験を要約しておこう。

3　教師の能力と指導の質

　今日のフィンランドの学校において，教師の能力という言葉は，個別の新しい技能と結びつけて使われることが最も多い。情報テクノロジーに関する教師の能力は，学校でもよく議論される。学校の各教科は，個別の技能と能力を同一視する論理にそって，個別の能力を要請する。このような場合，能力という言葉は，「技能」，「習得」，「知識」といった他の言葉に置き換えられうるもの

になっている。実際の教師の仕事においては，指導の質と教師の能力は，学校教科における生徒のアチーブメントをもとに評価されている。

（1）子どもの思考についての認知的アプローチ——パパート[6]

フィンランドの学校制度の中で，アサインメントや課題において正解を強調することは，二重の影響をもたらしているようだ。指導や学習評価は，正解の方に向けられていて，児童の能力の発達には向けられていない。パパート（Papert, 1993）は，学校学習の分析において，教師の仕事で本来焦点をおくべきは児童の問題解決におけるまちがいとその原因の解明であると指摘している。児童の思考は，正解よりもまちがいの中でよりいっそう明らかになるというのである。

パパート（Papert, 1993）が問題解決における子どものまちがいを重視したのは，構成主義的学習観にもとづいているからである。教師の支援は，子どもの思考を高める方向には向けられるのだが，子どもの思考が正しい解決や答え（あるいは誤った解決や答え）の中で明らかにされることはない。伝統的な教室実践では，教師は児童がなぜまちがった答えをするのかに興味はなく，正しい答えが出るまで別の生徒に質問し続けるからだ。問題解決におけるまちがいを重視しようというこのパパートの提案を，「教師の発問能力（teacher's asking question competence）」と呼ぶことにしよう。この教師の能力は児童の認知的学習を高めることができる。しかし，フィンランドのPISAの結果の分析にみられるとおり，子どもに強く必要とされているのは，学習の意味生成と学習の動機づけである。これらはフィンランドの学校教育の主たる挑戦課題としてあげられている指導の質にとって不可欠の基準となる。

子どもの問題解決や思考に見られるまちがいに教師を方向づけることは，教室実践において，仕事量の多さを理由に拒否されることが多かった。教師は，平均的な児童に向けて指導し，正しい答えと解決法のデモンストレーションが個人の学習を促進する最善のアプローチであると信じている。学習は個人のパフォーマンスにおいて評価されることが一番多いからである。

（2）学習活動についての文化‐歴史的アプローチ——エリコニンとダヴィドフ

　教授・学習の文化‐歴史的アプローチの場合は，生徒の学習と発達の質を基準として使うことで指導の質を規定しようとする。ヴィゴツキー（Vygotsky, 1978）は，最近接発達領域の概念を導入した際に，教師の主要な課題について有名な再定義を行った。それによれば，指導の重点は，それぞれの生徒の最近接発達領域を促進することにある。議論のポイントは，指導というものを，子どもの発達において新しい段階を積極的に生みだすことへと変化させるという点にある。この教師への要求は，生徒の学習の質を再定義するものでもある。アサインメントを正しく解決しても，もし，それが発達的な変化を生みだすのでなければ，学習の質の指標にはならない。指導（および教師の能力）の質は，子どもの発達における変化を生みだせるかどうかにかかっているのである。

　文化‐歴史的理論は，教師の能力というものを解釈するためにシステマティックなアプローチを提示する。指導あるいは教科内容の能力だけのフォーマルな特徴では十分ではなく，生徒の発達的な変化が，教師の能力と指導の質の本質的な基準に含まれなければならない。教授・学習・発達のシステム的な結合は，「主導的活動（leading activity）[7]」（Leontiev, 1978）の概念を使って説明される。いいかえれば，子どもの遊びと学習は，「主導的活動」のタイプとして定義され，感性的段階における発達を促進する。有能な学校教師は，子どもの「学校教育的活動（school-going-activity）」（Engeström, 1987）ではなく，子どもの「学習活動」を促進するべきである。学習活動と学校教育的活動とは異なった要求・動機・対象・構造を持っている。学習活動は，自然には発生しない。目的的に構成されなければならないのである。

　学習活動のアイデアや実験的開発は，1950年代後半から見られるようになった。学習活動を生みだすシステムは，現在は，エリコニン－ダヴィドフの教育システム（El'konin-Davydov system of education）と呼ばれている。このシステムの主要なアイデアは，教室の中に発達のための新しいタイプの社会的状況を構成すること，および，この社会的状況の中で学習に主導的活動の地位を与えることである。学習活動の目的的な構成は，他の並行的な活動を排除するもの

ではないが，この年齢に固有の発達の潜在的可能性を含んでいる。

　学習活動は教室の状況と役割を徹底的に変える。子どもたちは教師の教育的な測定の客体ではなく，自己変革的学習の主体となる。発達的な指導では，それぞれの子どもにこのような学習者になる可能性を与えようとする。しかし，伝統的な技能を訓練したり，伝統的な学校知を伝達したりするのでは，この約束を果たすことはできない。発達的な教育と学習活動の第一の挑戦は，自己変革のための要求や動機を創り出すことである。子どもは，遊びの枠組みの中で自立した主体としてふるまう経験をするが，そこには自己変革の要求はない。この要求の発生は，教授・学習の状況の特質にきわめて強く依存している。

　子どもの課業を組織する伝統的なやり方は，自己変革や自己実現に対する要求を創り出すための余地をほとんど残さないものだった。カリキュラム・学習教材・課題は，各教科の目標を達成するために，子どもが何をしなければならないかをあらかじめ示している。評価はほとんどの場合，これらの目標から派生した基準を基本においている。自己変革は，何よりも教科内容の習得の観点から記述されており，自由な探索や新しいアイデアの探求や自己実現といった観点からは記述されていないのである。

　ダヴィドフ（Davydov, 1990, 1999; Davydov et al., 2003）は，理論的一般化に向かう生徒の学習活動についての構造的モデル(注1)を提示している。それは，6つの学習行為で構成されている。すなわち，学習課題の分析，状況の変容，学習対象の本質のモデル化，その特質を検討するためのモデルの変形，学習行為のコントロール，学習の評価の6つである。学習活動に参加するためには，これらの行為を生徒は習得しなければならない。学校生活の初期には，子どもたちがこれらの行為を学習するよう支援されなければならないが，できるだけ早く学習活動全体に対して子どもたち自身が全責任を負うようにするべきである。伝統的な教室では，子どもたちが自分の学習プロセスをコントロールし，誘導し，評価するよう，教師が励ましたり教えたりすることがない。教師は問題解決の進行を管理し，成功したかどうかを評価するのがふつうだ。これが往々にして生徒がホリスティックな学習活動を実行できない原因になる。彼らはどんなと

きにも教師の支援を必要とするのだ。

　子どもたち自身による能動的な探索と探究は，彼ら自身の学習課題をベースにしている。これは，教師にとってとりわけ大きな挑戦課題である。なぜなら，教師は，パーソナルな課題に導くように子どもの活動を組織しなければならないからである。伝統的な教授学では，教師の目標規定とアサインメントは，自動的に，あるいは動機づけの手法の力によって，子どもたちの学習活動に変えられていくと考えられていた。純粋な学習課題は，子どもの探索と探究を引き起こし，導き，支援するものである。この意味において，学習課題は，学習プロセスの具体的な内的動機となる（Dewey, 1933）。教師は，このプロセスを間接的には支援できるが，再生産的な学習状況の場合とは違って，子どもに命令したり，子どもに対して何かしてあげたりすることはできないのである。

　伝統的な指導にみられる例示の原理は，課題を実際的な問題に変えることは容易にする。例えば，数学的な操作はブロックを使って例示され，ブロックを一列に並べたりグループ分けしたりすることは，子どもたちが数学的な内容を欠いた実際的な問題を解くのに役立つ。だが，実際的な問題を解くことによって方法を学ぶことはできない。これに対し，方法を学ぶことは実際的な問題を解くための道具になりうるのである。

　一般的方法の探索と子ども自身の探究は，教師の新しい役割を前提としている。教師は何かを見せたり模範的にやってみたり話したりすることができるだけでなく，真のパートナーにならなければならない。教師は子どもたちと共同探索を始めなければならない。命令をしているだけではだめなのである。教師は自分の意見を述べたり何か提案したりすることはできるが，子どもたちのアイデアを試す際に使われる基準と同じ基準で，教師のアイデアも試され評価されなければならないのだ。純粋なパートナーシップにおいては，教師の提案は，単に教師が提示したからという理由でベターだということにはならないのである。

　学習を，正答を見つけることではなく原理と方法を探求することを志向するものへと変えれば，学習行為と評価も変わる。アサインメントの解決が正解だ

けに限られないようになると,プロセスと結果を提示するために新しい道具が必要とされるようになる。再生産的な学習においては,解決は教科書の中にあるのが普通だが,探究的なアプローチでは,科学的研究の道具を使用する。よく使われる道具は,原理や方法のもつ本質的な機能的特質・関係(いかにして,また,なぜ,原理や方法が機能するのか,また,何のために原理や方法が利用できるのか)を記述するモデルである。

　評価の基本的な機能は,このアプローチによって変わる。解決が正しいかそうでないかをチェックするだけではもはや十分ではない。基本的な問いは,原理や方法を現象の展開を説明するために使用できるかどうかということである。最も本質的な特徴をとらえているか。抜け落ちている要素やつながりはないか。どのような問題にこのモデルが使えるか。

　学習活動と発達的な指導の基本的構造は,新しいタイプの課題やアサインメント,新しいレベルの協同,原理と方法の志向,学習や学習行為の新しい道具,リフレクションと評価によって構成されている。その全体的構造を段階別に示そう。

　①子どもたちの個人的な課題の創造
　②原理と方法の探索
　③課題やアサインメントの解決
　④学習プロセスのリフレクション・評価・コントロール

(3) 子どもたちの協同とイニシアティブを志向するアプローチ
　　　——ツッカーマン

　このアプローチのさらなる展開は,子どもたちの学習上の協同やイニシアティブを志向するものになっている。ツッカーマン(Zuckerman, 1991)は,個人中心の教室学習に対するオルタナティブを提案した。ある特別な記号を使えば,子どもたちがそれぞれの問題に対してどんな多様な解決法をとるのかをすぐに確認することができる。[8]教師の主な課題は,どの解決法がベストで,それはなぜかということを尋ねながら,子どもたちの出したさまざまな提案についての

ディスカッションを組織することである。子どもたちは，自分たち同士で対話を行い，自分たちの意見を表明することを教えられるのだ。

　ツッカーマン（Zuckerman, 1991）のアプローチでは，子どもの対話と思考の能力が重視されている。教師は，個別の学習に代わって，子ども同士の相互行為に焦点をあてなければならない。「学校生活へのイントロダクション」プログラムは，第1学年の初めから，子どもたちのイニシアティブと共同学習を促そうとするものである。理論的一般化が目ざされるが，しかし同時に，子どもたち同士の協同も重視される。

＊

　以上に述べてきたことを要約しよう。新しいタイプの教師の能力は，フィンランドの総合制学校にみられる伝統的な課題や内容志向の教授法と対比される，3つのアプローチすべてにおいて要請されている。子どもの誤りやまちがいに焦点を当てるパパートのアプローチは，指導の中心的な目標としての思考の発達を重視する。エリコニン－ダヴィドフのシステムでは，各教科領域の理論的習得と子ども自身の探究の指導，および，内容と学習活動のモデル化（子ども自身による学習活動のコントロールと評価）に対して，高い要求が出されている。教師は，学習活動において権威よりむしろパートナーに近い存在であることが求められる。ツッカーマンは，子どもたちの共同学習での相互行為を組織する仕方の変容と，子どもたちのイニシアティブを促進する能力を提案している。これらすべてのアプローチにおいて，学習活動は一般的な心理的発達へのカギとなっている。だが，議論の焦点はいまだ認知領域にあり，知識（理論的一般化）のよりよい習得にある。動機づけとイニシアティブも，認知領域に限定されているのである。

4　子どもの一般的能力を発達させる教師の能力

　一般的能力（general abilities）[9]は，具体的な内容をもたない抽象的な技能（例：論理的推論，発散的思考，批判的思考など）といわれることによって，個

別的能力（specific abilities）から切り離されてとらえられることが多い。1970年代のフィンランド最初の総合制学校カリキュラムは，いくつかの一般的能力を教育の目標と規定したが，その目標を達成するための道具や機会は提供されなかった。一般的能力は，「浸透原理」にしたがって，適切な状況の中でそのつど訓練されるべきだとされたが，学校の実践においては忘れ去られてしまった。というのは，各教科の個別的な学習目標を気にかけることがたえず要求され，具体的な教師用課題や教材は各授業にのみ役立つものだったからである。一般的能力を発達させるための教師の能力が要請されることはなかった。一般的能力は単に，一般的原理もしくは教育的価値でしかなかったのである。

文化-歴史的アプローチにおいては，一般的能力について特有の解釈がなされている。一般的能力は，教科内容の学習や日常的状況への個別的能力の適用に，直接的には結びつかない。文化-歴史的アプローチの解釈によれば，一般的能力は，あらゆるタイプの活動や状況に対して使われ（もちろん，個別の行為には個別的能力が必要になるが），個別的能力の基礎をなす。一般的能力は，具体的な技能というよりもむしろ，レディネス，可能性，ポテンシャルとして描写される。いいかえれば，一般的能力は，身につけたらどんな状況にも直接使えるといった重宝な技能や能力ではないのである。

例として，進んだ段階のごっこ遊びにおける，目標設定と動機形成の学習があげられる。遊びの理論家の多くが，遊びは，現実的な（仕事の）活動とは違って，具体的な成果を生みださない活動であるから，目標設定とは関係ない，と主張する。確かに，遊びの状況における子どもたちの目標設定が直接，大人の生活での目標設定に形を変えることはない。しかし，活動において意図を実現しようとするレディネスは，目標設定と動機づけへのポテンシャルを形成するのである。遊び研究は，進んだ段階の社会的ごっこ遊びにおいて，子どもたちがどんなふうに，意味生成（El'konin, 2005; Hakkarainen, 2006）や意図（Safarov, 2009）や意志・動機（El'koninova & Bazanova, 2004）を伴った試みを行っているかを，明らかにしてきている。このような現象は，後のあらゆる生活状況において目標設定と志向性を生みだす前提条件となるのである。

一般的能力は，この枠組みにおいて，パーソナリティの発達のレベルにある現象である。もし，教師が子どもたちの知識や技能の形成に力を入れれば，教師は一般的能力の発達を促すことはできないだろう。パーソナリティの発達をめざす教育的努力なしに，学習成果が自動的に一般的能力に変わることはない。この領域における教師の能力は，理論的な理解と一連の実践的な方法を含んでいる。それによって，自己概念，パーソナリティ，自己省察（self-reflection），動機づけ，想像力，創造性などの発達を促すのである。子どもたちの毎日の生活には，一般的能力を高いレベルに発達させるような適切な機会や挑戦課題がめったにない。日常生活の発達的な挑戦課題の限界を越えるには，特別な（ナラティブ的な）教育プログラムと教師の能力が必要なのである。

　一般的能力の発達において中心的な方法論的道具は，ヴィゴツキー（Vygotsky, 1978, 1981）が提案した心理的道具[10]の概念である。心理的道具とは，その人自身の心理的な構造やプロセスを変化させるために使用される文化的実践のことである。教師の能力は，子どもたちが新しい心理的道具を取り込んで用いるのを，どのように励まし，援助するかということに見られる。心理的道具の印象的な例として，4歳から8歳までの異年齢集団の子どもたちによる「遊びの世界」プロジェクト，「ルンペルシュティルツキン（Rumpelstiltskin）[11]」がある（Hakkarainen, 2008）。お話は「王様」が，手紙の中で「とらわれて暗い地下室に閉じ込められた少女と騎士を助けてはもらえないか」と子どもたちに依頼するところから始まる。子どもたちは，暗い城の地下室（実際は学校の地下室であるが）に足を踏み入れる前に，自分たちを呪文と悪の力から守る盾を準備することにした。子どもたちはグループで，ダンボール紙を切り，取手をつけた盾を用意した。それから子どもたちは盾に色をつけ，さらに，ルンペルシュティルツキンの呪文から身を守るために自分たちの作った呪文を盾の内側に書くことにした。子どもたちは，「王の城の地下室」に入るという自分にとってはリアルな怖さに対して，シンボリックな文化的道具を用いたのである。

5 　教員養成における教師のナラティブ的能力

　このプロジェクトにおいて，教師の専門職的発達（professional development）[12]として重視しているのは，授業設計技能や指導方法を訓練することではなく，ナラティブ的な合理性や発達を促すような子どもたちとの相互行為を[13]習得させることである。オウル大学教育科学部は「未来の学校」のモデルを開発中であり，このプロジェクトは，「未来の学校」のための新しい方法をめざしている。プロジェクトの目標は以下のとおりである。

・「未来の学校」における教師の専門職的能力を志向した価値を開発する。
・ナラティブ的環境において，教育と教科志向性を結びつけたモデルを開発する。
・指導を実践することで子どもの発達に関する理論的理解が促されるような教員養成での学びのモデルを開発する。

　教師の専門職的発達に関する新しい挑戦課題としては，物語の筋と想像的な状況を構成すること，登場人物の役柄（role characters）を作り担うこと（役柄の中での教師の存在），ナラティブの中の出来事をドラマ化すること，現実の学習課題を物語の筋の中に埋め込むこと，などがあげられよう（Hakkarainen et al., 2009）。

　なぜ，作るのに骨の折れるナラティブ的環境を，子どもたちの学習課題を創り出すために使うのか。私たちは，分析的な学習問題へのルートは，ナラティブ的な問題解決をくぐり抜けるべきだと考えている。それは次のような理由による。「子どもたちは，自分の問題解決において大人の論理を用いず，むしろ，感情的同一化（emotional identification）や自分の感情への気づきにもとづいて問題解決を行う。解決すべき問題は，外界にあるのではない。子どもたちは，自らの想像力やファンタジーによって問題の内側にいるのである。この違いは，問題解決において創造的な実験を遂行する可能性を切り開くものである」

(Hakkarainen, 2002, p. 36)。

　教員養成において専門職的成長をはかる、この2年間のプロジェクトは、フィンランド・アカデミーの助成を受け、カヤーニ大学コンソーシアム（Kajaani University Consortium）によって実施された「ナラティブ的環境における意味ある学習（meaningful learning）」という、大きな研究プロジェクトの一部である。ボランティア実習生8名、研究者1名、研究アシスタント1名、クラス担任1名からなるチームが、ナラティブ的な指導の計画と実施に責任を負った。ある異年齢学級（男児8名、女児11名、第0〜1学年[14]）を、カヤーニ大学実習校の伝統的な指導実践のシステムから切り離し、そこをフィールドにしてプロジェクトを進めた。このチームは、2年間のあいだ、1週間に1〜3日、ナラティブ的な学習環境を計画・構成する責任を負った。半日ないしは全日がナラティブ的な活動に充てられた。その活動は、読み書き（literacy）を学習するという目的をもってはいたものの、教科内容の指導方法に直接結びつくものではなかった。

　最初の1年間は、読み書き学習の問題を埋め込んだ物語の筋が、リソースとして使用された（Zuckerman et al., 2003）が、2年目は、コミュニケーションのシンプルなモデルの理解をめざす上で、関連する学習問題の一般的な枠組みだけが使われた。学生チームの挑戦課題は、魅力的な物語の筋を開発し、入念に作られた学習問題をそれに結びつけることであった。1年目の主要課題は、ナラティブの出来事をどのようにドラマ化するかということであったが、2年目には、ドラマ化し問題解決の状況を作り出す前に、物語の筋を創作することまでも求められることになった。専門職的発達という点からみると、チームは、新しい教師の能力を発達させるというきわめて大きな課題に向き合うことになった。

　このプロジェクトは、ナラティブ的環境における読み書きの学習に焦点をあてたもので、次のような3つの部分に分かれていた——①音声の森の冒険（秋学期）、②文字と言葉の森の冒険（春学期）、③言語学者の冒険（2年目の秋学期・春学期）。

第3段階のナラティブ的環境は，2つの層と物語の筋から構成されていた。言語学者のナラティブが，活動の一般的な枠組みである。遊びの世界における言語学者の冒険へと移行するために，いくつかのシンボリックな道具が使われる。まず，教室の外で，参加者たちは手に手をとって円を作り，冒険の詩を大きな声で唱える。教室の中では，誰もがナラティブ的環境で使われる冒険名を持っている。言語学者の一般的な課題は，注意深く観察し，フィールドノーツをつけることである。コミュニケーションの観察記録と言語システムを収集するために，想像上のタイムマシーンを使って，時間旅行が行われた。ドラマティックな出来事を具象化したナラティブ的環境は実習生の手で創り出され，体育館や近くの建物で目にすることができた。

　言語の冒険の計画は，次の2段階で実行された。①物語の筋をなす出来事を作る（この出来事は，学習問題やそのドラマ化と絡み合うよう，念入りに計画された）。②放課後にナラティブ・セッションのリフレクションを行う。実習生たちは，冒険の日の前日には毎回，ナラティブの内容と学習問題についてブレインストーミングするためにチームで打ち合わせを行った。研究者とクラス担任は，リフレクションにも参加した。計画のためのミーティングの長さは，2時間から10時間までいろいろだった。リフレクションのミーティングにはだいたい2時間を要した。言語の冒険の一例は「複数の世界（Plural world）」である。実習生たちは，ナラティブ的環境において，子どもたちにフィンランド語の単数形を複数形にする原理を教えたいと考えた。子どもたちは，タイムマシーンが歴史時間への飛行中に壊れ，「複数の世界」へ着陸せざるをえなくなったと聞かされた。「複数の世界」は奇妙な自動車工場で，自動車は言葉で作られていて，そのいくつかの部分は単数形，他の部分は複数形でできている。

　計画段階での問題は，学生が作った登場人物が，どのようにして，単数形と複数形の概念，両者の違いや言語システムの一部としての機能などを探究することに，子どもたちを駆り立てるか，ということであった。計画の初期には，複数人間（the Plural-person）は，さまざまな単数・複数の植物を育てている園芸家という想定であった。しかし，このアイデアはすぐに，工場のような環

第Ⅱ部　新しい教育のオルタナティブを探る

境の中で，複数人間（2人の学生が一着の大きなジャケットを着て同時に話す）が単数形と複数形に関連したさまざまな言語学的課題で苦労しているという設定に変えられた。この着想はさらに練られて，最終的には，言語学的な課題を扱う多様な部署からなる自動車工場と組み立てラインというアイデアに落ち着いた。「ミスター単数」は工場の監督官ということになった。彼は，権威主義的な管理職的やり方で，素直な「複数人間」に命令するのだ。子どもたちは，「複数人間」を助けるよう依頼された。というのも，複数人間が単数形を複数形と取り違えること（あるいはその逆）によって，顧客から苦情が来ていたからである。

　子どもたちは，さまざまな部署の「複数人間」が，フィンランド語の単数形と複数形を区別するのを助けてやった。「自動車工場」の訪問の最後に，子どもたちは，単数を複数に，複数を単数に変化させるすべての場合を規則化できるルールを定式化するよう依頼された。子どもたちが書いたルールは，「複数人間」のための覚え書きとして壁に掛けられることになった。「自動車工場」の時間の終わりに，教育実習生たちは，自分は子どもたちほどしっかりこの部分の文法を習得できていない，と述べたのだった。

　以上の分析の結論として，表9-1に，伝統的学習とナラティブ的学習の相互行為の相違点を示そう。

　実際には，伝統的学習の相互行為の特徴のすべてが，現在の教室のすべてにおいて見られるわけではない。しかし，いくつかの特徴はいまだ支配的である。

表9-1 伝統的学習の相互行為とナラティブ的学習の相互行為における教師の能力

実りある相互行為の特徴 (Safarov, 2009)	伝統的学習の相互行為	ナラティブ的学習の相互行為
会話の様式	発問の技能（IREモデル）[15]	相互的対話技能
注意の方向づけ	注意を喚起する	相互に調整する
教師の主な活動	子どものパフォーマンスのコントロール	子どものイニシアティブとアイデアの受容
重要な技術	特定の認知的技能	パートナーシップと一般的能力
参加の様式	観察による参加	共同参加
学習における自由の度合い	厳しい指導によって自由の度合いを制限する	創造的な方向転換や新しいアイデアが受容される（直線的でない相互行為）
感情的関与	「客観的な知識」	"Perezhivanie"，共同的に生き切る（joint living through）[16]
意　図	教師のもつ目標が支配する	共同の意図と問題

　私たちの実験的な仕事が示すように，ナラティブ的なアプローチは，学校の指導に関する未来の専門職的能力の新しい重要な要素を数多く具体化している。

6　結　論

　1970年代に始まったフィンランドの新しい総合制学校制度は，教師の能力に対して新しい要求を生みだした。指導の内容や方法は，全面的に改革され，すべての子どもたちが混成的な教室で一緒に勉強するようになった。移行期間には，児童は技能の違いに応じたサブグループに分けられ，別々に教えられたが，後にそうした分化は取り除かれ，学習上の問題を抱える子どもたちにサポート指導が行われるようになった。

　フィンランドのPISA調査結果については分析が行われてきたが，フィンランドの得点のばらつきを説明できる統計的な根拠を見出すことはできなかった。一方，PISA調査では，指導の質（と教師の能力）に関する体系的な情報が欠けていたことから，教師に対してパイロット・インタビューが実施された。それを受けて，フィンランド教育評価評議会は，指導の質に関するより包括的な研

究を行うべきだと結論づけた。国際比較調査をベースに，そのための準備となる挑戦的研究がすでに計画されている。同時に，3つの主要教科の成績においてトップの結果であっても，学習への興味や動機づけにおいては最も低い国の一つであるということにも私たちは目を向けなければならない。結論としていえるのは，学校の学習が子どもたちにとってもっと意味のあるものになるべきだということである。

こうした分析から，以下のように結論づけることができよう。学校は指導において教科内容志向に大きく傾いており，「正答症候群」が授業を支配している。教師は立ち止まって，なぜ子どもが間違うのかを見つけだそうとすることはなく，正答が出るまで他の子どもに質問を続ける。正答することが，学習したということの指標として理解されてきたのだ。これに対し，子ども中心の新しい指導の主たる対象になるのは，子どもたちの思考と思考の誤りである。文化－歴史的なアプローチによるエリコニン－ダヴィドフのシステムは，初等教育段階での教授・学習における学習活動の発達を強調する。このシステムでは，子どもたちは，初めは教師の支援を借りながら学習活動を習得するが，最終的には自立的に学習活動の構造全体を習得すべきであると考えられている。教師に求められる能力は，子どもの自立的な学習活動の全体構造を発達させる能力だということになる。

教員養成に関して私たちが実験的に行っている活動は，「意味ある学習」に焦点をおいている。これは，ナラティブ的な学習環境を使って学習の動機づけと子どもたちの一般的能力の発達をめざそうとするものである。驚くべきことに，最も顕著な結果がみられたのは教育実習生の側であり，彼らは創造性と教師の新しい能力を習得していった。子どもたちとともに創り出す共同のナラティブ的活動は，学生たちに子どもたちの世界をつまびらかにしたと同時に，子どもたちの創造性とパーソナリティを発達させる可能性を切り開いたのである。

謝　辞

　　この研究は，フィンランド・アカデミーの助成を受けて行われたものである。

〈注〉

(注1) 理論的一般化は，知識領域（システム）の中心的現象の歴史的発達のダイナミクスを把握することとして理解できる。例えば，学校数学における理論的一般化とは，あらゆる数学的操作のもととなる関係の体系のことである。言語指導における理論的一般化とは，言語の形式と意味の関係（形式の変化がメッセージの意味をどう変えるか）のことである。一般化は，第1学年で学ばれ，続く学年において，数学的操作と問題，あるいは言語使用といった個別のケースを分析する道具として用いられる。

〈訳 注〉

(1) フィンランドでは，1970年代に分岐型の教育制度を単線型に改め，さらに1985年に，言語系科目と算数・数学で採用されていた能力別学級編成を廃止した（渡邊，2005）。
(2) "narrative learning" は，「ナラティブ・ラーニング」という訳語があてられることが多いが，本章では，"narrative" を冠したさまざまな概念が用いられていることから，すべて「ナラティブ的…」という訳で統一した。
(3) フィンランドでは，以前はすべての学校で一つの国定カリキュラムが用いられていたが，1994年のカリキュラムの大綱化によって，国がカリキュラムのガイドラインを示し，各自治体が地方カリキュラムを編成し，さらに各学校がそれを指導計画へ具体化するという仕組みに変わった（渡邊，2005）。単に「カリキュラム」という場合は，各自治体のカリキュラムのことをさす。
(4) アサインメントは，宿題など教師によって割り当てられた課題のこと。
(5) フィンランド教育評価評議会は，学校教育・職業教育・成人教育に関する評価と開発を担当する機関であり，ユヴァスキュラ大学教育研究所に付置されている（渡邊，2005，p.39）。
(6) （1）～（3）の見出しは，著者の承諾を得て訳者の側で挿入した。
(7) 主導的活動とは，発達の各段階において他の活動を主導する中心的な活動のことであり，就学前は遊び，就学後は学習，青年期は仲間活動，成人期は労働が，それぞれ主導的活動となる。
(8) 「特別な記号」とは，親指を立てたり下げたりして，自分の意見を表明するという方法である。

(9) 日本語では両方とも「能力」になるが，教師の「能力」は一貫して "competence" が使われている。

(10) 「心理的道具（psychological tool）」の例として，ヴィゴツキーは，言語，さまざまな計数システム，記憶術，数シンボルのシステム，芸術作品，文字，略図・図解・地図・製図，その他あらゆる種類の記号をあげている。

(11) 「ルンペルシュティルツキン」というのはグリム童話の一つに出てくる小人の名前である。ただし，ここでは一般名詞的に使われている。

(12) "professional development" には，「専門性開発」「職能開発」といった訳語があてられることも多いが，ここでは，著者の発達論との関連性を見えやすくするために，「専門職的発達」と訳した。

(13) ブルーナーは，人間の認識には，「論理-科学的様式（paradigmatic mode）」と「ナラティブ的様式（narrative mode）」という2つの思考様式があることを指摘した（Bruner, 1986）。前者は，論理的一貫性やデータによって科学的な真理を求める思考様式であるのに対し，後者は，人間の意図や行為，その変転を扱う思考様式のことである。著者のいうナラティブ的な合理性とは，ブルーナー（Bruner, 1986）のいうナラティブ的様式に近いものだと考えられる。

(14) 0学年とは，学校や保育センターで行われる1年間の就学前教育を受けている子どものことである。フィンランドは7歳を過ぎてから基礎学校に入学するので，6歳児が対象になる。

(15) IREとは，教育社会学者ミーハン（Mehan, H.）が見出した教室会話のパターンであり，開始（Initiation）—応答（Reply）—評価（Evaluation）のことをさしている。例えば，教師が質問し，生徒が答え，それを教師が評価する，というのは典型的な IRE である。

(16) "Perezhivanie（переживание）" はロシア語で，「身をもって知ること」，「体験，感銘」，「役になり切ること，追体験」などの意味がある。著者は，これを "(emotionally) living through" というフレーズでいいかえている。

〈文　献〉

Arinen, P. & Karjalainen, T. (2007). *PISA 2006 ensituloksia 15-vuotiaiden koululaisten luonnontieteiden, matematiikan ja lukemisen osaamisesta.* Koulutuksen arviointikeskus.

Davydov, V. V. (1990). *Types of generalization in instruction: Logical and psychological problems in the structuring of school curricula*. National Council of Teachers of Mathematics.

Davydov, V. V. (1999). A new approach to the interpretation of activity structure and content. In M. Hedegaard, S. Chaiklin & U. J. Jensen (Eds.), *Activity theory and social practice: Cultural-historical approaches*. Aarhus University Press.

Davydov, V. V., Slobodchikov, V. I. & Tsukerman, G. A. (2003). Theelementary school student as an agent of learning activity. *Journal of Russian and East European Psychology, 41*(5), 63-76.

Dewey, J. (1933). *How we think: A restatement of the relation of reflective thinking to the educative process*. Henry Holt.

El'konin, D. B. (2005). Psychology of play, I - II. *Journal of Russian and East European Psychology, 43*, 1-2, 3-90.

El'koninova, L. I. & Bazanova, T. V. (2004). K probleme prisvoeniya smyslov v syushetnoĭ rolevoi igre doshkol'nikov [On the problem of forming sense in pretend role play of preschoolers]. *Vestnik Moskovskogo Universiteta. Ser. 14. Psikhologiya, 3*, 97-105.

Engeström, Y. (1987). *Learning by expanding*. Orienta-Konsultit.

Hakkarainen, P. (2002). *Kehittävä esiopetus ja oppiminen [Developmental preschool education and learning]*. PS-Kustannus.

Hakkarainen, P. (2006). Learning and development in play. In J. Einarsdottir & J. Wagner (Eds.), *Nordic childhoods and early education* (pp. 183-222). Information Age Publishing.

Hakkarainen, P. (2007). Curriculum models of early childhood education. In R. Jakku-Sihvonen & H. Niemi (Eds.), *Education as societal contributor* (pp. 111-127). Peter Lange.

Hakkarainen, P. (2008). The challenges and possibilities of narrative learning approach in the Finnish early childhood educations system. *International Journal of Educational Research, 42*, 292-300.

Hakkarainen, P. & Bredikyte, M. (2002). Making sense with curriculum. In K. Niinistö et al. (Eds.), *Developing teacher education in Estonia* (pp. 171-184). Turku.

Hakkarainen, P. & Rainio, A. (2009). Playworld narratives as a tool for learning readiness. Submitted to *Early Education & Development*.

Kupari, P., Välijärvi, J., Linnakylä, P., Reinikainen, P., Brunell, V., Leino, K., Sulkunen, S., Törnroos, J., Malin, A. & Puhakka, E. (2004). *Nuoret osaajat. PISA 2003-tutkimuksen ensituloksia*. Koulutuksen tutkimuslaitos.

Leontiev, A. N. (1978). *Activity, consciousness, and personality*. Prentice-Hall.

Lyytinen, H. K. (2009). *Mitä arviointitulokset kertovat suomalaisen koulutuksen tilasta?*

http://www.laaninhallitus. fi/lh/lansi/siv/home.nsf/wLatest/B4C 92478CFDC8896C225759A001E3151 (Retrieved 23 Feb, 2010)

National Core Curriculum for Basic Education (NCC) (2004).

http://www.oph.fi/english/page.asp?path=447,27598,37840,72101,72106 (Retrieved 25 Apr, 2009)

Papert, S. (1993). *Children's machine: Rethinking school in the age of computer*. Basic Books.

Peruskoulun opetussuunnitelmakomitean mietintö (POPS) (1970). *Opetussuunnitelman perusteet (1970: A4)*. VAPK.

Safarov, I. (2009). *Towards modeling of human relationships. Nonlinear dynamical systems in relationships*. Acta Universitatis Ouluensis E 104.

Tharp, R.G. & Gallimore, R. (1988). *Rousing minds to life*. Cambridge University Press.

Tharp, R. G., Estrada, P., Dalton, S. S. & Yamauchi, L. A. (2000). *Teaching transformed: Achieving excellence, fairness, inclusion and harmony*. Westview Press.

Tyler, R. (1949). *Basic principles of curriculum and instruction*. University of Chicago Press.

Vygotsky, L. S. (1978). *Mind in society: The psychology of higher mental functions*. Harvard University Press.

Vygotsky, L. S. (1981). *Sobranie sochinenii 1 [Collected works]*. Pedagogika.

Zuckerman, G. A. (1991). *Vidy obsheniya v obucenii [Types of interaction in teaching and learning]*. Peleng.

Zuckerman, G. A. (2007). On supporting children's initiative. *Journal of Russian and East European Psychology, 45*(3), 9-42.

Zuckerman, G. A. & Polivanova, K. N. (2003). *Vvedenie c shkol'nuyu zishn [Introduction to school life]*. Genezis.

〈訳注文献〉

Bruner, J. S. (1986). *Possible worlds, actual minds*. Harvard University Press.
　ブルーナー，J. S.（1998）．『可能世界の心理』（田中一彦訳）みすず書房．
渡邊あや（2005）．「PISA 好成績を支えるシステムと進む教育改革―現場裁量と"希望"のゆくえ―」庄井良信・中嶋博編『フィンランドに学ぶ教育と学力』明石書店．

---ブックガイド---

―フィンランドの教育に興味をもった読者へ―

　PISA の結果を受けて一躍世界の注目を浴びた国，フィンランド。この国もまた，PISA ショックを受けた国々同様に教育改革の手綱を緩めることはない。フィンランドの教育に関する書籍は近年多く出版されているが，その中でも代表的なものを紹介する。

福田誠治『競争やめたら学力世界一――フィンランド教育の成功―』（朝日新聞社，2006年）は，フィンランドの教育研究の第一人者によるものである。同書は，フィンランドの子どもたちの高い学力の要因を，カリキュラム，学習論，教育環境など包括的に検討することで明らかにしようとしている。本章で示されたナラティブな教育は，同国における読書文化，それに対する社会整備に大きく支援されていることがわかるだろう。

庄井良信・中嶋博編『フィンランドに学ぶ教育と学力』（明石書店，2005年）は，「未来への学力と日本の教育」というシリーズの中の一巻。シリーズ名が示すように，PISA 以降，（未来の）学力への興味関心が高まる中でフィンランドの教育に関する一冊が加えられたことは21世紀の学力研究の一つの特徴というこ

とができるだろう。同書は，初等教育だけではなく，子育て，生涯教育としての高等教育，教員養成，社会政策としての学校教育などが多くの論者によって語られており，フィンランド教育の全貌がこの一冊でわかるようになっている。

　バレ，W.・トッリネン，M.・コスキパー，R.著（北川達夫，フィンランド・メソッド普及会訳編）『フィンランド国語教科書　小学4年生』（経済界，2005年）は上記のようなフィンランドの学校教育を知る具体的な材料としてとても興味深いものである。これを見ると，日本の教科書との違いに驚く。小学校4年生向けであっても，「テスト勉強のやりかた」といった方法論あるいは「投書をしよう」などといった社会的な行為を促すものがその内容に含まれている。訳者の北川達夫は，**北川達夫，フィンランド・メソッド普及会『図解フィンランド・メソッド入門』**（経済界，2005年）の中で，①発想力②論理力③表現力④批判的思考力⑤コミュニケーション力をフィンランドの教育の鍵だとし，さらにこの力の育成は子どもから大人に至るまで必要なのだと説く。この2冊以来，類書がたくさん出版され，ここにも〈新しい能力〉の受容を確かめることができる。

（伊藤実歩子）

第9章解説　ナラティブと教師の能力
　　　　——内側からみたフィンランド教育の問題

松下　佳代

　本章は，オウル大学教育科学部のペンティ・ハッカライネン氏に寄稿していただいたものである。他の章が学習者の能力を論じているのに対し，本章は主に教師の能力形成について論じているので，読者の中には違和感を覚える方もおられるかもしれない。そこで，本章が本書のテーマとどう関連しているのか，本書の中にどう位置づくのか，簡単な解説を加えることにしたい。

1　PISA 結果に表れた問題

　3 回の PISA 調査の結果によって，フィンランドの教育は大きな注目を集めるようになった。だが，PISA 調査は，読解リテラシー，数学的リテラシー，科学的リテラシーの得点においてフィンランドの水準が高いことを示した一方で，フィンランドの子どもたちの学習意欲が相対的に低く，教科学習や学校教育にあまり意義を見いだしていないことも明らかにした（表 9-1 参照）。「学習からの逃走」は日本だけの問題ではないのである。
　ハッカライネンは，この 2 つの結果が実は同根だと論じる。つまり，学校教育が教科内容志向であり，教師が生徒に大量のアサインメントを課すなどして強くコントロールしていることに共通の原因があるというのである。この指摘は私たちには意外に聞こえる。なぜなら，日本では，フィンランドの学校は社会構成主義（social constructivism）の学習観に立って，教師と子どものインタラクションや子ども同士の協同を通じての子ども自身による知識の構成が重視されている，と喧伝されてきたからだ。
　だが，ハッカライネンによれば，社会構成主義的な学習観はカリキュラム・

第Ⅱ部　新しい教育のオルタナティブを探る

表9'-1　PISA2003の結果（認知面・情意面）

	読解リテラシー	数学的リテラシー	科学的リテラシー	(a)数学の授業が楽しみである	(b)数学で学ぶ内容に興味がある	(c)最近2週間のうちに授業をサボった回数：「まったくなかった」
フィンランド	543	544	548	20.1%	45.5%	79.7%
日　本	498	534	548	26.0%	32.5%	92.6%
OECD平均	494	500	500	31.5%	53.1%	79.8%

（注）　(a)〜(c)は4件法で「全くその通りだ」「その通りだ」と答えた割合。(c)はPISA2003の質問項目にはないのでPISA2000の結果を用いた。

ガイドラインのレベルの理念であって，現実にカリキュラムとして機能している自治体レベルのカリキュラムや各学校の指導内容では，必ずしもそうした学習観は具体化されていないという。カリキュラム改革によって変わったのは表層レベルで，現場で実施されているカリキュラムは旧来の授業モデルからそれほど大きくは変わっていないということだ。

認知面での教科的リテラシーの高さと情意面での学習意欲や動機づけの低さ。この乖離は，かつて「日本型高学力」として語られてきた問題である（最近は，認知的な学力の高さの方も危うくなって，この言葉もあまり使われなくなったが）。

ハッカライネンは，パパート，エリコニンとダヴィドフ，ツッカーマンといった人たちの研究をあげながら，これらはそれぞれ，子どもの思考，学習活動，協同とイニシアティブの重要性を指摘した点で意義はあるが，なお認知領域に焦点をあてていて十分ではない，と指摘する。情意的要素と認知的要素をどう結びつけるかという「カリキュラム理論において最も困難な課題」（Hakkarainen & Bredikyte, 2002）に取り組むために彼自身が提起するのが，ナラティブ的な学習とそれを促す教師の能力の形成である。

2　ナラティブ的学習

ナラティブとは，「『語る』という行為と『語られたもの』という行為の産物の両方を同時に含意する用語」（野口, 2009, p. 1）である。複数の出来事は，

人がナラティブによって結びつけることで経験として意味をもつようになる。

「ナラティブ」は今や時代を語るキーワードの一つである。社会学，医学，心理学，社会福祉学，法学，経営学など多様な学問分野において，ナラティブ・アプローチが新たな局面を切り開いている。

ハッカライネンは，このナラティブという概念を，カリキュラム，教授・学習，教員養成など教育の諸領域で用いることで，新しい見方と実践を生みだそうとしてきた。

> 教授をストーリーテリングとしてとらえるというアイデアは，カリキュラムをわれわれの文化のもつ偉大な物語(ストーリー)のコレクションとして考え，教師をそうした文化の物語の語り手として考えるということを促す。

> ナラティブのロジックは，単純から複雑へ，既知から未知へ，段階的に教えていくという伝統的な教授学の原理を打ち破る。よい物語は常に，重層的に構造化されており，それが物語を魅惑的なものにしている。同じ特徴が，カリキュラムの構造にも含まれるべきである。

（ともに Hakkarainen & Bredikyte, 2002 より訳出）

もちろん，物語やナラティブのもつ力に着目した教育研究者はハッカライネンが初めてではない。デューイ（Dewey, 1933）やブルーナー（Bruner, 1986）もそうだし，近年では，カナダのカリキュラム研究者イーガン（Egan, 2005）が精力的に理論と実践を展開している。ハッカライネンのナラティブ・アプローチもこうした先行研究を土台にしている。

では，物語やナラティブは，どのようにして認知的要素と情意的要素を結びつけるのだろうか。実は，「この問題そのものが声の文化やストーリーテリングの中には存在しない」とハッカライネンらはいう。なぜなら，「そこでは情意的要素と認知的要素が自然なかたちで結びついているからだ」（Hakkarainen & Bredikyte, 2002）。こうした物語の力はデューイ（Dewey, 1933）も認めるところであった。旧と新，既知と未知のバランスのとれた組合せが，物語を読み進

めさせる。物語そのものが，子どもを物語の世界に巻きこみ，読むことを動機づけるのである。

　こうしたナラティブの創出は，単なる指導法の工夫ではなく文化的実践の創出であるとハッカライネンは考えている。そして，文化的実践としてのナラティブが「心理的道具」（ヴィゴツキー）となって，子どもの「一般的能力（general abilities）」の発達を促すのだという。「一般的能力の発達」という言葉で彼が想定しているのは，「自己概念，パーソナリティ，自己省察，動機づけ，想像力，創造性などの発達」である。それは，「汎用的技能（generic skills）」のように，適用範囲は広いが比較的表層にある能力とは異なり，人格の深い部分にあって学習という行為を支えるような能力だといえる。

3　教師の能力

　学習の認知的要素と情意的要素を結びつけ，一般的能力に働きかけていくために必要とされるのが，「教師のナラティブ的能力（narrative teacher competences）」である。「ナラティブ的能力」とは，一言でいえば，カリキュラムや授業をナラティブとして創り出す能力といってよいだろう。例えば，授業がナラティブとなるようにするには，物語のプロットと場面を構成し，物語のキャラクターを作って教師自身もその一つを担い，物語の出来事をドラマ化し，学習課題を物語の中に埋め込むといったことが求められると，ハッカライネンは述べる。実践例も本章の中で紹介されている。

　この実践例そのものの評価については，意見が分かれるかもしれない。単数形と複数形を教えるのに，これだけの時間をかけてナラティブ的な環境設定を行うことが果たして必要なのか。認知的要素と情意的要素が自然に結びつくようなナラティブにどの程度なりえているのか。このような授業を重ねることで，子どもたちは本当に一般的能力を発達させていくことができるのか──。こうした環境設定は，下手をすると，かつてデューイが批判したように，苦い薬を飲ませるための糖衣となりかねない。

だが，本書全体のテーマからみたとき，ハッカライネンの理論と実践は，知識・技能だけでなく能力の深く中核的な部分にも——あるいは認知的要素だけでなく情意的要素にも——焦点をあてていること，それを学習者の能力の問題に帰着させるのではなく，教育する側の働きかけの問題としてとらえていること，しかも，個々の教師の能力の問題ではなく，教員養成全体の課題とし，その課題に実践的に取り組んでいること，といった点で，とても興味深い内容を含んでいる。

何よりも，小学校から大学まで〈新しい能力〉概念で塗り固められたようにさえみえる今日の学校教育にあっては，ソビエト心理学の伝統とナラティブ・アプローチに依拠しながら独自の切り口を示している点が，新鮮である。

ハッカライネンのフィールドは主に就学前教育と初等教育にあるが，ナラティブという視点は，高等教育にも有効だと考えられる。すぐれた授業実践とされているものには，明らかにナラティブの構造を含んでいるものがある。例えば，ハーバード大学の政治哲学者，マイケル・サンデルの「正義」についての授業[1]がそうである（サンデル，2010）。

ハッカライネンの理論と実践は，〈新しい能力〉概念を批判的に乗りこえようとしている私たちにとって，遠く離れた同志からのエールである。

〈注〉

(1) サンデルは「ベストプロフェッサー」（K. ベイン（高橋靖直訳）『ベストプロフェッサー』（玉川大学出版部，2008年）の一人として知られ，その授業場面は，http://justiceharvard.org でみられる。

〈文　献〉

Bruner, J. S. (1986). *Possible worlds, actual minds*. Harvard University Press. ブルーナー，J. S.（1998）．『可能世界の心理』（田中一彦訳）みすず書房．

Dewey, J. (1933). *How we think: A restatement of the relation of reflective thinking to the educative process*. Henry Holt. デューイ，J.（1955）．『思考の方法』（植田清次訳）春秋社．

Egan, K. (2005). *An imaginative approach to teaching*. Jossey-Bass.　イーガン，K.（2010）.『想像力を触発する教育─認知的道具を活かした授業づくり─』（高屋景一・佐柳光代訳）北大路書房.

Hakkarainen, P. & Bredikyte, M. (2002). Making sense with curriculum. In K. Niinistö et al. (Eds.), *Developing teacher education in Estonia* (pp. 171-184). Turku.

野口裕二編（2009）.『ナラティヴ・アプローチ』勁草書房.

サンデル，M.（2010）.『これからの「正義」の話をしよう─いまを生き延びるための哲学─』（鬼澤忍訳）早川書房.

人名・組織名索引

あ 行

IEA（国際教育到達度評価学会） 203, 228
アリストテレス（Aristotle） 59
アルバーノ・カレッジ（Alverno College） 16-18, 31, 37, 133
アンダーソン（Anderson, L. W.） 265, 266
イギリス教育技能省（Department for Education and Skills） 110
乾彰夫 25
猪木武徳 127
今井康雄 54, 154
岩川直樹 55, 159-162
岩木秀夫 152
ウィギンズ（Wiggins, G.） 254, 256, 267, 269
ヴィゴツキー（Vygotsky, L. V.） 288, 294, 310
ウェンガー（Wenger, E.） 130
NCVER →国立職業教育研究センター
エリクソン（Erickson, H. L.） 269
エリコニン（El'konin, D. B.） 288, 292, 300, 308
OECD（経済協力開発機構） i, 2, 19, 22, 37, 80, 101, 112, 203, 208, 284
小方直幸 26, 135
小田中直樹 35

か 行

梶田叡一 149
勝田守一 142, 144, 146
ガニエ（Gagné, R. M.） 258
苅谷剛彦 63, 142, 167
教育科学研究会（教科研） 146, 164
グラットホーン（Glatthorn, A. A.） 257
グラムシ（Gramsci, A.） 94
グレイ（Gray, W. S.） 85, 97
黒崎勲 65
KMK（常設文相会議） 217
コーエン（Cohen, G. A.） 67
国立職業教育研究センター（NCVER） 2, 7, 18, 20, 110

ゴンチ（Gonczi, A.） 19

さ 行

佐伯胖 147, 170
坂元忠芳 142, 146, 147, 160
佐藤学 151, 276
佐貫浩 163
シュルツ（Schultz, T. W.） 50
ジルー（Giroux, H. A.） 91, 94
スペンサー（Spencer, L. M.） 11, 13, 18, 21, 28, 35, 41
スペンサー（Spencer, S. M.） 11, 13, 18, 21, 28, 35, 41
セネット（Sennett, R.） 9
セン（Sen, A.） 32, 68, 102

た 行

タイラー（Tyler, R. W.） 251, 258-260, 283
ダヴィドフ（Davydov, V. V.） 288, 289, 292, 300, 308
竹内章郎 66
竹内常一 142, 149, 150, 170
竹内洋 126
田中耕治 173
田中智志 61, 125
中央教育審議会 28, 111, 115, 157
ツッカーマン（Zuckerman, G. A.） 292, 308
DIPF（ドイツ国際教育研究所） 217
デカルト（Descartes, R.） 60
デューイ（Dewey, J.） 309, 310
ドラッカー（Drucker, P. F.） 10

な 行

中内敏夫 142, 167-171
日本教職員組合 63
日本経営者団体連盟（日経連） 3, 23

313

は行

ハーシュ（Hirsch, E. D., Jr.）　89
ハッカライネン（Hakkarainen, P.）　v, 307, 309-311
パパート（Papert S.）　287, 292, 308
ビーチ（Beach, K.）　130
bifie　219
広岡亮蔵　142, 143
フィンランド教育評価評議会　284, 286, 299, 301
フーコー（Foucalt, M.）　54
福井大学教育地域科学部附属中学校　185, 189
藤岡信勝　142, 146, 148
藤澤令夫　131
プラトン（Plato）　58
ブルーナー（Bruner, J. S.）　302, 309
ブルーム（Bloom, B. S.）　251, 258-261, 263
ペルヌー（Perrenoud, P.）　34
フレイレ（Freire, P.）　92
ベック（Beck, U.）　9, 128
ベルラック（Berlak, H.）　254
ボヤティズ（Boyatzis, R. E.）　11, 16, 18, 41
堀尾輝久　52
ホワイト（White, R.）　12, 36, 42
本田由紀　3-6, 12, 14, 26, 32, 71, 109, 153, 166

ま行

マクバー社（McBer）　11, 13, 17, 37
マクレランド（McClelland, D.）　11, 16, 41
増渕幸男　124
松下佳代　121
松下良平　129, 154, 275
マルザーノ（Marzano, R. J.）　266-269
マルトン（Marton, F.）　234
マンハイム（Manheim, K.）　52
宮寺晃夫　69
未来委員会　215
民間教育研究団体（民研）　145, 147

や行

ヤング（Young, M.）　52
ユニセフ（UNICEF）　83
ユネスコ（UNESCO）　86, 87
横浜国立大学教育人間科学部附属横浜中学校　185

ら行

ライシュ（Reich, R. B.）　7, 34
ライル（Ryle, G.）　262
リカード（Ricardo, D.）　50
レイブ（Lave, J.）　130
ロールズ（Rawls, J.）　67

事項索引

あ 行

アウトカム　10, 11
遊び　288, 293
新しい学力観　45, 148, 149, 152, 154, 158
新しい能力　i-vi, 1, 2, 5-12, 16, 18, 22, 24, 27, 32, 35, 109, 111, 115, 135, 142, 153, 157-159, 162, 166, 169-172, 229, 252, 253, 265, 273, 275
アビトゥーア　221, 224
ability としての能力　32, 48
生き方の幅（ケイパビリティ）　32, 102
生きて働く学力　143
生きる力　3, 27, 35, 37, 156, 163, 181, 184, 194
意識化　93
一般教育　113, 120, 129, 131
一般的能力　292, 294, 300, 310
イディオシンクラシー　152
移民　206, 207
インター・ディシプリナリー　129
ウィーン　209, 212, 216
ヴィジョンとミッション　273, 274
永続的理解　268
AHELO（高等教育における学習成果の評価）　i, 2, 112
越境　95
NPM　→ニュー・パブリック・マネジメント
FD　→ファカルティ・ディベロップメント
エンプロイヤビリティ　3, 9, 19, 23, 30
応用力　80
オーストリア　204, 207, 209

か 行

改訂版タキソノミー　266
解放のためのリテラシー　92
科学的リテラシー　23, 203, 206, 284, 307
科学と教育の結合　147, 150, 154, 167, 171
学習意欲　146, 156, 164, 230, 236
学習指導要領　45, 144, 148, 156, 181, 182, 184
学習成果　10, 17, 27, 28, 110

学習の次元（DoL）　266, 267
学士力　i, 3, 11, 17, 26, 27, 30, 110-114
学力　i, iv, 24-26, 141-147, 151, 160, 161, 167, 183
　生きて働く――　143
　――格差　201, 206, 207
　――規定　144-146, 168
　――向上政策　209
　――低下　203
　――の客体的側面　146, 147
　――の主体的側面　147
　――モデル　143-145, 163, 168
　――論　142, 145, 148, 155
　――論争　142, 145, 156
　測定――　145, 173
　確かな――　141, 157, 162
　理念――　145, 173
課題提起教育　93
課題分析　258
課題例　212, 218
学校教育法　182
学校評価　215
活用力（活用する力）　23, 80, 141, 158, 163
可能性の言語　95
カリキュラム設計　251, 252, 271, 275
カリキュラム・マップ　28, 29
カルチュラル・スタディーズ　96
関係論的能力観（関係的能力観）　56, 159-163
関心・意欲・態度　149
観点別評価　271
キー・コンピテンシー　i, 3, 19-37, 41, 184, 194-199, 275
帰属原理　48
機能（functionings）　102
機能的リテラシー　iv, 81, 84
規範理論　67
ギムナジウム　208, 209, 215, 220, 221
教育格差　165, 166
教育基本法　181, 182

315

教育（教科）内容　117, 144, 146, 161, 168, 171, 267, 269, 271, 272
教育資源　63, 169, 170
教育スタンダード　204, 209, 211, 212, 215, 217, 218
教育の質保証　iv, 108
教育の心理学化　155, 166, 169
教育の無限責任　155, 165, 169
教育批評　264
教育評価　146, 161, 251, 253, 261
教育方法学　ii, iii
教育目標　146, 161, 232, 251, 258, 260, 263, 270
　――の概念化　270
　――の具体化　270
　――の細分化　270
　――の分類学　→タキソノミー
　――の明確化　251, 260, 270
教員養成　281, 282, 295, 296, 300
教科する　172, 255
教科について学ぶ　255
教師　281
　――の能力　281, 284-288, 292-295, 299, 307-311
　――の判断力　261, 264
教授工学　258, 260, 263
業績原理　48
教養　109, 145, 161
　――教育　113-115, 119, 126
　――としての学問　122, 134
　古典――　127
　実体としての――　122
　普遍的――　124
銀行型教育　93
近代型能力　4, 12
グループ・ディスカッション　229, 237, 246
グレート・ブックス　122, 123
グローバリゼーション　223
グローバル・メリットクラシー　152, 156
訓練可能性　26
経済格差　207
経済審議会（人的能力部門）答申　49
ケース型（事例検討型）　iv, 196, 199
現象記述学　234

権力関係（ポリティクス）　91, 93, 95
コア・カリキュラム　129
工学的アプローチ　251-253, 258, 275
公教育　82, 166, 172
構成主義　283, 284, 287
肯定的な評価の原則　236
行動結果面接（BEI）　14, 18, 26
行動主義　259, 260
行動目標　251-253, 258-261, 263, 264, 269
功利主義　67
国際識字（リテラシー）シンポジウム　91
国民の共通語彙　89, 90
個人化　9, 128
個性浪費社会　154, 156
個体の能力観　64
個体能力主義　128
古典教養　127
個別的能力　292
コミュニケーションの能力　230, 231, 235
コンピテンシー　i, 13, 15, 18, 19, 26, 28, 30, 37, 41
　――型教養教育　114, 117, 122, 125-127, 133
　――の同心円モデル　13, 14, 16
　――の氷山モデル　13, 14, 16, 21, 28, 35, 37
　――・マネジメント　11, 13, 17, 18, 21, 25-30, 32, 37
　――・モデル　15, 28
コンピテンス　12, 19-21, 29, 30, 36, 41, 42, 195, 197-199
　――の機能的アプローチ　20, 33, 34
　――のホリスティック・モデル　20, 197, 199

さ　行
差異　96
最近接発達領域　288
再生産論　94
最低限のスタンダード　216-218
参加　148, 164, 170, 171, 172
JCA　→職務コンピテンシー評価法
ジェネリック・スキル　i, 7, 19, 20, 24, 30, 110, 112
識字
　――能力　82
　――率　83

思考スキル　267, 269, 270
思考力・判断力・表現力　141, 158, 181, 182
自己目的化　121-123, 125-127
実験的世界リテラシー計画　87
実践知　122-124
実体としての教養　122
質の向上　215
質保証　108, 109, 113, 135
実力　143, 168
シミュレーション化　114, 127, 131
社会人基礎力　i, 3, 9, 17, 24-27, 31, 110-112, 114
社会的構成主義（社会構成主義）　151, 284, 307
社会の有用性　126, 131
社会文化的アプローチ　130
社会変革　94
修辞学　124
習熟　163, 165, 168-171
就職基礎能力　i, 3, 9, 24, 31
柔軟性（フレキシビリティ）　5, 24, 25
柔軟な専門性　5, 109, 166
主導的活動　288, 301
生涯学習　229, 230
状況的学習論　130
消費社会　152, 154
職務コンピテンシー評価法（JCA）　12, 14-16, 26
書字文化　82
初年次教育　113, 117, 119, 120
人格　2, 5, 14, 18, 25, 28, 35, 117, 145, 146, 168, 171
新自由主義　64
真正性　162, 169, 265
真正の学習　257, 265, 271-275
真正の学力　274
真正の評価　253, 254, 256, 265
人的資本論　50
シンボリック・アナリスト　8, 34, 152, 153
シンボル分析的サービス　7, 8, 34, 35
心理的道具　294, 310
スウェーデン　228, 246
数学的リテラシー　8, 23, 203, 206, 207, 307
スキル　170
スタンダード　252, 253, 257, 267, 269, 274

――運動　252, 253
――テスト　204, 217
――に基づく単元設計　257
生活と教育の結合　147, 154, 164
生成語　93
戦後教育学　54, 142, 154
全国学力・学習状況調査（全国学力テスト）　i, 157, 183, 221
潜在能力　102
専門職の発達　295, 296
総合学校（総合制学校）　222, 281, 282, 292, 293, 299
総合的な学習の時間　203
総合評定　246
相対評価　232, 233
測定学力　145, 173

た　行

大学設置基準の大綱化　113
大学版 PISA　i, 2
大衆教育社会　63
態度主義　144, 146, 149
タキソノミー　251, 260, 265
多元的な能力主義　150
確かな学力　141, 157, 162, 181
脱文脈化　114-122, 125, 130
魂（プシューケー）　57
探究するコミュニティ　190
力　151, 153, 155, 159-161
知識基盤社会　ii, 37, 111, 157
知識経済　7, 8
知識の構造　267, 268
知的・社会的能力　170-172, 267-274
知的性向　147, 171, 273
中位のスタンダード　209, 215, 218-220, 223
中央教育審議会答申　3, 26, 49, 115, 184
TIMSS　203
Tuning Project　121
沈黙の文化　92
DoL　→学習の次元
抵抗主体　95
定常型社会　71

適応主義　125-127
適応・超越・自省　126, 135
テスト文化　221, 224
DeSeCo　ii, 19-22, 27, 29-32, 34, 35, 37, 184, 194, 195, 197-199
デュナミス　58
ドイツ　203, 204, 209
統一学校　222
統合された知の基盤　115, 116
到達目標　232
読解リテラシー　23, 97, 183, 203, 206, 284, 307
読解力向上プログラム　183

な行

ナショナル・コアカリキュラム　284
ナショナル・テスト　229, 231-236, 246
ナラティブ　295, 297, 308-311
　──的学習　281, 298, 299
　──的環境　295-297
　──的能力　281, 295, 310
二次元マトリックス　259-261, 269, 271
ニュー・パブリック・マネジメント（NPM）　10, 11, 36
人間力　3
認知過程　148, 162, 262-267
能力
　新しい──　i-vi, 1, 2, 5-12, 16, 18, 22, 24, 27, 32, 35, 109, 111, 115, 135, 142, 153, 157-159, 162, 166, 169-172, 252, 253, 265, 273, 275
　ability としての──　48
　一般的　292, 294, 300, 310
　教師の──　281, 284-288, 292-295, 299, 307-311
　近代型　4, 12
　個別的　292
　──主義（メリトクラシー）　49, 152
　──の垂直軸（深さ）　5, 6, 16, 28, 35
　──の水平軸（広さ）　5, 6, 16, 28
　──の脱文脈的アプローチ　29, 30, 32
　──の統合的アプローチ　29, 32
　──の文脈的アプローチ　30, 32
　──の要素主義的アプローチ　28, 29, 32
　──リスト　2

　──領域　210
　──をベースにしたカリキュラム　17, 133
　faculty としての──　47

は行

ハイタレント・マンパワー　51
ハイパー・メリトクラシー　3-6, 12-16, 26, 32, 33, 42, 153, 159, 166
ハウプトシューレ　207, 209, 215, 220, 221
パッケージ化　114, 119, 128-130
パフォーマンス　237, 246, 255, 256, 262, 263, 270
　──課題　255-257, 262
　──評価　169, 238, 249, 252-256, 262, 263
汎用的能力　110-116, 118
汎用的技能　→ジェネリック・スキル
PIAAC（国際成人力調査）　i
PISA　i, 3, 8, 34, 80, 96, 97, 113, 141, 156, 161, 203, 223, 228, 281-287, 299
　大学版──　i, 2
　──-E　208
　──型学力　23, 45, 157, 158
　──型読解力　23, 81, 141, 157, 158, 183-189
　──ショック　183, 203, 204, 217, 224
　──調査　307
　──リテラシー　i, 9, 22, 23, 34
非識字　83
美とメディア　154, 171
批判的読み　81
批判的リテラシー　iv, 81
批判の言語　94
評価　152, 253, 261
　──基準　233, 236, 240, 245, 256, 263, 264
標準テスト　233, 235, 252-254
Bildung　221
ファカルティ・ディベロップメント（FD）　117, 119
faculty としての能力　47
フィンランド　v, 282-287, 292, 293, 299, 302, 307
深い学習　35, 234
複数性　95
普遍的教養　124
ブルーム・タキソノミー　251, 259

事項索引

プログラム学習　258, 259
プロト・ディシプリナリー　131, 132, 135
文化高権　206
文化的実践　148, 170, 172, 262-265, 271, 273
文化的リテラシー　88
文化内容　122, 125-127, 131
文化-歴史的アプローチ　288
分岐型（の教育制度）　206, 208, 222, 229
ペダゴジー　166
ペルセポリス宣言　91
変革のためのリテラシー　92
方向目標　232
ポスト近代社会　ii, iv, 109, 152, 153, 157, 162, 169
ポスト近代型能力　iv, 3-6, 11, 12, 16, 32, 33, 109

ま　行

マトゥラ　221, 224
学びからの逃走　151
学びの共同体　151
「学び」論　148, 151, 152, 159, 160
メリトクラシー　3, 4, 52
目標管理　10
モデレーション　256
モニタリング　215
問題解決　203

や　行

ゆとり教育　203
読み書き能力　82

ら　行

羅生門的アプローチ　252, 264
理解をもたらすカリキュラム設計（UbD）　267, 268
リスト型（一覧表整理型）　iv, 195
リテラシー　iv, 3, 34, 80
　解放のための――　92
　科学的――　23, 203, 206, 284, 307
　機能的――　iv, 81, 84
　数学的――　8, 23, 203, 206, 207, 307
　読解――　23, 97, 183, 203, 206, 284, 307
　PISA――　i, 9, 22, 23, 24
　批判的――　iv, 81
　文化的――　88
　変革のための――　92
理念学力　145, 173
リベラル・アーツ　124, 126
理論的一般化　289, 292, 301
ルーブリック　133, 239, 240, 245, 246, 255-257, 262-264
レーアプラン　211

319

執筆者紹介（執筆順）

松下佳代（まつした・かよ）［まえがき，序章，9章（翻訳・解説）］

京都大学高等教育研究開発推進センター教授，博士（教育学）。人はいかにして学ぶのか，能力はどう形成され評価されるのかに関心をもち，初等・中等教育と高等教育の共通性と差異に着目しながら，批判的・実践的研究を進めている。著作に，『対話型論証による学びのデザイン』（勁草書房，2021年），『ディープ・アクティブラーニング―大学授業を深化させるために―』（編著，勁草書房，2015年），『高校・大学から仕事へのトランジション―変容する能力・アイデンティティと教育―』（共編著，ナカニシヤ出版，2014年），『パフォーマンス評価』（日本標準，2007年）など。

樋口太郎（ひぐち・たろう）［1章］

大阪経済大学経済学部准教授，修士（教育学）。能力という発想に着目することで，教育学を他の社会科学と架橋することをめざしている。著作に，「伊藤功一と校内研修―自分自身の授業の創造をめざす教師たちとの歩み―」（田中耕治編著『時代を拓いた教師たちⅡ』日本標準，2009年），「教育と平等」（田中耕治編『よくわかる教育課程』ミネルヴァ書房，2009年），「理論と実践をつなぐ教育評価論―續有恒の場合―」（田中耕治編著『人物で綴る戦後教育評価の歴史』三学出版，2007年）など。

樋口とみ子（ひぐち・とみこ）［2章］

京都教育大学教育支援センター准教授，博士（教育学）。学校教育を通して子どもたちに育てたい「力」について，リテラシーという概念に着目して研究をしている。著作に，「リテラシー」（田中耕治編『よくわかる教育課程』ミネルヴァ書房，2009年），「生きる力と学力」（田中耕治・井ノ口淳三編著『学力を育てる教育学』八千代出版，2008年），「無着成恭と生活綴方―生活を探究する『山びこ学校』―」（田中耕治編著『時代を拓いた教師たち』日本標準，2005年）など。

杉原真晃（すぎはら・まさあき）［3章］

聖心女子大学現代教養学部教育学科教授，修士（教育学）。高等教育論，学習共同体論を基盤に，大学教養教育の教育方法論，サービス・ラーニング，インクルーシブ教育について研究している。著作に，「高等教育に関する研究動向」（日本教育方法学会編『教育方法48：中等教育の課題に教育方法学はどう取り組むか』図書文化，2019年），「初任教員研修」（日本教育工学会監修『教育工学選書Ⅱ：教育工学における大学教育研究』ミネルヴァ書房，2020年），「インクルーシブ教育におけるカリキュラム・マネジメント―包摂と排除の視点から―」（グループ・ディダクティカ編『深い学びを紡ぎだす―教科と子どもの視点から―』勁草書房，2019年）など。

石井英真（いしい・てるまさ）［4章，8章］

京都大学大学院教育学研究科准教授，博士（教育学）。日米のカリキュラム研究，授業研究の蓄積に学びながら，学力と評価の問題について研究している。著作に『再増補版・現代アメリカにおける学力形成論の展開―スタンダードに基づくカリキュラムの設計―』（東信堂，2020年），『授業づ

くりの深め方―「よい授業」をデザインするための5つのツボ―』(ミネルヴァ書房, 2020年)『未来の学校―ポスト・コロナの公教育のリデザイン―』(日本標準, 2020年) など。

遠藤貴広（えんどう・たかひろ）[5章]

福井大学大学院教育学研究科准教授, 修士（教育学）。教育実践に内在している能力や評価の理論に注目しながら, 教育実践研究や教員養成の方法について探究を続けている。著作に「アメリカにおけるスタンダード運動の重層的展開」（田中耕治編著『グローバル化時代の教育評価改革―日本・アジア・欧米を結ぶ―』日本標準, 2016年),「グローバル社会で求められる能力と教育方法」（広石英記編著『教育方法論』一藝社, 2014年),「学生の省察的探究を支える組織学習の構造―『教職実践演習』をどう利用したか―」（日本教育方法学会編著『教師の専門的力量と教育実践の課題（教育方法42）』図書文化, 2013年) など。

伊藤実歩子（いとう・みほこ）[6章, 9章（翻訳）]

立教大学文学部准教授, 博士（教育学）。1920年代のオーストリアにおける教育改革の研究を出発点に, 現在はドイツ・スイスを含むドイツ語圏地域の教育評価や学力論を研究している。著作に「ドイツ語圏の教育改革におけるBildungとコンピテンシー」（田中耕治編著『グローバル化時代の教育評価改革―日本・アジア・欧米を結ぶ―』日本標準, 2016年),「『PISA型教育改革』とBildung」（『立教大学教育学科研究年報』第59号, 2016年),『戦間期オーストリアの学校改革』（東信堂, 2010年) など。

本所恵（ほんじょ・めぐみ）[7章]

金沢大学人間社会研究域学校教育系准教授, 博士（教育学）。スウェーデンの高校を対象に, とくに普通教育と職業教育の関連性に焦点を当てて, 後期中等教育のカリキュラムをめぐる問題について研究している。著作に『スウェーデンにおける高校の教育課程改革―専門性に結びついた共通性の模索―』（新評論, 2016年),「スウェーデンにおける全国学力テストをめぐる議論」「EUにおけるキー・コンピテンシーの策定と教育評価改革」（田中耕治編著『グローバル化時代の教育評価改革―日本・アジア・欧米を結ぶ―』日本標準, 2016年) など。

Pentti Hakkarainen（ペンティ・ハッカライネン）[9章]

オウル大学カヤーニ校発達的教授・学習センター教授（Ph.D.）。研究テーマは, 幼稚園・学校・大学における創造的な教授・学習, 遊びにおけるナラティブ的な学習と発達など。その研究成果は, 北欧の保育実践・教育実践に大きな影響を与えている。近年は, ほぼ毎年日本を訪れ, 日本の教育関係者, 発達研究者との交流も深めている。著作に, "The challenges and possibilities of narrative learning approach in the Finnish early childhood educations system," *International Journal of Educational Research*, Vol. 42 (2008), 'Curriculum models of early childhood education,' in: R. Jakku-Sihvonen & H. Niemi (eds.), *Education as societal contributor*, Peter Lange, (2007), 'Learning and development in play,' in: J. Einarsdottir & J. Wagner (eds.), *Nordic childhoods and early education*, Information Age Publishing, (2006) など。

〈新しい能力〉は教育を変えるか
——学力・リテラシー・コンピテンシー——

| 2010年9月10日 | 初版第1刷発行 | 〈検印省略〉 |
| 2021年2月10日 | 初版第8刷発行 | |

定価はカバーに
表示しています

編著者　松　下　佳　代
発行者　杉　田　啓　三
印刷者　中　村　勝　弘

発行所　株式会社　ミネルヴァ書房
607-8494 京都市山科区日ノ岡堤谷町1
電話代表 (075)581-5191番
振替口座 01020-0-8076番

© 松下佳代 他, 2010　　　中村印刷・新生製本

ISBN978-4-623-05859-4
Printed in Japan

大学生のためのリサーチリテラシー入門
——研究のための8つの力
山田剛史・林　創　著　四六判　272頁　本体2400円

これから本格的に研究を意識し始める学生のための，リサーチリテラシー（研究を遂行するために必要な基礎的能力）についての入門書。

公立高校の東大合格力を高める本
和田秀樹　著　四六判　252頁　本体1800円

90年代以降取りざたされてきた学力問題を総括したうえで，公立高校の進学実績の立て直し策を提案。

学力論争とはなんだったのか
山内乾史・原　清治　著　四六判　244頁　本体1800円

学力低下をめぐる論争に関して，事実を整理しながら，文部科学省にも，改革論者にも近寄らない，ニュートラルな学力論を展開。

やわらかアカデミズム・〈わかる〉シリーズ
よくわかる教育評価〔第2版〕
田中耕治　編　B5判　232頁　本体2600円

教育実践に不可欠な評価。客観テストの利点と欠点，指導要録や通知表の役割など幅広い観点から解説。2010年改訂の指導要録に対応。

やわらかアカデミズム・〈わかる〉シリーズ
よくわかる授業論
田中耕治　編　B5判　232頁　本体2600円

豊かな蓄積をもつ授業研究の成果について基礎的・基本的な内容を解説した，授業づくりのための理論書・実践書。

やわらかアカデミズム・〈わかる〉シリーズ
よくわかる教育課程〔第2版〕
田中耕治　編　B5判　232頁　本体2600円

学習指導要領の改訂等を踏まえ，教育課程に関する基本的な考え方や方法原理をわかりやすく解説。2017年版学習指導要領などを踏まえて改訂。

——ミネルヴァ書房——
https://www.minervashobo.co.jp/